DINAMARQUÊS

VOCABULÁRIO

PALAVRAS MAIS ÚTEIS

PORTUGUÊS DINAMARQUÊS

Para alargar o seu léxico e apurar
as suas competências linguísticas

9000 palavras

Vocabulário Português-Dinamarquês - 9000 palavras
Por Andrey Taranov

Os vocabulários da T&P Books destinam-se a ajudar a aprender, a memorizar, e a rever palavras estrangeiras. O dicionário é dividido em temas, cobrindo todas as principais esferas de atividades quotidianas, negócios, ciência, cultura, etc.

O processo de aprendizagem, utilizando os dicionários baseados em temáticas da T&P Books dá-lhe as seguintes vantagens:

- Informação de origem corretamente agrupada predetermina o sucesso em fases subsequentes da memorização de palavras
- Disponibilização de palavras derivadas da mesma raiz, o que permite a memorização de unidades de texto (em vez de palavras separadas)
- Pequenas unidades de palavras facilitam o processo de estabelecimento de vínculos associativos necessários para a consolidação do vocabulário
- O nível de conhecimento da língua pode ser estimado pelo número de palavras aprendidas

T&P Books Publishing
www.tpbooks.com

ISBN: 978-1-78400-851-2

Este livro também está disponível em formato E-book.
Por favor visite www.tpbooks.com ou as principais livrarias on-line.

VOCABULÁRIO DINAMARQUÊS
palavras mais úteis

Os vocabulários da T&P Books destinam-se a ajudar a aprender, a memorizar, e a rever palavras estrangeiras. O vocabulário contém mais de 9000 palavras de uso comum organizadas tematicamente.

O vocabulário contém as palavras mais comummente usadas
Recomendado como adicional para qualquer curso de línguas
Satisfaz as necessidades dos iniciados e dos alunos avançados de línguas estrangeiras
Conveniente para o uso diário, sessões de revisão e atividades de auto-teste
Permite avaliar o seu vocabulário

Características especias do vocabulário

- As palavras estão organizadas de acordo com o seu significado, e não por ordem alfabética
- As palavras são apresentadas em três colunas para facilitar os processos de revisão e auto-teste
- As palavras compostas são divididas em pequenos blocos para facilitar o processo de aprendizagem
- O vocabulário oferece uma transcrição simples e adequada de cada palavra estrangeira

O vocabulário contém 256 tópicos incluindo:

Conceitos básicos, Números, Cores, Meses, Estações do ano, Unidades de medida, Roupas & Acessórios, Alimentos & Nutrição, Restaurante, Membros da Família, Parentes, Caráter, Sentimentos, Emoções, Doenças, Cidade, Passeios, Compras, Dinheiro, Casa, Lar, Escritório, Trabalho no Escritório, Importação & Exportação, Marketing, Pesquisa de Emprego, Desportos, Educação, Computador, Internet, Ferramentas, Natureza, Países, Nacionalidades e muito mais ...

TABELA DE CONTEÚDOS

GUIA DE PRONUNCIAÇÃO

Letra	Exemplo Dinamarquês	Alfabeto fonético T&P	Exemplo Português
Aa	Afrika, kompas	[æ], [ɑ], [ɑ:]	semana
Bb	barberblad	[b]	barril
Cc	cafe, creme	[k]	kiwi
Cc ¹	koncert	[s]	sanita
Dd	direktør	[d]	dentista
Dd ²	facade	[ð]	[z] - fricativa dental sonora não-sibilante
Ee	belgier	[e], [ə]	mover
Ee ³	elevator	[ɛ]	mesquita
Ff	familie	[f]	safári
Gg	mango	[g]	gosto
Hh	høne, knurhår	[h]	[h] aspirada
Ii	kolibri	[i], [i:]	sinónimo
Jj	legetøj	[j]	géiser
Kk	leksikon	[k]	kiwi
Ll	leopard	[l]	libra
Mm	marmor	[m]	magnólia
Nn	natur, navn	[n]	natureza
ng	omfang	[ŋ]	alcançar
nk	punktum	[ŋ]	alcançar
Oo	fortov	[o], [ɔ]	noite
Pp	planteolie	[p]	presente
Qq	sequoia	[k]	kiwi
Rr	seriøs	[ʁ]	[r] vibrante
Ss	selskab	[s]	sanita
Tt	strøm, trappe	[t]	tulipa
Uu	blæksprutte	[u:]	blusa
Vv	børnehave	[ʊ]	fava
Ww	whisky	[w]	página web
Xx	Luxembourg	[ks]	perplexo
Yy	lykke	[y], [ø]	trabalho
Zz	Venezuela	[s]	sanita
Ææ	ærter	[ɛ], [ɛ:]	mover
Øø	grønsager	[ø], [œ]	milhões
Åå	åbent, afgå	[ɔ], [o:]	fava

Comentários

[1] antes de **e**, **i**
[2] depois de uma vogal acentuada
[3] no início de palavras

ABREVIATURAS
usadas no vocabulário

Abreviaturas do Português

adj	-	adjetivo
adv	-	advérbio
anim.	-	animado
conj.	-	conjunção
desp.	-	desporto
etc.	-	etecetra
ex.	-	por exemplo
f	-	nome feminino
f pl	-	feminino plural
fem.	-	feminino
inanim.	-	inanimado
m	-	nome masculino
m pl	-	masculino plural
m, f	-	masculino, feminino
masc.	-	masculino
mat.	-	matemática
mil.	-	militar
pl	-	plural
prep.	-	preposição
pron.	-	pronome
sb.	-	sobre
sing.	-	singular
v aux	-	verbo auxiliar
vi	-	verbo intransitivo
vi, vt	-	verbo intransitivo, transitivo
vr	-	verbo reflexivo
vt	-	verbo transitivo

Abreviaturas do Dinamarquês

f	-	género comum
f pl	-	género comum plural
i	-	neutro
i pl	-	neutro plural
i, f	-	neutro, género comum
ngn.	-	alguém
pl	-	plural

CONCEITOS BÁSICOS

Conceitos básicos. Parte 1

1. Pronomes

eu	jeg	['jaj]
tu	du	[du]
ele	han	['han]
ela	hun	['hun]
ele, ela (neutro)	den, det	['dən], [de]
nós	vi	['vi]
vocês	I	[i]
eles, elas	de	['di]

2. Cumprimentos. Saudações. Despedidas

Olá!	Hej!	['haj]
Bom dia! (formal)	Hallo! Goddag!	[ha'lo], [go'dæˀ]
Bom dia! (de manhã)	Godmorgen!	[go'mɒːɒn]
Boa tarde!	Goddag!	[go'dæˀ]
Boa noite!	Godaften!	[go'aftən]
cumprimentar (vt)	at hilse	[ʌ 'hilsə]
Olá!	Hej!	['haj]
saudação (f)	hilsen (f)	['hilsən]
saudar (vt)	at hilse	[ʌ 'hilsə]
Como vai?	Hvordan har De det?	[vɒ'dan ha di de]
Como vais?	Hvordan går det?	[vɒ'dan gɒː de]
O que há de novo?	Hvad nyt?	['vað 'nyt]
Adeus! (formal)	Farvel!	[fa'vɛl]
Até à vista! (informal)	Hej hej!	['haj 'haj]
Até breve!	Hej så længe!	['haj sʌ 'lɛŋə]
Adeus!	Farvel!	[fa'vɛl]
despedir-se (vr)	at sige farvel	[ʌ 'si: fa'vɛl]
Até logo!	Hej hej!	['haj 'haj]
Obrigado! -a!	Tak!	['tak]
Muito obrigado! -a!	Mange tak!	['maŋə 'tak]
De nada	Velbekomme	['vɛlbə'kʌmˀə]
Não tem de quê	Det var så lidt!	[de va' sʌ let]
De nada	Det var så lidt!	[de va' sʌ let]
Desculpa!	Undskyld, ...	['ɔn,skylˀ, ...]
Desculpe!	Undskyld mig, ...	['ɔn,skylˀ maj, ...]

desculpar (vt)	at undskylde	[ʌ ˈɔnˌskylˈə]
desculpar-se (vr)	at undskylde sig	[ʌ ˈɔnˌskylˈə sɑj]
As minhas desculpas	Om forladelse	[ʌm fʌˈlæˈðəlsə]
Desculpe!	Undskyld mig!	[ˈɔnˌskylˈ mɑj]
perdoar (vt)	at tilgive	[ʌ ˈtelˌgiˈ]
Não faz mal	Det gør ikke noget	[de ˈgœɡ ˈekə ˈnɔːəð]
por favor	værsgo	[ˈvæɡˈsgoˈ]

Não se esqueça!	Husk!	[ˈhusk]
Certamente! Claro!	Selvfølgelig!	[sɛlˈføljəli]
Claro que não!	Naturligvis ikke!	[naˈtuɡˈliˈviˈs ˈekə]
Está bem! De acordo!	OK! Jeg er enig!	[ɔwˈkɛj], [ˈjɑj ˈæɡ ˈeːni]
Basta!	Så er det nok!	[ˈsʌ æɡ de ˈnʌk]

3. Como se dirigir a alguém

Desculpe (para chamar a atenção)	Undskyld, ...	[ˈɔnˌskylˈ, ...]
senhor	herre, hr.	[ˈhæɡʌ], [hæɡ]
senhora	frue, fr.	[ˈfʁuːə], [fʁu]
rapariga	frøken	[ˈfʁœˈkən]
rapaz	ung mand	[ˈɔnˈ ˈmanˈ]
menino	lille dreng	[ˈlilə ˈdʁaŋˈ]
menina	frøken	[ˈfʁœˈkən]

4. Números cardinais. Parte 1

zero	nul	[ˈnɔl]
um	en	[ˈen]
dois	to	[ˈtoˈ]
três	tre	[ˈtʁɛˈ]
quatro	fire	[ˈfiˈʌ]

cinco	fem	[ˈfɛmˈ]
seis	seks	[ˈsɛks]
sete	syv	[ˈsywˈ]
oito	otte	[ˈɔːtə]
nove	ni	[ˈniˈ]

dez	ti	[ˈtiˈ]
onze	elleve	[ˈɛlvə]
doze	tolv	[ˈtʌlˈ]
treze	tretten	[ˈtʁatən]
catorze	fjorten	[ˈfjoɡtən]

quinze	femten	[ˈfɛmtən]
dezasseis	seksten	[ˈsɑjstən]
dezassete	sytten	[ˈsøtən]
dezoito	atten	[ˈatən]
dezanove	nitten	[ˈnetən]
vinte	tyve	[ˈtyːvə]
vinte e um	enogtyve	[ˈeːnʌˌtyːvə]

vinte e dois	**toogtyve**	['to:ʌˌty:və]
vinte e três	**treogtyve**	['tʁɛ:ʌˌty:və]
trinta	**tredive**	['tʁaðvə]
trinta e um	**enogtredive**	['e:nʌˌtʁaðvə]
trinta e dois	**toogtredive**	['to:ʌˌtʁaðvə]
trinta e três	**treogtredive**	['tʁɛ:ʌˌtʁaðvə]
quarenta	**fyrre**	['fœɐ̯ʌ]
quarenta e um	**enogfyrre**	['e:nʌˌfœɐ̯ʌ]
quarenta e dois	**toogfyrre**	['to:ʌˌfœɐ̯ʌ]
quarenta e três	**treogfyrre**	['tʁɛ:ʌˌfœɐ̯ʌ]
cinquenta	**halvtreds**	[hal'tʁɛs]
cinquenta e um	**enoghalvtreds**	['e:nʌ halˌtʁɛs]
cinquenta e dois	**tooghalvtreds**	['to:ʌ halˌtʁɛs]
cinquenta e três	**treoghalvtreds**	['tʁɛ:ʌ halˌtʁɛs]
sessenta	**tres**	['tʁɛs]
sessenta e um	**enogtres**	['e:nʌˌtʁɛs]
sessenta e dois	**toogtres**	['to:ʌˌtʁɛs]
sessenta e três	**treogtres**	['tʁɛ:ʌˌtʁɛs]
setenta	**halvfjerds**	[hal'fjæɐ̯s]
setenta e um	**enoghalvfjerds**	['e:nʌ hal'fjæɐ̯s]
setenta e dois	**tooghalvfjerds**	['to:ʌ hal'fjæɐ̯s]
setenta e três	**treoghalvfjerds**	['tʁɛ:ʌ hal'fjæɐ̯s]
oitenta	**firs**	['fiɐ̯ˀs]
oitenta e um	**enogfirs**	['e:nʌ'fiɐ̯ˀs]
oitenta e dois	**toogfirs**	['to:ʌˌfiɐ̯ˀs]
oitenta e três	**treogfirs**	['tʁɛ:ʌˌfiɐ̯ˀs]
noventa	**halvfems**	[hal'fɛmˀs]
noventa e um	**enoghalvfems**	['e:nʌ halˌfɛmˀs]
noventa e dois	**tooghalvfems**	['to:ʌ halˌfɛmˀs]
noventa e três	**treoghalvfems**	['tʁɛ:ʌ halˌfɛmˀs]

5. Números cardinais. Parte 2

cem	**hundrede**	['hunʌðə]
duzentos	**tohundrede**	['tɔwˌhunʌðə]
trezentos	**trehundrede**	['tʁɛˌhunʌðə]
quatrocentos	**firehundrede**	['fiɐ̯ˌhunʌðə]
quinhentos	**femhundrede**	['fɛmˌhunʌðə]
seiscentos	**sekshundrede**	['sɛksˌhunʌðə]
setecentos	**syvhundrede**	['sywˌhunʌðə]
oitocentos	**ottehundrede**	['ɔ:təˌhunʌðə]
novecentos	**nihundrede**	['niˌhunʌðə]
mil	**tusind**	['tu'sən]
dois mil	**totusind**	['toˌtu'sən]
De quem são ...?	**tretusind**	['tʁɛˌtu'sən]

dez mil	titusind	['ti‚tu'sən]
cem mil	hundredetusind	['hunʌðə‚tu'sən]
um milhão	million (f)	[mili'o'n]
mil milhões	milliard (f)	[mili'ɑ'd]

6. Números ordinais

primeiro	første	['fœɐ̯stə]
segundo	anden	['anən]
terceiro	tredje	['tʁɛðjə]
quarto	fjerde	['fjɛ:ʌ]
quinto	femte	['fɛmtə]

sexto	sjette	['ɕɛ:tə]
sétimo	syvende	['syw'ənə]
oitavo	ottende	['ʌtənə]
nono	niende	['ni'ənə]
décimo	tiende	['ti'ənə]

7. Números. Frações

fração (f)	brøk (f)	['bʁœ'k]
um meio	en halv	[en 'hal']
um terço	en tredjedel	[en 'tʁɛðjə‚de'l]
um quarto	en fjerdedel	[en 'fjɛ:ʌ‚de'l]

um oitavo	en ottendedel	[en 'ʌtənə‚de'l]
um décimo	en tiendedel	[en 'tiənə‚de'l]
dois terços	to tredjedele	['to: 'tʁɛðjə‚de:lə]
três quartos	tre fjerdedele	['tʁɛ: 'fjɛ:ʌ‚de'lə]

8. Números. Operações básicas

subtração (f)	subtraktion (f)	[subtʁɑk'ɕo'n]
subtrair (vi, vt)	at subtrahere	[ʌ subtʁɑ'he'ʌ]
divisão (f)	division (f)	[divi'ɕo'n]
dividir (vt)	at dividere	[ʌ divi'de'ʌ]

adição (f)	addition (f)	[adi'ɕo'n]
somar (vt)	at addere	[ʌ a'de'ʌ]
adicionar (vt)	at addere	[ʌ a'de'ʌ]
multiplicação (f)	multiplikation (f)	[multiplika'ɕo'n]
multiplicar (vt)	at multiplicere	[ʌ multipli'se'ʌ]

9. Números. Diversos

| algarismo, dígito (m) | ciffer (i) | ['sifʌ] |
| número (m) | tal (i) | ['tal] |

numeral (m)	talord (i)	['tal‚o'ɡ]
menos (m)	minus (i)	['mi:nus]
mais (m)	plus (i)	['plus]
fórmula (f)	formel (f)	['fɒ'məl]

cálculo (m)	beregning (f)	[be'ʁɑj'nen]
contar (vt)	at tælle	[ʌ 'tɛlə]
calcular (vt)	at tælle op	[ʌ 'tɛlə ʌp]
comparar (vt)	at sammenligne	[ʌ 'samən‚li'nə]

Quanto?	Hvor meget?	[vɒ' 'maað]
Quantos? -as?	Hvor mange?	[vɒ' 'manə]

soma (f)	sum (f)	['sɔm']
resultado (m)	resultat (i)	[ʁɛsul'tæ't]
resto (m)	rest (f)	['ʁast]

alguns, algumas ...	nogle få ...	['no:lə fɒ' ...]
um pouco de ...	lidt ...	['let ...]
poucos, -as (~ pessoas)	få, ikke mange	['fɔ'], ['ekə 'manə]
um pouco (~ de vinho)	lidt	['let]
resto (m)	øvrig (i)	['øwʁi]
um e meio	halvanden	[hal'anən]
dúzia (f)	dusin (i)	[du'si'n]

ao meio	i to halvdele	[i 'to: 'halde:lə]
em partes iguais	jævnt	['jɛw'nt]
metade (f)	halvdel (f)	['halde'l]
vez (f)	gang (f)	['gaŋ']

10. Os verbos mais importantes. Parte 1

abrir (vt)	at åbne	[ʌ 'ɔ:bnə]
acabar, terminar (vt)	at slutte	[ʌ 'slutə]
aconselhar (vt)	at råde	[ʌ 'ʁɔ:ðə]
adivinhar (vt)	at gætte	[ʌ 'gɛtə]
advertir (vt)	at advare	[ʌ 'að‚va'a]

ajudar (vt)	at hjælpe	[ʌ 'jɛlpə]
almoçar (vi)	at spise frokost	[ʌ 'spi:sə 'fʁɔkʌst]
alugar (~ um apartamento)	at leje	[ʌ 'lajə]
amar (vt)	at elske	[ʌ 'ɛlskə]
ameaçar (vt)	at true	[ʌ 'tʁu:ə]

anotar (escrever)	at skrive ned	[ʌ 'skʁi:və 'neð']
apanhar (vt)	at fange	[ʌ 'fanə]
apressar-se (vr)	at skynde sig	[ʌ 'skønə saj]
arrepender-se (vr)	at beklage	[ʌ be'klæ'jə]
assinar (vt)	at underskrive	[ʌ 'ɔnʌ‚skʁi'və]

atirar, disparar (vi)	at skyde	[ʌ 'sky:ðə]
brincar (vi)	at spøge	[ʌ 'spø:jə]
brincar, jogar (crianças)	at lege	[ʌ 'lajə]
buscar (vt)	at søge ...	[ʌ 'sø:ə ...]

caçar (vi)	at jage	[ʌ ˈjæːjə]
cair (vi)	at falde	[ʌ ˈfalə]
cavar (vt)	at grave	[ʌ ˈgʁɑːvə]
cessar (vt)	at stoppe, at slutte	[ʌ ˈstʌpə], [ʌ ˈslutə]
chamar (~ por socorro)	at tilkalde	[ʌ ˈtelˌkalˀə]
chegar (vi)	at ankomme	[ʌ ˈanˌkʌmˀə]
chorar (vi)	at græde	[ʌ ˈgʁɑːðə]

começar (vt)	at begynde	[ʌ beˈgønˀə]
comparar (vt)	at sammenligne	[ʌ ˈsamənˌliˀnə]
compreender (vt)	at forstå	[ʌ fʌˈstɔˀ]
concordar (vi)	at samtykke	[ʌ ˈsamˌtykə]
confiar (vt)	at stole på	[ʌ ˈstoːlə pɔˀ]

confundir (equivocar-se)	at forveksle	[ʌ fʌˈvɛkslə]
conhecer (vt)	at kende	[ʌ ˈkɛnə]
contar (fazer contas)	at tælle	[ʌ ˈtɛlə]
contar com (esperar)	at regne med ...	[ʌ ˈʁajnə mɛ ...]
continuar (vt)	at fortsætte	[ʌ ˈfɔːtˌsɛtə]

controlar (vt)	at kontrollere	[ʌ kʌntʁoˈleˀʌ]
convidar (vt)	at indbyde, at invitere	[ʌ ˈenˌbyˀðə], [ʌ enviˈteˀʌ]
correr (vi)	at løbe	[ʌ ˈløːbə]
criar (vt)	at oprette, at skabe	[ʌ ˈʌbˌʁatə], [ʌ ˈskæːbə]
custar (vt)	at koste	[ʌ ˈkʌstə]

11. Os verbos mais importantes. Parte 2

dar (vt)	at give	[ʌ ˈgiˀ]
dar uma dica	at give et vink	[ʌ ˈgiˀ et ˈveŋˀk]
decorar (enfeitar)	at pryde	[ʌ ˈpʁyːðə]
defender (vt)	at forsvare	[ʌ fʌˈsvɑˀɑ]
deixar cair (vt)	at tabe	[ʌ ˈtæːbə]

descer (para baixo)	at gå ned	[ʌ gɔˀ ˈneðˀ]
desculpar (vt)	at tilgive	[ʌ ˈtelˌgiˀ]
desculpar-se (vr)	at undskylde sig	[ʌ ˈɔnˌskylˀə saj]
dirigir (~ uma empresa)	at styre, at lede	[ʌ ˈstyːʌ], [ʌ ˈleːðə]
discutir (notícias, etc.)	at diskutere	[ʌ diskuˈteˀʌ]
dizer (vt)	at sige	[ʌ ˈsiː]

duvidar (vt)	at tvivle	[ʌ ˈtviwlə]
encontrar (achar)	at finde	[ʌ ˈfenə]
enganar (vt)	at snyde	[ʌ ˈsnyːðə]
entrar (na sala, etc.)	at komme ind	[ʌ ˈkʌmə ˌenˀ]
enviar (uma carta)	at sende	[ʌ ˈsɛnə]
errar (equivocar-se)	at tage fejl	[ʌ ˈtæˀ fajˀl]
escolher (vt)	at vælge	[ʌ ˈvɛljə]
esconder (vt)	at gemme	[ʌ ˈgɛmə]
escrever (vt)	at skrive	[ʌ ˈskʁiːvə]
esperar (o autocarro, etc.)	at vente	[ʌ ˈvɛntə]

esquecer (vt)	at glemme	[ʌ ˈglɛmə]
estudar (vt)	at studere	[ʌ stuˈdeˀʌ]

| exigir (vt) | at kræve | [ʌ 'kʀɛ:və] |
| existir (vi) | at eksistere | [ʌ ɛksi'ste'ʌ] |

explicar (vt)	at forklare	[ʌ fʌ'klɑ'ɑ]
falar (vi)	at tale	[ʌ 'tæ:lə]
faltar (clases, etc.)	at forsømme	[ʌ fʌ'sœm'ə]
fazer (vt)	at gøre	[ʌ 'gœ:ʌ]
ficar em silêncio	at tie	[ʌ 'ti:ə]
gabar-se, jactar-se (vr)	at prale	[ʌ 'pʀɑ:lə]

gostar (apreciar)	at kunne lide	[ʌ 'kunə 'li:ðə]
gritar (vi)	at skrige	[ʌ 'skʀi:ə]
guardar (cartas, etc.)	at beholde	[ʌ be'hʌl'ə]
informar (vt)	at informere	[ʌ enfɒ'me'ʌ]
insistir (vi)	at insistere	[ʌ ensi'ste'ʌ]

insultar (vt)	at fornærme	[ʌ fʌ'næg'mə]
interessar-se (vr)	at interessere sig	[ʌ entʀə'se'ʌ saj]
ir (a pé)	at gå	[ʌ 'gɔ']
ir nadar	at bade	[ʌ 'bæ'ðə]
jantar (vi)	at spise aftensmad	[ʌ 'spi:sə 'ɑftəns,mað]

12. Os verbos mais importantes. Parte 3

ler (vt)	at læse	[ʌ 'lɛ:sə]
libertar (cidade, etc.)	at befri	[ʌ be'fʀi']
matar (vt)	at dræbe, at myrde	[ʌ 'dʀɛ:bə], [ʌ 'myg̊də]
mencionar (vt)	at omtale, at nævne	[ʌ 'ʌm,tæ:lə], [ʌ 'nɛwnə]
mostrar (vt)	at vise	[ʌ 'vi:sə]

mudar (modificar)	at ændre	[ʌ 'ɛndʀʌ]
nadar (vi)	at svømme	[ʌ 'svœmə]
negar-se a ...	at vægre sig	[ʌ 'vɛ:jʀʌ saj]
objetar (vt)	at indvende	[ʌ 'en',vɛn'ə]

observar (vt)	at observere	[ʌ ʌbsæg̊'ve'ʌ]
ordenar (mil.)	at beordre	[ʌ be'ɒ'dʀʌ]
ouvir (vt)	at høre	[ʌ 'hø:ʌ]
pagar (vt)	at betale	[ʌ be'tæ'lə]
parar (vi)	at standse	[ʌ 'stansə]

participar (vi)	at deltage	[ʌ 'del,tæ']
pedir (comida)	at bestille	[ʌ be'stel'ə]
pedir (um favor, etc.)	at bede	[ʌ 'be'ðə]
pegar (tomar)	at tage	[ʌ 'tæ']
pensar (vt)	at tænke	[ʌ 'tɛŋkə]

perceber (ver)	at bemærke	[ʌ be'mæg̊kə]
perdoar (vt)	at tilgive	[ʌ 'tel,gi']
perguntar (vt)	at spørge	[ʌ 'spœg̊ʌ]
permitir (vt)	at tillade	[ʌ 'te,læ'ðə]
pertencer a ...	at tilhøre ...	[ʌ 'tel,hø'ʌ ...]
planear (vt)	at planlægge	[ʌ 'plæ:n,lɛgə]
poder (vi)	at kunne	[ʌ 'kunə]

possuir (vt)	at besidde, at eje	[ʌ be'sið'ə], [ʌ 'ajə]
preferir (vt)	at foretrække	[ʌ fɒːɒ'tʁakə]
preparar (vt)	at lave	[ʌ 'læːvə]

prever (vt)	at forudse	[ʌ 'fɒuðˌse']
prometer (vt)	at love	[ʌ 'lɔːvə]
pronunciar (vt)	at udtale	[ʌ 'uðˌtæːlə]
propor (vt)	at foreslå	[ʌ 'fɒːɒˌslɔ']
punir (castigar)	at straffe	[ʌ 'stʁɑfə]

13. Os verbos mais importantes. Parte 4

quebrar (vt)	at bryde	[ʌ 'bʁyːðə]
queixar-se (vr)	at klage	[ʌ 'klæːjə]
querer (desejar)	at ville	[ʌ 'vilə]
recomendar (vt)	at anbefale	[ʌ 'anbeˌfæ'lə]
repetir (dizer outra vez)	at gentage	[ʌ 'gɛnˌtæ']

repreender (vt)	at skælde	[ʌ 'skɛlə]
reservar (~ um quarto)	at reservere	[ʌ ʁɛsæɐ̯'ve'ʌ]
responder (vt)	at svare	[ʌ 'svɑːɑ]
rezar, orar (vi)	at bede	[ʌ 'be'ðə]
rir (vi)	at le, at grine	[ʌ 'le'], [ʌ 'gʁiːnə]

roubar (vt)	at stjæle	[ʌ 'stjɛːlə]
saber (vt)	at vide	[ʌ 'viːðə]
sair (~ de casa)	at gå ud	[ʌ 'gɔ' uð']
salvar (vt)	at redde	[ʌ 'ʁɛðə]
seguir ...	at følge efter ...	[ʌ 'føljə 'ɛftʌ ...]

sentar-se (vr)	at sætte sig	[ʌ 'sɛtə sɑj]
ser necessário	at være behøvet	[ʌ 'vɛːʌ be'hø'vəð]
ser, estar	at være	[ʌ 'vɛːʌ]
significar (vt)	at betyde	[ʌ be'tyˀðə]
sorrir (vi)	at smile	[ʌ 'smiːlə]
subestimar (vt)	at undervurdere	[ʌ 'ɔnʌvuɐ̯'de'ʌ]
surpreender-se (vr)	at blive forundret	[ʌ 'bliːə fʌ'ɔn'dʁʌð]
tentar (vt)	at prøve	[ʌ 'pʁɶːwə]

ter (vt)	at have	[ʌ 'hæːvə]
ter fome	at være sulten	[ʌ 'vɛːʌ 'sultən]
ter medo	at frygte	[ʌ 'fʁɶgtə]
ter sede	at være tørstig	[ʌ 'vɛːʌ 'tœɐ̯sti]

tocar (com as mãos)	at røre	[ʌ 'ʁɶːʌ]
tomar o pequeno-almoço	at spise morgenmad	[ʌ 'spiːsə 'mɒːɒnˌmɑð]
trabalhar (vi)	at arbejde	[ʌ 'ɑːˌbɑj'də]
traduzir (vt)	at oversætte	[ʌ 'ɒwʌˌsɛtə]
unir (vt)	at forene	[ʌ fʌ'enə]

vender (vt)	at sælge	[ʌ 'sɛljə]
ver (vt)	at se	[ʌ 'se']
virar (ex. ~ à direita)	at svinge	[ʌ 'sveŋə]
voar (vi)	at flyve	[ʌ 'flyːvə]

14. Cores

cor (f)	farve (f)	['faːvə]
matiz (m)	nuance (f)	[ny'aŋsə]
tom (m)	farvetone (f)	['faːvəˌtoːnə]
arco-íris (m)	regnbue (f)	['ʁajnˌbuːə]

branco	hvid	['við']
preto	sort	['soɐ̯t]
cinzento	grå	['gʁɔ']

verde	grøn	['gʁœn']
amarelo	gul	['gu'l]
vermelho	rød	['ʁœð']

azul	blå	['blɔ']
azul claro	lyseblå	['lysəˌblɔ']
rosa	rosa	['ʁoːsa]
laranja	orange	[o'ʁaŋɕə]
violeta	violblå	[vi'olˌblɔ']
castanho	brun	['bʁu'n]

dourado	guld-	['gul-]
prateado	sølv-	['søl-]

bege	beige	['bɛːɕ]
creme	cremefarvet	['kʁɛːmˌfaʔvəð]
turquesa	turkis	[tyɐ̯'ki's]
vermelho cereja	kirsebærrød	['kiɐ̯səbæɐ̯ˌʁœð']
lilás	lilla	['lela]
carmesim	hindbærrød	['henbæɐ̯ˌʁœð']

claro	lys	['ly's]
escuro	mørk	['mœɐ̯k]
vivo	klar	['klɑ']

de cor	farve-	['faːvə-]
a cores	farve	['faːvə]
preto e branco	sort-hvid	['soɐ̯t'við']
unicolor	ensfarvet	['ensˌfaʔvəð]
multicor	mangefarvet	['maŋəˌfaːvəð]

15. Questões

Quem?	Hvem?	['vɛm']
Que?	Hvad?	['vað]
Onde?	Hvor?	['vɒ']
Para onde?	Hvorhen?	['vɒˌhɛn]
De onde?	Hvorfra?	['vɒˌfʁɑ']
Quando?	Hvornår?	[vɒ'nɒ']
Para quê?	Hvorfor?	['vɒfʌ]
Porquê?	Hvorfor?	['vɒfʌ]
Para quê?	For hvad?	[fʌ 'vað]

Como?	Hvordan?	[vɒ'dan]
Qual?	Hvilken?	['velkən]
Qual? (entre dois ou mais)	Hvilken?	['velkən]

A quem?	Til hvem?	[tel 'vɛmˀ]
Sobre quem?	Om hvem?	[ʌm 'vɛmˀ]
Do quê?	Om hvad?	[ʌm 'vað]
Com quem?	Med hvem?	[mɛ 'vɛmˀ]

Quantos? -as?	Hvor mange?	[vɒˀ 'mɑŋə]
Quanto?	Hvor meget?	[vɒˀ 'maɑð]
De quem? (masc.)	Hvis?	['ves]

16. Preposições

com (prep.)	med	[mɛ]
sem (prep.)	uden	['uðən]
a, para (exprime lugar)	til	['tel]
sobre (ex. falar ~)	om	[ʌm]
antes de ...	før	['føˀɐ̯]
diante de ...	foran ...	['fɒ:'anˀ ...]

sob (debaixo de)	under	['ɔnʌ]
sobre (em cima de)	over	['ɒwʌ]
sobre (~ a mesa)	på	[pɔ]
de (vir ~ Lisboa)	fra	['fʁɑˀ]
de (feito ~ pedra)	af	[a]

| dentro de (~ dez minutos) | om | [ʌm] |
| por cima de ... | over | ['ɒwʌ] |

17. Palavras funcionais. Advérbios. Parte 1

Onde?	Hvor?	['vɒˀ]
aqui	her	['hɛˀɐ̯]
lá, ali	der	['dɛˀɐ̯]

| em algum lugar | et sted | [et 'stɛð] |
| em lugar nenhum | ingen steder | ['eŋən ˌstɛ:ðʌ] |

| ao pé de ... | ved | [ve] |
| ao pé da janela | ved vinduet | [ve 'venduəð] |

Para onde?	Hvorhen?	['vɒˀˌhɛn]
para cá	herhen	['hɛˀɐ̯ˌhɛn]
para lá	derhen	['dɛˀɐ̯ˌhɛn]
daqui	herfra	['hɛˀɐ̯ˌfʁɑˀ]
de lá, dali	derfra	['dɛˀɐ̯ˌfʁɑˀ]

perto	nær	['nɛˀɐ̯]
longe	langt	['laŋˀt]
perto de ...	nær	['nɛˀɐ̯]

ao lado de	i nærheden	[i 'nɛɐ̯ˌheð'ən]
perto, não fica longe	ikke langt	['ekə 'laŋˀt]
esquerdo	venstre	['vɛnstɐʌ]
à esquerda	til venstre	[te 'vɛnstɐʌ]
para esquerda	til venstre	[te 'vɛnstɐʌ]
direito	højre	['hʌjɐʌ]
à direita	til højre	[te 'hʌjɐʌ]
para direita	til højre	[te 'hʌjɐʌ]
à frente	foran	['fɔ:'anˀ]
da frente	for-, ante-	[fʌ-], [antə'-]
em frente (para a frente)	fremad	['fɐam'ˌað]
atrás de ...	bagved	['bæˀjˌve]
por detrás (vir ~)	bagpå	['bæˀjˌpɔˀ]
para trás	tilbage	[te'bæ:jə]
meio (m), metade (f)	midte (f)	['metə]
no meio	i midten	[i 'metən]
de lado	fra siden	[fɐa 'siðən]
em todo lugar	overalt	[ɒwʌ'alˀt]
ao redor (olhar ~)	rundtomkring	['ɐɔn'dʌmˌkɐɛŋˀ]
de dentro	indefra	['enəˌfɐaˀ]
para algum lugar	et sted	[et 'stɛð]
diretamente	ligeud	['li:ə'uðˀ]
de volta	tilbage	[te'bæ:jə]
de algum lugar	et eller andet sted fra	[ed 'ɛlʌ 'anəð stɛð fɐaˀ]
de um lugar	fra et sted	[fɐa ed 'stɛð]
em primeiro lugar	for det første	[fʌ de 'fœɐ̯stə]
em segundo lugar	for det andet	[fʌ de 'anəð]
em terceiro lugar	for det tredje	[fʌ de 'tɐɛðjə]
de repente	pludseligt	['plusəlit]
no início	i begyndelsen	[i be'gønˀəlsən]
pela primeira vez	for første gang	[fʌ 'fœɐ̯stə gaŋˀ]
muito antes de ...	længe før ...	['lɛŋə fø'ɐ̯ ...]
de novo, novamente	på ny	[pɔ 'nyˀ]
para sempre	for evigt	[fʌ 'e:við]
nunca	aldrig	['aldɐi]
de novo	igen	[i'gɛn]
agora	nu	['nu]
frequentemente	ofte	['ʌftə]
então	da, dengang	['da], ['dɛnˀˌgaŋˀ]
urgentemente	omgående	['ʌmˌgɔˀənə]
usualmente	vanligvis	['væ:nliˌviˀs]
a propósito, ...	for resten ...	[fʌ 'ɐastən ...]
é possível	muligt, muligvis	['mu:lit], ['mu:liˌviˀs]
provavelmente	sandsynligvis	[san'syˀnliˌviˀs]

talvez	**måske**	[mɔ'skeʔ]
além disso, ...	**desuden,** ...	[des'u:ðən, ...]
por isso ...	**derfor** ...	['dɛ'ɡfʌ ...]
apesar de ...	**på trods af** ...	[pɔ 'tʁʌs æʔ ...]
graças a ...	**takket være** ...	['tɑkəð ˌvɛʔʌ ...]

que (pron.)	**hvad**	['vað]
que (conj.)	**at**	[at]
algo	**noget**	['nɔ:əð]
alguma coisa	**noget**	['nɔ:əð]
nada	**ingenting**	['eŋən'teŋʔ]

quem	**hvem**	['vɛmʔ]
alguém (~ teve uma ideia ...)	**nogen**	['noən]
alguém	**nogen**	['noən]

ninguém	**ingen**	['eŋən]
para lugar nenhum	**ingen steder**	['eŋən ˌstɛ:ðʌ]
de ninguém	**ingens**	['eŋəns]
de alguém	**nogens**	['noəns]

tão	**så**	['sʌ]
também (gostaria ~ de ...)	**også**	['ʌsə]
também (~ eu)	**også**	['ʌsə]

18. Palavras funcionais. Advérbios. Parte 2

Porquê?	**Hvorfor?**	['vɔfʌ]
por alguma razão	**af en eller anden grund**	[a en 'ɛlʌ 'anən 'gʁɔnʔ]
porque ...	**fordi** ,,,	[fʌ'diʔ ,,,]
por qualquer razão	**af en eller anden grund**	[a en 'ɛlʌ 'anən 'gʁɔnʔ]

e (tu ~ eu)	**og**	[ʌ]
ou (ser ~ não ser)	**eller**	[ɛlʌ]
mas (porém)	**men**	['mɛn]
para (~ a minha mãe)	**for, til**	[fʌ], [tel]

demasiado, muito	**for, alt for**	[fʌ], ['alʔt fʌ]
só, somente	**bare, kun**	['bɑ:ɑ], ['kɔn]
exatamente	**præcis**	[pʁɛ'si's]
cerca de (~ 10 kg)	**cirka**	['siɛka]

aproximadamente	**omtrent**	[ʌm'tʁanʔt]
aproximado	**omtrentlig**	[ʌm'tʁanʔtli]
quase	**næsten**	['nɛstən]
resto (m)	**rest** (f)	['ʁast]

o outro (segundo)	**den anden**	[dən 'anən]
outro	**andre**	['andʁʌ]
cada	**hver**	['vɛʔɡ]
qualquer	**hvilken som helst**	['velkən sʌm 'hɛlʔst]
muito	**megen, meget**	['majən], ['mɑɑð]
muitas pessoas	**mange**	['maŋə]
todos	**alle**	['alə]

em troca de ...	til gengæld for ...	[tel 'gɛn‚gɛl' fʌ ...]
em troca	i stedet for	[i 'stɛðə fʌ]
à mão	i hånden	[i 'hʌnən]
pouco provável	næppe	['nɛpə]

provavelmente	sandsynligvis	[san'sy'nli‚vi's]
de propósito	med vilje, forsætlig	[mɛ 'viljə], [fʌ'sɛtli]
por acidente	tilfældigt	[te'fɛl'dit]

muito	meget	['maɑð]
por exemplo	for eksempel	[fʌ ɛk'sɛm'pəl]
entre	imellem	[i'mɛl'əm]
entre (no meio de)	blandt	['blant]
tanto	så meget	['sʌ 'maɑð]
especialmente	særligt	['sæɐ̯lit]

Conceitos básicos. Parte 2

19. Opostos

rico	rig	['ʁi']
pobre	fattig	['fati]
doente	syg	['sy']
são	frisk	['fʁɛsk]
grande	stor	['sto'ɡ̊]
pequeno	lille	['lilə]
rapidamente	hurtigt	['hoɡ̊tit]
lentamente	langsomt	['laŋ,sʌmt]
rápido	hurtig	['hoɡ̊ti]
lento	langsom	['laŋ,sʌm']
alegre	glad	['glað]
triste	sørgmodig	[sœɡ̊w'mo'ði]
juntos	sammen	['sɑm'ən]
separadamente	separat	[sepa'ʁɑ't]
em voz alta (ler ~)	højt	['hɒj't]
para si (em silêncio)	for sig selv	[fʌ sɑj 'sɛl'v]
alto	høj	['hʌj']
baixo	lav	['læ'v]
profundo	dyb	['dy'b]
pouco fundo	lille	['lilə]
sim	ja	[ja], ['jæɡ̊]
não	nej	['nɑj']
distante (no espaço)	fjern	['fjæɡ̊'n]
próximo	nær	['nɛ'ɡ̊]
longe	langt	['laŋ't]
perto	i nærheden	[i 'nɛɡ̊,heð'ən]
longo	lang	['laŋ']
curto	kort	['kɔ:t]
bom, bondoso	god	['goð']
mau	ond	['ɔn']
casado	gift	['gift]

solteiro	ugift	['uˌgift]

| proibir (vt) | at forbyde | [ʌ fʌ'by'ðə] |
| permitir (vt) | at tillade | [ʌ 'teˌlæ'ðə] |

| fim (m) | slut (f) | ['slut] |
| começo (m) | begyndelse (f) | [be'gøn'əlsə] |

| esquerdo | venstre | ['vɛnstʁʌ] |
| direito | højre | ['hʌjʁʌ] |

| primeiro | første | ['fœɐ̯stə] |
| último | sidste | ['sistə] |

| crime (m) | forbrydelse (f) | [fʌ'bʁyð'əlsə] |
| castigo (m) | straf (f) | ['stʁaf] |

| ordenar (vt) | at beordre | [ʌ be'ɒ'dʁʌ] |
| obedecer (vt) | at underordne sig | [ʌ 'ɔnʌˌɒ'dnə saj] |

| reto | ret | ['ʁat] |
| curvo | krum | ['kʁɔm'] |

| paraíso (m) | paradis (i) | ['pɑːaˌdi's] |
| inferno (m) | helvede (i) | ['hɛlvəðə] |

| nascer (vi) | at fødes | [ʌ 'fø:ðəs] |
| morrer (vi) | at dø | [ʌ 'dø'] |

| forte | stærk | ['stæɐ̯k] |
| fraco, débil | svag | ['svæ'j] |

| idoso | gammel | ['gaməl] |
| jovem | ung | ['ɔŋ'] |

| velho | gammel | ['gaməl] |
| novo | ny | ['ny'] |

| duro | hård | ['hɒ'] |
| mole | blød | ['blø'ð] |

| tépido | varm | ['va'm] |
| frio | kold | ['kʌl'] |

| gordo | tyk | ['tyk] |
| magro | tynd | ['tøn'] |

| estreito | smal | ['smal'] |
| largo | bred | ['bʁɛð'] |

| bom | god | ['goð'] |
| mau | dårlig | ['dɒːli] |

| valente | tapper | ['tapʌ] |
| cobarde | fej, krysteragtig | ['faj'], ['kʁystʌˌagdi] |

20. Dias da semana

segunda-feira (f)	mandag (f)	['man'da]
terça-feira (f)	tirsdag (f)	['tiɐ̯'sda]
quarta-feira (f)	onsdag (f)	['ɔn'sda]
quinta-feira (f)	torsdag (f)	['tɒ'sda]
sexta-feira (f)	fredag (f)	['fʁɛ'da]
sábado (m)	lørdag (f)	['lœɐ̯da]
domingo (m)	søndag (f)	['sœn'da]

hoje	i dag	[i 'dæ']
amanhã	i morgen	[i 'mɒ:ɒn]
depois de amanhã	i overmorgen	[i 'ɒwʌˌmɒ:ɒn]
ontem	i går	[i 'gɒ']
anteontem	i forgårs	[i 'fɒ:ˌgɒ's]

dia (m)	dag (f)	['dæ']
dia (m) de trabalho	arbejdsdag (f)	['ɑːbɑjdsˌdæ']
feriado (m)	festdag (f)	['fɛstˌdæ']
dia (m) de folga	fridag (f)	['fʁidæ']
fim (m) de semana	weekend (f)	['wi:ˌkɛnd]

o dia todo	hele dagen	['he:lə 'dæ'ən]
no dia seguinte	næste dag	['nɛstə dæ']
há dois dias	for to dage siden	[fʌ to' 'dæ'ə 'siðən]
na véspera	dagen før	['dæ'ən fʌ]
diário	daglig	['dɑwli]
todos os dias	hver dag	['vɛɐ̯ 'dæ']

semana (f)	uge (f)	['u:ə]
na semana passada	sidste uge	[i 'sistə 'u:ə]
na próxima semana	i næste uge	[i 'nɛstə 'u:ə]
semanal	ugentlig	['u:əntli]
cada semana	hver uge	['vɛɐ̯ 'u:ə]
duas vezes por semana	to gange om ugen	['to: 'gɑŋə ɒm 'u:ən]
cada terça-feira	hver tirsdag	['vɛɐ̯ ˌtiɐ̯'sda]

21. Horas. Dia e noite

manhã (f)	morgen (f)	['mɒ:ɒn]
de manhã	om morgenen	[ʌm 'mɒ:ɒnən]
meio-dia (m)	middag (f)	['meda]
à tarde	om eftermiddagen	[ʌm 'ɛftʌmeˌdæ'ən]

noite (f)	aften (f)	['ɑftən]
à noite (noitinha)	om aftenen	[ʌm 'ɑftənən]
noite (f)	nat (f)	['nat]
à noite	om natten	[ʌm 'natən]
meia-noite (f)	midnat (f)	['miðˌnat]

segundo (m)	sekund (i)	[se'kɔn'd]
minuto (m)	minut (i)	[me'nut]
hora (f)	time (f)	['ti:mə]

meia hora (f)	en halv time	[en 'hal' 'ti:mə]
quarto (m) de hora	kvart (f)	['kvɑ:t]
quinze minutos	femten minutter	['fɛmtən me'nutʌ]
vinte e quatro horas	døgn (i)	['dʌjʔn]

nascer (m) do sol	solopgang (f)	['so:l 'ʌp,gɑŋʔ]
amanhecer (m)	daggry (i)	['daw,gʁy:]
madrugada (f)	tidlig morgen (f)	['tiðli 'mɒ:ɒn]
pôr do sol (m)	solnedgang (f)	['so:l 'neð,gɑŋʔ]

de madrugada	tidligt om morgenen	['tiðlit ʌm 'mɒ:ɒnən]
hoje de manhã	i morges	[i 'mɒ:ɒs]
amanhã de manhã	i morgen tidlig	[i 'mɒ:ɒn 'tiðli]

hoje à tarde	i eftermiddag	[i 'ɛftʌme,dæʔ]
à tarde	om eftermiddagen	[ʌm 'ɛftʌme,dæʔən]
amanhã à tarde	i morgen eftermiddag	[i 'mɒ:ɒn 'ɛftʌme,dæʔ]

hoje à noite	i aften	[i 'aftən]
amanhã à noite	i morgen aften	[i 'mɒ:ɒn 'aftən]

às três horas em ponto	klokken tre præcis	['klʌkən tʁɛ pʁɛ'si'ʔs]
por volta das quatro	ved fire tiden	[ve 'fi'ʌ 'tiðən]
às doze	ved 12-tiden	[ve 'tʌl 'tiðən]

dentro de vinte minutos	om 20 minutter	[ʌm 'ty:və me'nutʌ]
dentro duma hora	om en time	[ʌm en 'ti:mə]
a tempo	i tide	[i 'ti:ðə]

menos um quarto	kvart i ...	['kvɑ:t i ...]
durante uma hora	inden for en time	['enən'fʌ en 'ti:mə]
a cada quinze minutos	hvert 15 minut	['vɛ'ᵊt 'fɛmtən me'nut]
as vinte e quatro horas	døgnet rundt	['dʌjneð 'ʁɒnʔt]

22. Meses. Estações

janeiro (m)	januar (f)	['janu,ɑʔ]
fevereiro (m)	februar (f)	['febʁu,ɑʔ]
março (m)	marts (f)	['mɑ:ts]
abril (m)	april (f)	[a'pʁiʔl]
maio (m)	maj (f)	['mɑjʔ]
junho (m)	juni (f)	['juʔni]

julho (m)	juli (f)	['juʔli]
agosto (m)	august (f)	[aw'gɔst]
setembro (m)	september (f)	[sep'tɛmʔbʌ]
outubro (m)	oktober (f)	[ok'toʔbʌ]
novembro (m)	november (f)	[no'vɛmʔbʌ]
dezembro (m)	december (f)	[de'sɛmʔbʌ]

primavera (f)	forår (i)	['fɒ:,ɒʔ]
na primavera	om foråret	[ʌm 'fɒ:,ɒʔð]
primaveril	forårs-	['fɒ:ɒs-]
verão (m)	sommer (f)	['sʌmʌ]

| no verão | om sommeren | [ʌm 'sʌmʌən] |
| de verão | sommer- | ['sʌmʌ-] |

outono (m)	efterår (i)	['ɛftʌˌɒʔ]
no outono	om efteråret	[ʌm 'ɛftʌˌɒʔð]
outonal	efterårs-	['ɛftʌˌɒs-]

inverno (m)	vinter (f)	['venʔtʌ]
no inverno	om vinteren	[ʌm 'venʔtʌən]
de inverno	vinter-	['ventʌ-]
mês (m)	måned (f)	['mɔ:nəð]
este mês	i denne måned	[i 'dɛnə 'mɔ:nəð]
no próximo mês	næste måned	['nɛstə 'mɔ:nəð]
no mês passado	sidste måned	['sistə 'mɔ:nəð]

há um mês	for en måned siden	[fʌ en 'mɔ:nəð 'siðən]
dentro de um mês	om en måned	[ʌm en 'mɔ:nəð]
dentro de dois meses	om 2 måneder	[ʌm to 'mɔ:nəðʌ]
todo o mês	en hel måned	[en 'he:l 'mɔ:nəð]
um mês inteiro	hele måneden	['he:lə 'mɔ:nəðən]

mensal	månedlig	['mɔ:nəðli]
mensalmente	månedligt	['mɔ:nəðlit]
cada mês	hver måned	['vɛɐ̯ 'mɔ:nəð]
duas vezes por mês	to gange om måneden	['to: 'gɑŋə ɒm 'mɔ:nəðən]

ano (m)	år (i)	['ɒʔ]
este ano	i år	[i 'ɒʔ]
no próximo ano	næste år	['nɛstə ɒʔ]
no ano passado	i fjor	[i 'fjoʔɐ̯]
há um ano	for et år siden	[fʌ ed ɒʔ 'siðən]
dentro dum ano	om et år	[ʌm et 'ɒʔ]
dentro de 2 anos	om 2 år	[ʌm to 'ɒʔ]
todo o ano	hele året	['he:lə 'ɒ:ɒð]
um ano inteiro	hele året	['he:lə 'ɒ:ɒð]

cada ano	hvert år	['vɛʔɐ̯t ɒʔ]
anual	årlig	['ɒ:li]
anualmente	årligt	['ɒ:lit]
quatro vezes por ano	fire gange om året	['fiʔʌ 'gɑŋə ɒm 'ɒ:ɒð]

data (~ de hoje)	dato (f)	['dæ:to]
data (ex. ~ de nascimento)	dato (f)	['dæ:to]
calendário (m)	kalender (f)	[ka'lɛnʔʌ]

meio ano	et halvt år	[et halʔt 'ɒʔ]
seis meses	halvår (i)	['halvˌɒʔ]
estação (f)	årstid (f)	['ɒ:sˌtiðʔ]
século (m)	århundrede (i)	[ɒ'hunʁʌðə]

23. Tempo. Diversos

| tempo (m) | tid (f) | ['tiðʔ] |
| momento (m) | øjeblik (i) | ['ʌjəˌblek] |

instante (m)	øjeblik (i)	['ʌjəˌblek]
instantâneo	øjeblikkelig	['ʌjəˌblekəli]
lapso (m) de tempo	tidsafsnit (i)	['tiðsˌskʁɛft]
vida (f)	liv (i)	['liwʼ]
eternidade (f)	evighed (f)	['e:viˌheðʼ]

época (f)	epoke (f)	[e'po:kə]
era (f)	æra (f)	['ɛːʁɑ]
ciclo (m)	cyklus (f)	['syklus]
período (m)	periode (f)	[pæɡi'o:ðə]
prazo (m)	sigt (f)	['segt]

futuro (m)	fremtid (f)	['fʁamˌtiðʼ]
futuro	fremtidig	['fʁamˌtiðʼi]
da próxima vez	næste gang	['nɛstə gaŋ']
passado (m)	fortid (f)	['fɒ:tiðʼ]
passado	forrige, forleden	['fɒ:iə], [fʌ'leðʼən]
na vez passada	sidste gang	['sistə ˌgaŋ']
mais tarde	senere	['se'nʌʌ]
depois	efter	['ɛftʌ]
atualmente	for nærværende	[fʌ 'nɛɡˌvɛʼʌnə]
agora	nu	['nu]
imediatamente	umiddelbart	['uˌmiðʼəlˌbɑʼð]
em breve, brevemente	snart	['snɑʼt]
de antemão	på forhånd	[pɔ 'fɒːˌhʌnʼ]

há muito tempo	for lang tid siden	[fʌ laŋʼ tið 'siðən]
há pouco tempo	nylig, nyligt	['ny:li], ['ny:lið]
destino (m)	skæbne (f)	['skɛ:bnə]
recordações (f pl)	erindring (f)	[e'ʁɛnʼdʁɛŋ]
arquivo (m)	arkiv (i)	[a'kiwʼ]
durante ...	under ...	['ɔnʌ ...]
durante muito tempo	længe	['lɛŋə]
pouco tempo	ikke længe	['ekə 'lɛŋə]
cedo (levantar-se ~)	tidligt	['tiðlit]
tarde (deitar-se ~)	sent	['se'n]

para sempre	for altid	[fʌ 'alʼtið]
começar (vt)	at begynde	[ʌ be'gønʼə]
adiar (vt)	at udsætte	[ʌ 'uðˌsɛtə]

simultaneamente	samtidigt	['sɑmˌtiðʼit]
permanentemente	altid, stadig	['alʼtið], ['sdæ:ði]
constante (ruído, etc.)	konstant	[kʌn'stanʼt]
temporário	midlertidig, temporær	['miðʼlʌˌtiðʼi], [tɛmbo'ʁɛʼɡ]

às vezes	af og til	['æʼ ʌ 'tel]
raramente	sjælden, sjældent	['ɕɛlən], ['ɕɛlənt]
frequentemente	ofte	['ʌftə]

24. Linhas e formas

quadrado (m)	kvadrat (i)	[kva'dʁɑʼt]
quadrado	kvadratisk	[kva'dʁɑʼtisk]

círculo (m)	cirkel (f)	['siɐ̯kəl]
redondo	rund	['ʁɔn']
triângulo (m)	trekant (f)	['tʁɛˌkan'ˀt]
triangular	trekantet	['tʁɛˌkan'ˀtəð]

oval (f)	oval (f)	[o'væ'l]
oval	oval	[o'væ'l]
retângulo (m)	rektangel (i)	['ʁakˌtaŋ'əl]
retangular	retvinklet	['ʁatˌveŋ'kləð]

pirâmide (f)	pyramide (f)	[pyɒ'mi:ðə]
rombo, losango (m)	rombe (f)	['ʁʌmbə]
trapézio (m)	trapez (i, f)	[tʁɑ'pɛts]
cubo (m)	terning (f)	['tæɡ̯nen]
prisma (m)	prisme (i, f)	['pʁismə]

circunferência (f)	omkreds (f)	['ʌmˌkʁɛ's]
esfera (f)	sfære (f)	['sfɛ:ʌ]
globo (m)	kugle (f)	['ku:lə]
diâmetro (m)	diameter (f)	['diaˌme'tʌ]
raio (m)	radius (f)	['ʁɑ'djus]
perímetro (m)	perimeter (i, f)	[peɡ̯i'me'tʌ]
centro (m)	midtpunkt, centrum (i)	['medˌpɔŋ' t], ['sɛntʁɔm]

horizontal	horisontal	[hɒisʌn'tæ'l]
vertical	lodret, lod-	['lʌðˌʁat], ['lʌð-]
paralela (f)	parallel (f)	[pɑɑ'lɛl']
paralelo	parallel	[pɑɑ'lɛl']

linha (f)	linje (f)	['linjə]
traço (m)	streg (f)	['stʁɑj']
reta (f)	lige linje (f)	['li:ə 'linjə]
curva (f)	kurve (f)	['kuɡ̯wə]
fino (linha ~a)	tynd	['tøn']
contorno (m)	kontur (f)	[kɔn'tuɡ̯']

interseção (f)	skæringspunkt (i)	['skɛ:ɡ̯ensˌpɔŋ'ˀt]
ângulo (m) reto	ret vinkel (f)	['ʁat 'veŋ'kəl]
segmento (m)	segment (i)	[seg'mɛn'ˀt]
setor (m)	sektor (f)	['sɛktʌ]
lado (de um triângulo, etc.)	side (f)	['si:ðə]
ângulo (m)	vinkel (f)	['veŋ'kəl]

25. Unidades de medida

peso (m)	vægt (f)	['vɛgt]
comprimento (m)	længde (f)	['lɛŋ'də]
largura (f)	bredde (f)	['bʁɛ'də]
altura (f)	højde (f)	['hʌj'də]
profundidade (f)	dybde (f)	['dybdə]
volume (m)	rumfang (i)	['ʁɔmˌfaŋ']
área (f)	areal (i)	[ˌɑ:e'æ'l]
grama (m)	gram (i)	['gʁɑm']
miligrama (m)	milligram (i)	['miliˌgʁɑm']

quilograma (m)	kilogram (i)	['kilo,gʁɑm']
tonelada (f)	ton (i, f)	['tʌn']
libra (453,6 gramas)	pund (i)	['pun']
onça (f)	ounce (f)	['awns]

metro (m)	meter (f)	['me'tʌ]
milímetro (m)	millimeter (f)	['mili,me'tʌ]
centímetro (m)	centimeter (f)	['sɛnti,me'tʌ]
quilómetro (m)	kilometer (f)	['kilo,me'tʌ]
milha (f)	mil (f)	['mi'l]

polegada (f)	tomme (f)	['tʌmə]
pé (304,74 mm)	fod (f)	['fo'ð]
jarda (914,383 mm)	yard (f)	['ja:d]

| metro (m) quadrado | kvadratmeter (f) | [kva'dʁa't,me'tʌ] |
| hectare (m) | hektar (f) | [hɛk'ta'] |

litro (m)	liter (f)	['litʌ]
grau (m)	grad (f)	['gʁa'ð]
volt (m)	volt (f)	['vʌl't]
ampere (m)	ampere (f)	[am'pɛ:ɐ̯]
cavalo-vapor (m)	hestekraft (f)	['hɛstə,kʁaft]

quantidade (f)	mængde (f)	['mɛŋ'də]
um pouco de ...	lidt ...	['let ...]
metade (f)	halvdel (f)	['halde'l]
dúzia (f)	dusin (i)	[du'si'n]
peça (f)	stykke (i)	['støkə]

| dimensão (f) | størrelse (f) | ['stœɐ̯lsə] |
| escala (f) | målestok (f) | ['mɔ:lə,stʌk] |

mínimo	minimal	[mini'mæ'l]
menor, mais pequeno	mindst	['men'st]
médio	middel	['mið'əl]
máximo	maksimal	[maksi'mæ'l]
maior, mais grande	størst	['stœɐ̯st]

26. Recipientes

boião (m) de vidro	glaskrukke (f)	['glas,kʁɔkə]
lata (~ de cerveja)	dåse (f)	['dɔ:sə]
balde (m)	spand (f)	['span']
barril (m)	tønde (f)	['tønə]

bacia (~ de plástico)	balje (f)	['baljə]
tanque (m)	tank (f)	['taŋ'k]
cantil (m) de bolso	lommelærke (f)	['lʌmə,læɐ̯kə]
bidão (m) de gasolina	dunk (f)	['doŋ'k]
cisterna (f)	tank (f)	['taŋ'k]

| caneca (f) | krus (i) | ['kʁu's] |
| chávena (f) | kop (f) | ['kʌp] |

pires (m)	underkop (f)	['ɔnʌˌkʌp]
copo (m)	glas (i)	['glas]
taça (f) de vinho	vinglas (i)	['vi:nˌglas]
panela, caçarola (f)	gryde (f)	['gʁy:ðə]

garrafa (f)	flaske (f)	['flaskə]
gargalo (m)	flaskehals (f)	['flaskeˌhalˀs]

jarro, garrafa (f)	karaffel (f)	[ka'ʁafəl]
jarro (m) de barro	kande (f)	['kanə]
recipiente (m)	beholder (f)	[be'hʌlˀʌ]
pote (m)	potte (f)	['pʌtə]
vaso (m)	vase (f)	['væ:sə]

frasco (~ de perfume)	flakon (f)	[fla'kʌŋ]
frasquinho (ex. ~ de iodo)	flaske (f)	['flaskə]
tubo (~ de pasta dentífrica)	tube (f)	['tu:bə]

saca (ex. ~ de açúcar)	sæk (f)	['sɛk]
saco (~ de plástico)	pose (f)	['po:sə]
maço (m)	pakke (f)	['pɑkə]

caixa (~ de sapatos, etc.)	æske (f)	['ɛskə]
caixa (~ de madeira)	kasse (f)	['kasə]
cesta (f)	kurv (f)	['kuʁˀw]

27. Materiais

material (m)	materiale (i)	[mɑtʁi'æ:lə]
madeira (f)	træ (i)	['tʁɛˀ]
de madeira	af træ, træ-	[a 'tʁɛ], ['tʁɛ-]

vidro (m)	glas (i)	['glas]
de vidro	af glas, glas-	[a 'glas], ['glas-]

pedra (f)	sten (f)	['steˀn]
de pedra	af sten, sten-	[a 'sten], ['sten-]

plástico (m)	plastic (i, f)	['plastik]
de plástico	plastic-	['plastik-]

borracha (f)	gummi (i, f)	['gomi]
de borracha	gummi-	['gomi-]

tecido, pano (m)	tøj, stof (i)	['tʌj], ['stʌf]
de tecido	i stof, stof-	[i 'stʌf], ['stʌf-]

papel (m)	papir (i)	[pa'piɐˀ]
de papel	papir-	[pa'piɐ-]

cartão (m)	pap, karton (i, f)	['pɑp], [kɑ'tʌŋ]
de cartão	pap-, karton-	['pɑp-], [kɑ'tʌŋ-]
polietileno (m)	polyætylen (i, f)	['polyɛtyˌleˀn]
celofane (m)	cellofan (i)	[sɛlo'fæˀn]

linóleo (m)	linoleum (i)	[li'no'ljɔm]
contraplacado (m)	krydsfiner (f)	['kʁys fi'ne'g̥]

porcelana (f)	porcelæn (i)	[pɒsə'lɛ'n]
de porcelana	af porcelæn	[a pɒsə'lɛ'n]
barro (f)	ler (i)	['le'g̥]
de barro	af ler, ler-	[a 'le'g̥], ['leg̥-]
cerâmica (f)	keramik (f)	[keɑ'mik]
de cerâmica	keramik-	[keɑ'mik-]

28. Metais

metal (m)	metal (i)	[me'tal]
metálico	af metal, metal-	[a me'tal], [me'tal-]
liga (f)	legering (f)	[le'ge'g̥eŋ]

ouro (m)	guld (i)	['gul]
de ouro	af guld, guld-	[a 'gul], ['gul-]
prata (f)	sølv (i)	['søl]
de prata	af sølv, sølv-	[a 'søl], ['søl-]

ferro (m)	jern (i)	['jæg̥'n]
de ferro	af jern, jern-	[a 'jæg̥'n], ['jæg̥n-]
aço (m)	stål (i)	['stɔ'l]
de aço	af stål, stål-	[a 'stɔ'l], ['stɔl-]
cobre (m)	kobber (i)	['kɒw'ʌ]
de cobre	af kobber, kobber-	[a 'kɒw'ʌ], ['kɒwʌ-]

alumínio (m)	aluminium (i)	[alu'mi'njɔm]
de alumínio	af aluminium	[a alu'mi'njɔm]
bronze (m)	bronze (f)	['bʁʌŋsə]
de bronze	af bronze, bronze-	[a 'bʁʌŋsə], ['bʁʌŋsə-]

latão (m)	messing (i, f)	['mɛseŋ]
níquel (m)	nikkel (i)	['nekəl]
platina (f)	platin (i)	[pla'ti'n]
mercúrio (m)	kviksølv (i)	['kvik‚søl]
estanho (m)	tin (i)	['ten]
chumbo (m)	bly (i)	['bly']
zinco (m)	zink (i, f)	['seŋ'k]

O SER HUMANO

O ser humano. O corpo

29. Humanos. Conceitos básicos

ser (m) humano	menneske (i)	['mɛnəskə]
homem (m)	mand (f)	['manʔ]
mulher (f)	kvinde (f)	['kvenə]
criança (f)	barn (i)	['baʔn]
menina (f)	pige (f)	['piːə]
menino (m)	dreng (f)	['dʁaŋʔ]
adolescente (m)	teenager (f)	['tiːnˌɛjtɕʌ]
velho (m)	gammel mand (f)	['gaməl 'manʔ]
velha, anciã (f)	gammel dame (f)	['gaməl 'dæːmə]

30. Anatomia humana

organismo (m)	organisme (f)	[ɒga'nismə]
coração (m)	hjerte (i)	['jæɐ̯tə]
sangue (m)	blod (i)	['bloʔð]
artéria (f)	arterie (f)	[ɑ'teˀɐ̯iə]
veia (f)	vene (f)	['veːnə]
cérebro (m)	hjerne (f)	['jæɐ̯nə]
nervo (m)	nerve (f)	['næɐ̯və]
nervos (m pl)	nerver (f pl)	['næɐ̯vʌ]
vértebra (f)	ryghvirvel (f)	['ʁœgˌviɐ̯ˀwəl]
coluna (f) vertebral	rygrad (f)	['ʁœgˌʁɑʔð]
estômago (m)	mavesæk (f)	['mæːvəˌsɛk]
intestinos (m pl)	tarmer (f pl)	['tɑʔmʌ]
intestino (m)	tarm (f)	['tɑʔm]
fígado (m)	lever (f)	['lewʔʌ]
rim (m)	nyre (f)	['nyːʌ]
osso (m)	ben (i)	['beʔn]
esqueleto (m)	skelet (i)	[ske'lɛt]
costela (f)	ribben (i)	['ʁiˌbeʔn]
crânio (m)	hovedskal (f)	['hoːəðˌskalʔ]
músculo (m)	muskel (f)	['muskəl]
bíceps (m)	biceps (f)	['biˌsɛps]
tríceps (m)	triceps (f)	['tʁiːsɛps]
tendão (m)	sene (f)	['seːnə]
articulação (f)	led (i)	['leð]

pulmões (m pl)	**lunger** (f pl)	['lɔŋʌ]
órgãos (m pl) genitais	**kønsdele, genitalier** (pl)	['kœnˌsdeːlə], [geni'tæˀljʌ]
pele (f)	**hud** (f)	['huðˀ]

31. Cabeça

cabeça (f)	**hoved** (i)	['hoːəð]
cara (f)	**ansigt** (i)	['ansegt]
nariz (m)	**næse** (f)	['nɛːsə]
boca (f)	**mund** (f)	['mɔnˀ]

olho (m)	**øje** (i)	['ʌjə]
olhos (m pl)	**øjne** (i pl)	['ʌjnə]
pupila (f)	**pupil** (f)	[pu'pilˀ]
sobrancelha (f)	**øjenbryn** (i)	['ʌjənˌbʁyˀn]
pestana (f)	**øjenvippe** (f)	['ʌjənˌvepə]
pálpebra (f)	**øjenlåg** (i)	['ʌjənˌlɔˀw]

língua (f)	**tunge** (f)	['tɔŋə]
dente (m)	**tand** (f)	['tanˀ]
lábios (m pl)	**læber** (f pl)	['lɛːbʌ]
maçãs (f pl) do rosto	**kindben** (i pl)	['kenˌbeˀn]
gengiva (f)	**tandkød** (i)	['tanˌkøð]
palato (m)	**gane** (f)	['gæːnə]

narinas (f pl)	**næsebor** (i pl)	['nɛːsəˌboˀɐ̯]
queixo (m)	**hage** (f)	['hæːjə]
mandíbula (f)	**kæbe** (f)	['kɛːbə]
bochecha (f)	**kind** (f)	['kenˀ]

testa (f)	**pande** (f)	['panə]
têmpora (f)	**tinding** (f)	['teneŋ]
orelha (f)	**øre** (i)	['øːʌ]
nuca (f)	**nakke** (f)	['nɑkə]
pescoço (m)	**hals** (f)	['halˀs]
garganta (f)	**strube, hals** (f)	['stʁuːbə], ['halˀs]

cabelos (m pl)	**hår** (i pl)	['hɒˀ]
penteado (m)	**frisure** (f)	[fʁi'syˀʌ]
corte (m) de cabelo	**klipning** (f)	['klepneŋ]
peruca (f)	**paryk** (f)	[pɑ'ʁœk]

bigode (m)	**moustache** (f)	[mu'stæːɕ]
barba (f)	**skæg** (i)	['skɛˀg]
usar, ter (~ barba, etc.)	**at have**	[ʌ 'hæːvə]
trança (f)	**fletning** (f)	['flɛtneŋ]
suíças (f pl)	**bakkenbart** (f)	['bɑkənˌbɑˀt]

ruivo	**rødhåret**	['ʁɶðˌhɒˀɒð]
grisalho	**grå**	['gʁɔˀ]
calvo	**skaldet**	['skɑləð]
calva (f)	**skaldet plet** (f)	['skɑləðˌplɛt]
rabo-de-cavalo (m)	**hestehale** (f)	['hɛstəˌhæːlə]
franja (f)	**pandehår** (i)	['panəˌhɒˀ]

32. Corpo humano

| mão (f) | hånd (f) | ['hʌnˀ] |
| braço (m) | arm (f) | ['aˀm] |

dedo (m)	finger (f)	['feŋˀʌ]
dedo (m) do pé	tå (f)	['tɔˀ]
polegar (m)	tommel (f)	['tʌməl]
dedo (m) mindinho	lillefinger (f)	['lileˌfeŋˀʌ]
unha (f)	negl (f)	['najˀl]

punho (m)	knytnæve (f)	['knytˌnɛːvə]
palma (f) da mão	håndflade (f)	['hʌnˌflæːðə]
pulso (m)	håndled (i)	['hʌnˌleð]
antebraço (m)	underarm (f)	['ɔnʌˌɑːm]
cotovelo (m)	albue (f)	['alˌbuːə]
ombro (m)	skulder (f)	['skulʌ]

perna (f)	ben (i)	['beˀn]
pé (m)	fod (f)	['foˀð]
joelho (m)	knæ (i)	['knɛˀ]
barriga (f) da perna	læg (f)	['lɛˀg]
anca (f)	hofte (f)	['hʌftə]
calcanhar (m)	hæl (f)	['hɛˀl]

corpo (m)	krop (f)	['kʁʌp]
barriga (f)	mave (f)	['mæːvə]
peito (m)	bryst (i)	['bʁœst]
seio (m)	bryst (i)	['bʁœst]
lado (m)	side (f)	['siːðə]
costas (f pl)	ryg (f)	['ʁœg]
região (f) lombar	lænderyg (f)	['lɛnəˌʁœg]
cintura (f)	midje, talje (f)	['miðjə], ['taljə]

umbigo (m)	navle (f)	['nɑwlə]
nádegas (f pl)	baller, balder (f pl)	['balʌ]
traseiro (m)	bag (f)	['bæˀj]

sinal (m)	skønhedsplet (f)	['skœnheðsˌplɛt]
sinal (m) de nascença	modermærke (i)	['moːðʌˈmæɐ̯kə]
tatuagem (f)	tatovering (f)	[tatoˈveˀɐ̯eŋ]
cicatriz (f)	ar (i)	['aˀ]

Vestuário & Acessórios

33. Roupa exterior. Casacos

roupa (f)	tøj (i), klæder (i pl)	['tʌj], ['klɛ:ðʌ]
roupa (f) exterior	overtøj (i)	['ɒwʌˌtʌj]
roupa (f) de inverno	vintertøj (i)	['ventʌˌtʌj]
sobretudo (m)	frakke (f)	['fʁakə]
casaco (m) de peles	pels (f), pelskåbe (f)	['pɛl's], ['pɛlsˌkɔ:bə]
casaco curto (m) de peles	pelsjakke (f)	['pɛlsˌjakə]
casaco (m) acolchoado	dynejakke (f)	['dy:nəjakə]
casaco, blusão (m)	jakke (f)	['jakə]
impermeável (m)	regnfrakke (f)	['ʁajnˌfʁakə]
impermeável	vandtæt	['vanˌtɛt]

34. Vestuário de homem & mulher

camisa (f)	skjorte (f)	['skjoʁtə]
calças (f pl)	bukser (pl)	['boksʌ]
calças (f pl) de ganga	jeans (pl)	['dji:ns]
casaco (m) de fato	jakke (f)	['jakə]
fato (m)	jakkesæt (i)	['jakəˌsɛt]
vestido (ex. ~ vermelho)	kjole (f)	['kjo:lə]
saia (f)	nederdel (f)	['neðʌˌde'l]
blusa (f)	bluse (f)	['blu:sə]
casaco (m) de malha	strikket trøje (f)	['stʁɛkəð 'tʁʌjə]
casaco, blazer (m)	blazer (f)	['blɛjsʌ]
T-shirt, camiseta (f)	t-shirt (f)	['ti:ˌɕœ:t]
calções (Bermudas, etc.)	shorts (pl)	['ɕɒ:ts]
fato (m) de treino	træningsdragt (f)	['tʁɛ:neŋsˌdʁagt]
roupão (m) de banho	badekåbe (f)	['bæ:ðəˌkɔ:bə]
pijama (m)	pyjamas (f)	[py'jæ:mas]
suéter (m)	sweater (f)	['swɛtʌ]
pulôver (m)	pullover (f)	[pul'ɔwʌ]
colete (m)	vest (f)	['vɛst]
fraque (m)	kjolesæt (i)	['kjo:ləˌsɛt]
smoking (m)	smoking (f)	['smo:keŋ]
uniforme (m)	uniform (f)	[uni'fɒ'm]
roupa (f) de trabalho	arbejdstøj (i)	['a:bajdsˌtʌj]
fato-macaco (m)	kedeldragt, overall (f)	['keðəlˌdʁagt], ['ɒwɒˌɒ:l]
bata (~ branca, etc.)	kittel (f)	['kitəl]

35. Vestuário. Roupa interior

roupa (f) interior	undertøj (i)	['ɔnʌˌtʌj]
cuecas boxer (f pl)	boxershorts (pl)	['bʌgsʌˌɕɒːts]
cuecas (f pl)	trusser (pl)	['tʁusʌ]
camisola (f) interior	undertrøje (f)	['ɔnʌˌtʁʌjə]
peúgas (f pl)	sokker (f pl)	['sʌkʌ]

camisa (f) de noite	natkjole (f)	['natˌkjoːlə]
sutiã (m)	bh (f), brystholder (f)	[be'hɔ'], ['bʁœstˌhʌl'ʌ]
meias longas (f pl)	knæstrømper (f pl)	['knɛˌstʁœmpʌ]
meia-calça (f)	strømpebukser (pl)	['stʁœmbəˌbɔksʌ]
meias (f pl)	strømper (f pl)	['stʁœmpʌ]
fato (m) de banho	badedragt (f)	['bæːðəˌdʁɑgt]

36. Adereços de cabeça

chapéu (m)	hue (f)	['huːə]
chapéu (m) de feltro	hat (f)	['hat]
boné (m) de beisebol	baseballkasket (f)	['bɛjsˌbɒːl ka'skɛt]
boné (m)	kasket (f)	[ka'skɛt]

boina (f)	baskerhue (f)	['bɑːskʌˌhuːə]
capuz (m)	hætte (f)	['hɛtə]
panamá (m)	panamahat (f)	['pan'amaˌhat]
gorro (m) de malha	strikhue (f)	['stʁɛkˌhuə]

lenço (m)	tørklæde (i)	['tœɐ̯ˌklɛːðə]
chapéu (m) de mulher	hat (f)	['hat]

capacete (m) de proteção	hjelm (f)	['jɛl'm]
bibico (m)	skråhue (f)	['skʁʌˌhuːə]
capacete (m)	hjelm (f)	['jɛl'm]

chapéu-coco (m)	bowlerhat (f)	['bɔwlʌˌhat]
chapéu (m) alto	høj hat (f)	['hʌj 'hat]

37. Calçado

calçado (m)	sko (f)	['sko']
botinas (f pl)	støvler (f pl)	['stœwlʌ]
sapatos (de salto alto, etc.)	damesko (f pl)	['dæːməˌskoː]
botas (f pl)	støvler (f pl)	['stœwlʌ]
pantufas (f pl)	hjemmesko (f pl)	['jɛməˌsko']

ténis (m pl)	tennissko, kondisko (f pl)	['tɛnisˌsko'], ['kʌndiˌsko']
sapatilhas (f pl)	kanvas sko (f pl)	['kanvas ˌsko']
sandálias (f pl)	sandaler (f pl)	[san'dæ'lʌ]

sapateiro (m)	skomager (f)	['skoˌmæ'jʌ]
salto (m)	hæl (f)	['hɛ'l]

par (m)	par (i)	['pɑ]
atacador (m)	snøre (f)	['snœ:ʌ]
apertar os atacadores	at snøre	[ʌ 'snœ:ʌ]
calçadeira (f)	skohorn (i)	['sko̩hoɐ'n]
graxa (f) para calçado	skocreme (f)	['sko̩kʁɛ'm]

38. Têxtil. Tecidos

algodão (m)	bomuld (i, f)	['bʌ̩mul']
de algodão	i bomuld	[i 'bʌ̩mul']
linho (m)	hør (f)	['hœɐ̯]
de linho	i hør, hør-	[i 'hœɐ̯], ['hœɐ̯-]
seda (f)	silke (f)	['selkə]
de seda	i silke, silke-	[i 'selkə], ['selkə-]
lã (f)	uld (f)	['ul']
de lã	i uld, uld-	[i 'ul'], ['ul-]
veludo (m)	fløjl (i, f)	['flʌj'l]
camurça (f)	ruskind (i)	['ʁu̩sken']
bombazina (f)	jernbanefløjl (i, f)	['jæɐ̯nbænə̩flʌj'l]
náilon (m)	nylon (i, f)	['nɑjlʌn]
de náilon	nylon-	['nɑjlʌn-]
poliéster (m)	polyester (i, f)	[poly'ɛstʌ]
de poliéster	polyester-	[poly'ɛstʌ-]
couro (m)	læder, skind (i)	['lɛð'ʌ], ['sken']
de couro	i læder, læder-	[i 'lɛ'ðʌ], ['lɛðʌ-]
pele (f)	pels (f)	['pɛl's]
de peles, de pele	pels-	['pɛls-]

39. Acessórios pessoais

luvas (f pl)	handsker (f pl)	['hanskʌ]
mitenes (f pl)	vanter (f pl)	['van'tʌ]
cachecol (m)	halstørklæde (i)	['hals 'tœɐ̯̩klɛ:ðə]
óculos (m pl)	briller (pl)	['bʁɛlʌ]
armação (f) de óculos	brillestel (i)	['bʁɛlə̩stɛl']
guarda-chuva (m)	paraply (f)	[pɑɑ'ply']
bengala (f)	stok (i)	['stʌk]
escova (f) para o cabelo	hårbørste (f)	['hɒ̩bœɐ̯stə]
leque (m)	vifte (f)	['veftə]
gravata (f)	slips (i)	['sleps]
gravata-borboleta (f)	butterfly (f)	['bʌtʌ̩flɑj]
suspensórios (m pl)	seler (f pl)	['se:lʌ]
lenço (m)	lommetørklæde (i)	['lʌmə̩tœɐ̯klɛ:ðə]
pente (m)	kam (f)	['kam']
travessão (m)	hårspænde (i)	['hɒ:̩spɛnə]

| gancho (m) de cabelo | hårnål (f) | ['hɒːˌnɔˀl] |
| fivela (f) | spænde (i) | ['spɛnə] |

| cinto (m) | bælte (i) | ['bɛltə] |
| correia (f) | rem (f) | ['ʁamˀ] |

mala (f)	taske (f)	['taskə]
mala (f) de senhora	dametaske (f)	['dæːmeːˌtaskə]
mochila (f)	rygsæk (f)	['ʁœgˌsɛk]

40. Vestuário. Diversos

moda (f)	mode (f)	['moːðə]
na moda	moderigtig	['moːðəˌʁɛgti]
estilista (m)	modedesigner (f)	['moːðə de'sɑjnʌ]

colarinho (m), gola (f)	krave (f)	['kʁɑːvə]
bolso (m)	lomme (f)	['lʌmə]
de bolso	lomme-	['lʌmə-]
manga (f)	ærme (i)	['æɐmə]
alcinha (f)	strop (f)	['stʁʌp]
braguilha (f)	gylp (f)	['gylˀp]

fecho (m) de correr	lynlås (f)	['lynˌlɔˀs]
fecho (m), colchete (m)	hægte, lukning (f)	['hɛgtə], ['lɔknen]
botão (m)	knap (f)	['knap]
casa (f) de botão	knaphul (i)	['knapˌhɔl]
soltar-se (vr)	at falde af	[ʌ 'falə 'æˀ]

coser, costurar (vi)	at sy	[ʌ syˀ]
bordar (vt)	at brodere	[ʌ bʁo'deˀʌ]
bordado (m)	broderi (i)	[bʁodʌ'ʁiˀ]
agulha (f)	synål (f)	['syˌnɔˀl]
fio (m)	tråd (f)	['tʁɔˀð]
costura (f)	søm (f)	['sœmˀ]

sujar-se (vr)	at smudse sig til	[ʌ 'smusə sɑ 'tel]
mancha (f)	plet (f)	['plɛt]
engelhar-se (vr)	at blive krøllet	[ʌ 'bliːə 'kʁœləð]
rasgar (vt)	at rive	[ʌ 'ʁiːvə]
traça (f)	møl (i)	['møl]

41. Cuidados pessoais. Cosméticos

pasta (f) de dentes	tandpasta (f)	['tanˌpasta]
escova (f) de dentes	tandbørste (f)	['tanˌbœɐstə]
escovar os dentes	at børste tænder	[ʌ 'bœɐstə 'tɛnʌ]

máquina (f) de barbear	skraber (f)	['skʁɑːbʌ]
creme (m) de barbear	barbercreme (f)	[bɑ'beˀɐ̯ˌkʁɛˀm]
barbear-se (vr)	at barbere sig	[ʌ bɑ'beˀʌ sɑj]
sabonete (m)	sæbe (f)	['sɛːbə]

champô (m)	shampoo (f)	['ɕæːmˌpuː]
tesoura (f)	saks (f)	['sɑks]
lima (f) de unhas	neglefil (f)	['nɑjləˌfiˀl]
corta-unhas (m)	neglesaks (f)	['nɑjləˌsɑks]
pinça (f)	pincet (f)	[pen'sɛt]

cosméticos (m pl)	kosmetik (f)	[kʌsmə'tik]
máscara (f) facial	ansigtsmaske (f)	['ansegts 'maskə]
manicura (f)	manicure (f)	[mani'kyːʌ]
fazer a manicura	at få manicure	[ʌ 'fɔˀ mani'kyːʌ]
pedicure (f)	pedicure (f)	[pedi'kyːʌ]

mala (f) de maquilhagem	kosmetiktaske (f)	[kʌsmə'tikˌtaskə]
pó (m)	pudder (i)	['puðʌ]
caixa (f) de pó	pudderdåse (f)	['puðʌˌdɔːsə]
blush (m)	rouge (f)	['ʁuːɕ]

perfume (m)	parfume (f)	[pɑ'fyːmə]
água (f) de toilette	eau de toilette (f)	[ˌodətoa'lɛt]
loção (f)	lotion (f)	['lɔwɕən]
água-de-colónia (f)	eau de cologne (f)	[odəko'lʌnjə]

sombra (f) de olhos	øjenskygge (f)	['ʌjənˌskygə]
lápis (m) delineador	eyeliner (f)	['ɑːjˌlɑjnʌ]
máscara (f), rímel (m)	mascara (f)	[ma'skɑːɑ]

batom (m)	læbestift (f)	['lɛːbəˌsteft]
verniz (m) de unhas	neglelak (f)	['nɑjləˌlak]
laca (f) para cabelos	hårspray (f)	['hɔːˌspʁɛj]
desodorizante (m)	deodorant (f)	[deodo'ʁɑnˀt]

creme (m)	creme (f)	['kʁɛˀm]
creme (m) de rosto	ansigtscreme (f)	['ansegts 'kʁɛˀm]
creme (m) de mãos	håndcreme (f)	['hʌnˌkʁɛˀm]
creme (m) antirrugas	antirynke creme (f)	[antə'ʁœŋkə 'kʁɛˀm]
creme (m) de dia	dagcreme (f)	['dɑwˌkʁɛˀm]
creme (m) de noite	natcreme (f)	['natˌkʁɛˀm]
de dia	dag-	['dɑw-]
da noite	nat-	['nat-]

tampão (m)	tampon (f)	[tɑm'pʌŋ]
papel (m) higiénico	toiletpapir (i)	[toa'lɛt pa'piɐˀ]
secador (m) elétrico	hårtørrer (f)	['hɔːˌtœɐ̯ʌ]

42. Joalheria

joias (f pl)	smykker (i pl)	['smøkʌ]
precioso	ædel-	['ɛˀðəl-]
marca (f) de contraste	stempel (i)	['stɛmˀpəl]

anel (m)	ring (f)	['ʁɛŋ]
aliança (f)	vielsesring (f)	['viˀəlsəsˌʁɛŋˀ]
pulseira (f)	armbånd (i)	['ɑːmˌbʌnˀ]
brincos (m pl)	øreringe (f pl)	['øːʌˌʁɛŋə]

colar (m)	halskæde (f)	['hals‚kɛ:ðə]
coroa (f)	krone (f)	['kʁo:nə]
colar (m) de contas	perlekæde (f)	['pæɐ̯lə‚kɛ:ðə]

diamante (m)	diamant (f)	[dia'manʔt]
esmeralda (f)	smaragd (f)	[smɑ'ʁɑwʔd]
rubi (m)	rubin (f)	[ʁu'biʔn]
safira (f)	safir (f)	[sa'fiɐ̯ʔ]
pérola (f)	perler (f pl)	['pæɐ̯lʌ]
âmbar (m)	rav (i)	['ʁɑw]

43. Relógios de pulso. Relógios

relógio (m) de pulso	armbåndsur (i)	['ɑ:mbʌns‚uɐ̯ʔ]
mostrador (m)	urskive (f)	['uɐ̯‚ski:və]
ponteiro (m)	viser (f)	['vi:sʌ]
bracelete (f) em aço	armbånd (i)	['ɑ:m‚bʌnʔ]
bracelete (f) em couro	urrem (f)	['uɐ̯‚ʁam ʔ]

pilha (f)	batteri (i)	[batʌ'ʁiʔ]
descarregar-se	at blive afladet	[ʌ 'bli:ə 'ɑw‚læ ʔðəð]
trocar a pilha	at skifte et batteri	[ʌ 'skiftə et batʌ'ʁiʔ]
estar adiantado	at gå for hurtigt	[ʌ gɔʔ fʌ 'hoɐ̯tit]
estar atrasado	at gå for langsomt	[ʌ gɔʔ fʌ 'laŋ‚sʌmt]

relógio (m) de parede	vægur (i)	['vɛ:g‚uɐ̯ʔ]
ampulheta (f)	timeglas (i)	['ti:mə‚glas]
relógio (m) de sol	solur (i)	['so:l‚uɐ̯ʔ]
despertador (m)	vækkeur (i)	['vɛkə‚uɐ̯ʔ]
relojoeiro (m)	urmager (f)	['uɐ̯‚mæ ʔjʌ]
reparar (vt)	at reparere	[ʌ ʁɛpə'ʁɛ ʔʌ]

Alimentação. Nutrição

44. Comida

carne (f)	kød (i)	['køð]
galinha (f)	høne (f)	['hœ:nə]
frango (m)	kylling (f)	['kyleŋ]
pato (m)	and (f)	['anʔ]
ganso (m)	gås (f)	['gɔʔs]
caça (f)	vildt (i)	['vilʔt]
peru (m)	kalkun (f)	[kal'kuʔn]

carne (f) de porco	flæsk (i)	['flɛsk]
carne (f) de vitela	kalvekød (i)	['kalvəˌkøð]
carne (f) de carneiro	lammekød (i)	['laməˌkøð]
carne (f) de vaca	oksekød (i)	['ʌksəˌkøð]
carne (f) de coelho	kanin (f)	[ka'niʔn]

chouriço, salsichão (m)	pølse (f)	['pølsə]
salsicha (f)	wienerpølse (f)	['viʔnʌˌpølsə]
bacon (m)	bacon (i, f)	['bɛjkʌn]
fiambre (f)	skinke (f)	['skeŋkə]
presunto (m)	skinke (f)	['skeŋkə]

patê (m)	pate, paté (f)	[pa'te]
fígado (m)	lever (f)	['lewʔʌ]
carne (f) moída	kødfars (f)	['køðˌfaʔs]
língua (f)	tunge (f)	['tɔŋə]

ovo (m)	æg (i)	['ɛʔg]
ovos (m pl)	æg (i pl)	['ɛʔg]
clara (f) do ovo	hvide (f)	['vi:ðə]
gema (f) do ovo	blomme (f)	['blʌmə]

peixe (m)	fisk (f)	['fesk]
mariscos (m pl)	fisk og skaldyr	[fesk 'ɒw 'skaldyɐʔ]
crustáceos (m pl)	krebsdyr (i pl)	['kʁabsˌdyɐʔ]
caviar (m)	kaviar (f)	['kaviˌɑʔ]

caranguejo (m)	krabbe (f)	['kʁabə]
camarão (m)	reje (f)	['ʁajə]
ostra (f)	østers (f)	['østʌs]
lagosta (f)	languster (f)	[laŋ'gustʌ]
polvo (m)	blæksprutte (f)	['blɛkˌspʁutə]
lula (f)	blæksprutte (f)	['blɛkˌspʁutə]

esturjão (m)	stør (f)	['støʔɐ̯]
salmão (m)	laks (f)	['lɑks]
halibute (m)	helleflynder (f)	['hɛləˌflønʌ]
bacalhau (m)	torsk (f)	['tɒ:sk]

cavala, sarda (f)	makrel (f)	[mɑ'kʁalˀ]
atum (m)	tunfisk (f)	['tu:nˌfesk]
enguia (f)	ål (f)	['ɔˀl]

truta (f)	ørred (f)	['œɐ̯ʌð]
sardinha (f)	sardin (f)	[sɑ'diˀn]
lúcio (m)	gedde (f)	['geðə]
arenque (m)	sild (f)	['silˀ]

pão (m)	brød (i)	['bʁœðˀ]
queijo (m)	ost (f)	['ɔst]
açúcar (m)	sukker (i)	['sɔkʌ]
sal (m)	salt (i)	['salˀt]

arroz (m)	ris (f)	['ʁiˀs]
massas (f pl)	pasta (f)	['pasta]
talharim (m)	nudler (f pl)	['nuðˀlʌ]

manteiga (f)	smør (i)	['smœɐ̯]
óleo (m) vegetal	vegetabilsk olie (f)	[vegəta'biˀlsk 'oljə]
óleo (m) de girassol	solsikkeolie (f)	['so:lˌsekə ˌoljə]
margarina (f)	margarine (f)	[mɑgɑ'ʁi:nə]

| azeitonas (f pl) | oliven (f pl) | [o'liˀvən] |
| azeite (m) | olivenolie (f) | [o'liˀvənˌoljə] |

leite (m)	mælk (f)	['mɛlˀk]
leite (m) condensado	kondenseret mælk (f)	[kʌndən'seˀʌð mɛlˀk]
iogurte (m)	yoghurt (f)	['joˌguɐ̯ˀt]
nata (f) azeda	cremefraiche, syrnet fløde (f)	[kʁɛ:m'fʁɛ:ɕ], ['syɐ̯nəð 'fløːðə]
nata (f) do leite	fløde (f)	['fløːðə]

| maionese (f) | mayonnaise (f) | [mɑjo'nɛ:s] |
| creme (m) | creme (f) | ['kʁɛˀm] |

grãos (m pl) de cereais	gryn (i)	['gʁyˀn]
farinha (f)	mel (i)	['meˀl]
enlatados (m pl)	konserves (f)	[kɔn'sæɐ̯vəs]

flocos (m pl) de milho	cornflakes (pl)	['koɐ̯nˌflɛks]
mel (m)	honning (f)	['hʌnəŋ]
doce (m)	syltetøj (i)	['syltəˌtʌj]
pastilha (f) elástica	tyggegummi (i)	['tygəˌgomi]

45. Bebidas

água (f)	vand (i)	['vanˀ]
água (f) potável	drikkevand (i)	['dʁɛkəˌvanˀ]
água (f) mineral	mineralvand (i)	[minə'ʁɑlˌvanˀ]

sem gás	uden brus	['uðən 'bʁuˀs]
gaseificada	med kulsyre	[mɛ 'bʁuˀs]
com gás	med brus	[mɛ 'bʁuˀs]

47

gelo (m)	is (f)	['i'?s]
com gelo	med is	[mɛ 'i'?s]

sem álcool	alkoholfri	['alkohʌlˌfʁi'?]
bebida (f) sem álcool	alkoholfri drik (f)	['alkohʌlˌfʁi'? 'dʁɛk]
refresco (m)	læskedrik (f)	['lɛskəˌdʁɛk]
limonada (f)	limonade (f)	[limo'næ:ðə]

bebidas (f pl) alcoólicas	alkoholiske drikke (f pl)	[alko'ho'?liskə 'dʁɛkə]
vinho (m)	vin (f)	['vi'?n]
vinho (m) branco	hvidvin (f)	['við͡ˌvi'?n]
vinho (m) tinto	rødvin (f)	['ʁœðˌvi'?n]

licor (m)	likør (f)	[li'kø'?ɐ̯]
champanhe (m)	champagne (f)	[ɕam'panjə]
vermute (m)	vermouth (f)	['væɐ̯mut]

uísque (m)	whisky (f)	['wiski]
vodka (f)	vodka (f)	['vʌdka]
gim (m)	gin (f)	['djen]
conhaque (m)	cognac, konjak (f)	['kʌn'?jag]
rum (m)	rom (f)	['ʁʌm'?]

café (m)	kaffe (f)	['kɑfə]
café (m) puro	sort kaffe (f)	['soɐ̯t 'kɑfə]
café (m) com leite	kaffe (f) med mælk	['kɑfə mɛ 'mɛl'?k]
cappuccino (m)	cappuccino (f)	[kɑpu'tji:no]
café (m) solúvel	pulverkaffe (f)	['pɔlvʌˌkɑfə]

leite (m)	mælk (f)	['mɛl'?k]
coquetel (m)	cocktail (f)	['kʌkˌtɛjl]
batido (m) de leite	milkshake (f)	['milkˌɕɛjk]

sumo (m)	juice (f)	['dʒu:s]
sumo (m) de tomate	tomatjuice (f)	[to'mæ:tˌdʒu:s]
sumo (m) de laranja	appelsinjuice (f)	[ɑpəl'si'?n 'dʒu:s]
sumo (m) fresco	friskpresset juice (f)	['fʁɛskˌpʁɑsəð 'dʒu:s]

cerveja (f)	øl (i)	['øl]
cerveja (f) clara	lyst øl (i)	['lyst ˌøl]
cerveja (f) preta	mørkt øl (i)	['mœɐ̯kt ˌøl]

chá (m)	te (f)	['te'?]
chá (m) preto	sort te (f)	['soɐ̯t ˌte'?]
chá (m) verde	grøn te (f)	['gʁœn'? ˌte'?]

46. Vegetais

legumes (m pl)	grøntsager (pl)	['gʁœntˌsæ'?jʌ]
verduras (f pl)	grønt (i)	['gʁœn'?t]

tomate (m)	tomat (f)	[to'mæ'?t]
pepino (m)	agurk (f)	[a'guɐ̯k]
cenoura (f)	gulerod (f)	['guləˌʁo'?ð]

batata (f)	kartoffel (f)	[kɑ'tʌfəl]
cebola (f)	løg (i)	['lʌjˀ]
alho (m)	hvidløg (i)	['við‚lʌjˀ]

couve (f)	kål (f)	['kɔˀl]
couve-flor (f)	blomkål (f)	['blʌm‚kɔˀl]
couve-de-bruxelas (f)	rosenkål (f)	['ʁoːsən‚kɔˀl]
brócolos (m pl)	broccoli (f)	['bʁʌkoli]

beterraba (f)	rødbede (f)	[ʁœð'beːðə]
beringela (f)	aubergine (f)	[obæɡ'ɕiːn]
curgete (f)	squash, zucchini (f)	['sgwʌɕ], [su'kiːni]
abóbora (f)	græskar (i)	['gʁaskɑ]
nabo (m)	majroe (f)	['mɑj‚ʁoːə]

salsa (f)	persille (f)	[pæɡ'selə]
funcho, endro (m)	dild (f)	['dilˀ]
alface (f)	salat (f)	[sa'læˀt]
aipo (m)	selleri (f)	['selʌ‚ʁiˀ]
espargo (m)	asparges (f)	[a'spɑˀs]
espinafre (m)	spinat (f)	[spi'næˀt]

ervilha (f)	ærter (f pl)	['æɡˀtʌ]
fava (f)	bønner (f pl)	['bœnʌ]
milho (m)	majs (f)	['mɑjˀs]
feijão (m)	bønne (f)	['bœnə]

pimentão (m)	peber (i, f)	['pewʌ]
rabanete (m)	radiser (f pl)	[ʁɑ'disə]
alcachofra (f)	artiskok (f)	[‚ɑ:ti'skʌk]

47. Frutos. Nozes

fruta (f)	frugt (f)	['fʁɔgt]
maçã (f)	æble (i)	['ɛˀblə]
pera (f)	pære (f)	['pɛˀʌ]
limão (m)	citron (f)	[si'tʁoˀn]
laranja (f)	appelsin (f)	[ɑpəl'siˀn]
morango (m)	jordbær (i)	['joɡ‚bæɡ]

tangerina (f)	mandarin (f)	[mandɑ'ʁiˀn]
ameixa (f)	blomme (f)	['blʌmə]
pêssego (m)	fersken (f)	['fæɡskən]
damasco (m)	abrikos (f)	[abʁi'koˀs]
framboesa (f)	hindbær (i)	['hen‚bæɡ]
ananás (m)	ananas (f)	['ananas]

banana (f)	banan (f)	[ba'næˀn]
melancia (f)	vandmelon (f)	['van me'loˀn]
uva (f)	drue (f)	['dʁuːə]
ginja (f)	kirsebær (i)	['kiɡsə‚bæɡ]
cereja (f)	morel (f)	[mo'ʁalˀ]
meloa (f)	melon (f)	[me'loˀn]
toranja (f)	grapefrugt (f)	['gʁɛjp‚fʁɔgt]

abacate (m)	avokado (f)	[avo'kæ:do]
papaia (f)	papaja (f)	[pa'paja]
manga (f)	mango (f)	['maŋgo]
romã (f)	granatæble (i)	[gʁa'næ't̩ɛ:blə]

groselha (f) vermelha	ribs (i, f)	['ʁɛbs]
groselha (f) preta	solbær (i)	['so:l̩ˌbæɡ]
groselha (f) espinhosa	stikkelsbær (i)	['stekəls̩ˌbæɡ]
mirtilo (m)	blåbær (i)	['blɔˀˌbæɡ]
amora silvestre (f)	brombær (i)	['bʁɔmˌbæɡ]

uvas (f pl) passas	rosin (f)	[ʁo'si'n]
figo (m)	figen (f)	['fi:ən]
tâmara (f)	daddel (f)	['daðˀəl]

amendoim (m)	jordnød (f)	['joɡˌnøðˀ]
amêndoa (f)	mandel (f)	['manˀəl]
noz (f)	valnød (f)	['valˌnøðˀ]
avelã (f)	hasselnød (f)	['hasəlˌnøðˀ]
coco (m)	kokosnød (f)	['ko:kosˌnøðˀ]
pistáchios (m pl)	pistacier (f pl)	[pi'stæ:ɕʌ]

48. Pão. Bolaria

pastelaria (f)	konditorvarer (f pl)	[kʌn'ditʌˌvaːɑ]
pão (m)	brød (i)	['bʁœðˀ]
bolacha (f)	småkager (f pl)	['smʌˌkæ:jʌ]

chocolate (m)	chokolade (f)	[ɕoko'læ:ðə]
de chocolate	chokolade-	[ɕoko'læ:ðə-]
rebuçado (m)	konfekt, karamel (f)	[kɔn'fɛkt], [kɑɑ'mɛlˀ]
bolo (cupcake, etc.)	kage (f)	['kæ:jə]
bolo (m) de aniversário	lagkage (f)	['lɑwˌkæ:jə]

tarte (~ de maçã)	pie (f)	['pɑːj]
recheio (m)	fyld (i, f)	['fylˀ]

doce (m)	syltetøj (i)	['syltəˌtʌj]
geleia (f) de frutas	marmelade (f)	[mɑmə'læ:ðə]
waffle (m)	vaffel (f)	['vafəl]
gelado (m)	is (f)	['iˀs]
pudim (m)	budding (f)	['buðeŋ]

49. Pratos cozinhados

prato (m)	ret (f)	['ʁat]
cozinha (~ portuguesa)	køkken (i)	['køkən]
receita (f)	opskrift (f)	['ʌpˌskʁɛft]
porção (f)	portion (f)	[pɒ'ɕo'n]

salada (f)	salat (f)	[sa'læˀt]
sopa (f)	suppe (f)	['sɔpə]

caldo (m)	bouillon (f)	[bul'jʌŋ]
sandes (f)	smørrebrød (i)	['smœɐ̯ʌˌbʁœð']
ovos (m pl) estrelados	spejlæg (i)	['spɑjlˌɛˀg]

| hambúrguer (m) | hamburger (f) | ['hæ:mˌbœ:gʌ] |
| bife (m) | bøf (f) | ['bøf] |

conduto (m)	tilbehør (i)	['telbeˌhøˀɐ̯]
espaguete (m)	spaghetti (f)	[spa'gɛti]
puré (m) de batata	kartoffelmos (f)	[kɑ'tʌfəlˌmɔs]
pizza (f)	pizza (f)	['pidsa]
papa (f)	grød (f)	['gʁœð']
omelete (f)	omelet (f)	[oməˈlɛt]

cozido em água	kogt	['kʌgt]
fumado	røget	['ʁʌjəð]
frito	stegt	['stɛgt]
seco	tørret	['tœɐ̯ʌð]
congelado	frossen	['fʁɔsən]
em conserva	syltet	['syltəð]

doce (açucarado)	sød	['søð']
salgado	saltet	['saltəð]
frio	kold	['kʌlˀ]
quente	hed, varm	['heð'], ['vɑˀm]
amargo	bitter	['betʌ]
gostoso	lækker	['lɛkʌ]

cozinhar (em água a ferver)	at koge	[ʌ 'kɔ:wə]
fazer, preparar (vt)	at lave	[ʌ 'læ:və]
fritar (vt)	at stege	[ʌ 'stɑjə]
aquecer (vt)	at varme op	[ʌ 'vɑ:mə ʌp]

salgar (vt)	at salte	[ʌ 'saltə]
apimentar (vt)	at pebre	[ʌ 'pewʁʌ]
ralar (vt)	at rive	[ʌ 'ʁi:və]
casca (f)	skal, skræl (f)	['skalˀ], ['skʁalˀ]
descascar (vt)	at skrælle	[ʌ 'skʁalə]

50. Especiarias

sal (m)	salt (i)	['salˀt]
salgado	saltet	['saltəð]
salgar (vt)	at salte	[ʌ 'saltə]

pimenta (f) preta	sort peber (i, f)	['soɐ̯t 'pewʌ]
pimenta (f) vermelha	rød peber (i, f)	['ʁœð 'pewʌ]
mostarda (f)	sennep (f)	['senʌp]
raiz-forte (f)	peberrod (f)	['pewʌˌʁoˀð]

condimento (m)	krydderi (i)	[kʁyðʌ'ʁiˀ]
especiaria (f)	krydderi (i)	[kʁyðʌ'ʁiˀ]
molho (m)	sovs, sauce (f)	['sɒw's]
vinagre (m)	eddike (f)	['ɛðikə]

anis (m)	anis (f)	['anis]
manjericão (m)	basilikum (f)	[ba'sil'ikɔm]
cravo (m)	nellike (f)	['nel'ekə]
gengibre (m)	ingefær (f)	['eŋə,fæɐ̯]
coentro (m)	koriander (f)	[kɒi'an'dʌ]
canela (f)	kanel (i, f)	[ka'ne'l]

sésamo (m)	sesam (f)	['se:sɑm]
folhas (f pl) de louro	laurbærblad (i)	['lɑwʌbæɐ̯,blað]
páprica (f)	paprika (f)	['pɑpʁika]
cominho (m)	kommen (f)	['kʌmən]
açafrão (m)	safran (i, f)	[sa'fʁɑ'n]

51. Refeições

| comida (f) | mad (f) | ['mað] |
| comer (vt) | at spise | [ʌ 'spi:sə] |

pequeno-almoço (m)	morgenmad (f)	['mɒ:ɒn,mað]
tomar o pequeno-almoço	at spise morgenmad	[ʌ 'spi:sə 'mɒ:ɒn,mað]
almoço (m)	frokost (f)	['fʁɔkʌst]
almoçar (vi)	at spise frokost	[ʌ 'spi:sə 'fʁɔkʌst]
jantar (m)	aftensmad (f)	['ɑftəns,mað]
jantar (vi)	at spise aftensmad	[ʌ 'spi:sə 'ɑftəns,mað]

| apetite (m) | appetit (f) | [ɑpə'tit] |
| Bom apetite! | Velbekomme! | ['vɛlbə'kʌm'ə] |

abrir (~ uma lata, etc.)	at åbne	[ʌ 'ɔ:bnə]
derramar (vt)	at spilde	[ʌ 'spilə]
derramar-se (vr)	at spildes ud	[ʌ 'spiləs uð']

ferver (vi)	at koge	[ʌ 'kɔ:wə]
ferver (vt)	at koge	[ʌ 'kɔ:wə]
fervido	kogt	['kʌgt]
arrefecer (vt)	at afkøle	[ʌ 'ɑw,kø'lə]
arrefecer-se (vr)	at afkøles	[ʌ 'ɑw,kø'ləs]

| sabor, gosto (m) | smag (f) | ['smæ'j] |
| gostinho (m) | bismag (f) | ['bismæ'j] |

fazer dieta	at være på diæt	[ʌ 'vɛ:ʌ pɔ' di'ɛ't]
dieta (f)	diæt (f)	[di'ɛ't]
vitamina (f)	vitamin (i)	[vita'mi'n]
caloria (f)	kalorie (f)	[ka'loɐ̯'jə]
vegetariano (m)	vegetar, vegetarianer (f)	[vege'ta'], [vegətai'æ'nʌ]
vegetariano	vegetarisk	[vege'ta'isk]

gorduras (f pl)	fedt (i)	['fet]
proteínas (f pl)	proteiner (i pl)	[pʁotə'i'nʌ]
carboidratos (m pl)	kulhydrater (i pl)	['kɔlhy,dʁɑ'dʌ]
fatia (~ de limão, etc.)	skive (i)	['ski:və]
pedaço (~ de bolo)	stykke (i)	['støkə]
migalha (f)	krumme (f)	['kʁomə]

52. Por a mesa

colher (f)	ske (f)	['skeˀ]
faca (f)	kniv (f)	['kniwˀ]
garfo (m)	gaffel (f)	['gɑfəl]

chávena (f)	kop (f)	['kʌp]
prato (m)	tallerken (f)	[ta'læɐ̯kən]
pires (m)	underkop (f)	['ɔnʌˌkʌp]
guardanapo (m)	serviet (f)	[sæɐ̯vi'ɛt]
palito (m)	tandstikker (f)	['tanˌstekʌ]

53. Restaurante

restaurante (m)	restaurant (f)	[ʁɛsto'ʁɑŋ]
café (m)	cafe, kaffebar (f)	[ka'feˀ], ['kɑfəˌbɑˀ]
bar (m), cervejaria (f)	bar (f)	['bɑˀ]
salão (m) de chá	tesalon (f)	['teˀsa'lʌŋ]

empregado (m) de mesa	tjener (f)	['tjɛːnʌ]
empregada (f) de mesa	servitrice (f)	[sæɐ̯vi'tʁiːsə]
barman (m)	bartender (f)	['bɑːˌtɛndʌ]

ementa (f)	menu (f)	[me'ny]
lista (f) de vinhos	vinkort (i)	['viːnˌkɒːt]
reservar uma mesa	at bestille et bord	[ʌ be'stelˀə ed 'boˀɐ̯]

prato (m)	ret (f)	['ʁat]
pedir (vt)	at bestille	[ʌ be'stelˀə]
fazer o pedido	at bestille	[ʌ be'stelˀə]

aperitivo (m)	aperitif (f)	[apeɐ̯i'tif]
entrada (f)	forret (f)	['foːʁat]
sobremesa (f)	dessert (f)	[de'sɛɐ̯ˀt]

conta (f)	regning (f)	['ʁɑjneŋ]
pagar a conta	at betale regningen	[ʌ be'tæˀlə 'ʁɑjneŋən]
dar o troco	at give tilbage	[ʌ 'giˀ te'bæːjə]
gorjeta (f)	drikkepenge (pl)	['dʁɛkəˌpɛŋə]

Família, parentes e amigos

54. Informação pessoal. Formulários

nome (m)	navn (i)	['nɑw'n]
apelido (m)	efternavn (i)	['ɛftʌˌnɑw'n]
data (f) de nascimento	fødselsdato (f)	['føsəlsˌdæːto]
local (m) de nascimento	fødested (i)	['føːðəˌstɛð]
nacionalidade (f)	nationalitet (f)	[naçonali'te'd]
lugar (m) de residência	bopæl (i)	['boˌpɛ'l]
país (m)	land (i)	['lan']
profissão (f)	fag (i), profession (f)	['fæ'j], [pʀofə'ço'n]
sexo (m)	køn (i)	['kœn']
estatura (f)	højde (f)	['hʌj'də]
peso (m)	vægt (f)	['vɛgt]

55. Membros da família. Parentes

mãe (f)	mor (f), moder (f)	['moɐ̯], ['moːðʌ]
pai (m)	far (f), fader (f)	['fɑː], ['fæːðʌ]
filho (m)	søn (f)	['sœn]
filha (f)	datter (f)	['datʌ]
filha (f) mais nova	yngste datter (f)	['øŋ'stə 'datʌ]
filho (m) mais novo	yngste søn (f)	['øŋ'stə 'sœn]
filha (f) mais velha	ældste datter (f)	['ɛl'stə 'datʌ]
filho (m) mais velho	ældste søn (f)	['ɛl'stə sœn]
irmão (m)	bror (f)	['bʀoɐ̯]
irmão (m) mais velho	storebror (f)	['stoɐ̯ˌbʀoɐ̯]
irmão (m) mais novo	lillebror (f)	['lilə̩ˌbʀoɐ̯]
irmã (f)	søster (f)	['søstʌ]
irmã (f) mais velha	storesøster (f)	['stoɐ̯ˌsøstʌ]
irmã (f) mais nova	lillesøster (f)	['lilə̩ˌsøstʌ]
primo (m)	fætter (f)	['fɛtʌ]
prima (f)	kusine (f)	[ku'siːnə]
mamã (f)	mor (f)	['moɐ̯]
papá (m)	papa, far (f)	['papa], ['fɑː]
pais (pl)	forældre (pl)	[fʌ'ɛl'dʀʌ]
criança (f)	barn (i)	['bɑ'n]
crianças (f pl)	børn (pl)	['bœɐ̯'n]
avó (f)	bedstemor (f)	['bɛstəˌmoɐ̯]
avô (m)	bedstefar (f)	['bɛstəˌfɑː]
neto (m)	barnebarn (i)	['bɑːnəˌbɑ'n]

| neta (f) | barnebarn (i) | ['bɑːnəˌbɑˀn] |
| netos (pl) | børnebørn (pl) | ['bœɐ̯nəˌbœɐ̯ˀn] |

tio (m)	onkel (f)	['ɔŋˀkəl]
tia (f)	tante (f)	['tantə]
sobrinho (m)	nevø (f)	[ne'vø]
sobrinha (f)	niece (f)	[ni'ɛːsə]

sogra (f)	svigermor (f)	['sviˀʌˌmoɐ̯]
sogro (m)	svigerfar (f)	['sviˀʌˌfɑː]
genro (m)	svigersøn (f)	['sviˀʌˌsœn]
madrasta (f)	stedmor (f)	['stɛðˌmoɐ̯]
padrasto (m)	stedfar (f)	['stɛðˌfɑː]

criança (f) de colo	spædbarn (i)	['spɛðˌbɑˀn]
bebé (m)	spædbarn (i)	['spɛðˌbɑˀn]
menino (m)	lille barn (i)	['lilə 'bɑˀn]

mulher (f)	kone (f)	['koːnə]
marido (m)	mand (f)	['manˀ]
esposo (m)	ægtemand (f)	['ɛgtəˌmanˀ]
esposa (f)	hustru (f)	['hustʁu]

casado	gift	['gift]
casada	gift	['gift]
solteiro	ugift	['uˌgift]
solteirão (m)	ungkarl (f)	['ɔŋˌkæˀl]
divorciado	fraskilt	['fʁɑˌskelˀt]
viúva (f)	enke (f)	['ɛŋkə]
viúvo (m)	enkemand (f)	['ɛŋkəˌmanˀ]

parente (m)	slægtning (f)	['slɛgtneŋ]
parente (m) próximo	nær slægtning (f)	['nɛˀɐ̯ 'slɛgtneŋ]
parente (m) distante	fjern slægtning (f)	['fjæɐ̯ˀn 'slɛgtneŋ]
parentes (m pl)	slægtninge (pl)	['slɛgtneŋə]

órfão (m), órfã (f)	forældreløst barn (i)	[fʌˈɛlˀdʁʌløːst bɑˀn]
tutor (m)	formynder (f)	['fɔːˌmønˀʌ]
adotar (um filho)	at adoptere	[ʌ adʌp'teˀʌ]
adotar (uma filha)	at adoptere	[ʌ adʌp'teˀʌ]

56. Amigos. Colegas de trabalho

amigo (m)	ven (f)	['vɛn]
amiga (f)	veninde (f)	[vɛn'enə]
amizade (f)	venskab (i)	['vɛnˌskæˀb]
ser amigos	at være venner	[ʌ 'vɛːʌ 'vɛnʌ]

amigo (m)	ven (f)	['vɛn]
amiga (f)	veninde (f)	[vɛn'enə]
parceiro (m)	partner (f)	['pɑːtnʌ]

| chefe (m) | chef (f) | ['ɕɛˀf] |
| superior (m) | overordnet (f) | ['ɒwʌˌɒˀdnəð] |

proprietário (m)	ejer (f)	['ɑjʌ]
subordinado (m)	underordnet (f)	['ɔnʌˌpˀdnəð]
colega (m)	kollega (f)	[ko'le:ga]
conhecido (m)	bekendt (f)	[be'kɛnˀt]
companheiro (m) de viagem	medrejsende (f)	['mɛðˌʁɑjˀsənə]
colega (m) de classe	klassekammerat (f)	['klasə kamə'ʁɑ:t]
vizinho (m)	nabo (f)	['næ:bo]
vizinha (f)	nabo (f)	['næ:bo]
vizinhos (pl)	naboer (pl)	['næ:boˀʌ]

57. Homem. Mulher

mulher (f)	kvinde (f)	['kvenə]
rapariga (f)	pige (f)	['pi:ə]
noiva (f)	brud (f)	['bʁuð]
bonita	smuk	['smɔk]
alta	høj	['hʌjˀ]
esbelta	slank	['slɑŋˀk]
de estatura média	ikke ret høj	['ekə ʁat hʌjˀ]
loura (f)	blondine (f)	[blʌn'di:nə]
morena (f)	brunette (f)	[bʁu'nɛtə]
de senhora	dame-	['dæ:mə-]
virgem (f)	jomfru (f)	['jʌmfʁu]
grávida	gravid	[gʁa'viðˀ]
homem (m)	mand (f)	['manˀ]
louro (m)	blond mand (f)	['blʌnˀ 'manˀ]
moreno (m)	mørkhåret mand (f)	['mœʁkˌhɒˀɒð manˀ]
alto	høj	['hʌjˀ]
de estatura média	ikke ret høj	['ekə ʁat hʌjˀ]
rude	grov, uhøflig	['gʁɒwˀ], [u'høfli]
atarracado	undersætsig	['ɔnʌˌsɛtsi]
robusto	robust	[ʁo'bust]
forte	stærk	['stæʁk]
força (f)	kraft, styrke (f)	['kʁɑft], ['skyʁkə]
gordo	tyk	['tyk]
moreno	mørkhudet	['mœʁkˌhu'ðət]
esbelto	slank	['slɑŋˀk]
elegante	elegant	[elə'ganˀt]

58. Idade

idade (f)	alder (f)	['alˀʌ]
juventude (f)	ungdom (f)	['ɔŋˌdʌmˀ]
jovem	ung	['ɔŋˀ]

mais novo	yngre	['øŋʁʌ]
mais velho	ældre	['ɛldʁʌ]

jovem (m)	ung mand, yngling (f)	['ɔŋ man²], ['øŋleŋ]
adolescente (m)	teenager (f)	['ti:n̩ɛjtɕʌ]
rapaz (m)	fyr (f)	['fyɐ̯²]

velho (m)	gammel mand (f)	['gaməl 'man²]
velhota (f)	gammel dame (f)	['gaməl 'dæ:mə]

adulto	voksen	['vʌksən]
de meia-idade	midaldrende	['miðˌalˀʁʌnə]
idoso, de idade	ældre	['ɛldʁʌ]
velho	gammel	['gaməl]

reforma (f)	pension (f)	[paŋ'ɕoˀn]
reformar-se (vr)	at gå på pension	[ʌ gɔˀ pɔ paŋ'ɕoˀn]
reformado (m)	pensionist (f)	[paŋɕo'nist]

59. Crianças

criança (f)	barn (i)	['baˀn]
crianças (f pl)	børn (pl)	['bœɐ̯²n]
gémeos (m pl)	tvillinger (f pl)	['tvileŋʌ]

berço (m)	vugge (f)	['vɔgə]
guizo (m)	rangle (f)	['ʁaŋlə]
fralda (f)	ble (f)	['bleˀ]

chupeta (f)	sut (f)	['sut]
carrinho (m) de bebé	barnevogn (f)	['ba:nəˌvɒwˀn]
jardim (m) de infância	børnehave (f)	['bœɐ̯nəˌhæ:və]
babysitter (f)	barnepige (f)	['ba:nəˌpi:ə]

infância (f)	barndom (f)	['ba:nˌdʌm²]
boneca (f)	dukke (f)	['dɔkə]
brinquedo (m)	legetøj (i)	['lajəˌtʌj]
jogo (m) de armar	byggelegetøj (i)	['bygə lajəˌtʌj]

bem-educado	velopdragen	['vɛlʌpˌdʁaˀwən]
mal-educado	uopdragen	[uʌp'dʁaˀwən]
mimado	forkælet	[fʌ'kɛˀləð]

ser travesso	at være uartig	[ʌ 'vɛ:ʌ u'aˀdi]
travesso, traquinas	uartig	[u'aˀdi]
travessura (f)	uartighed (f)	[u'aˀdiˌheðˀ]
criança (f) travessa	uartigt barn (i)	[u'aˀdit 'baˀn]

obediente	lydig	['ly:ði]
desobediente	ulydig	[u'ly:ˀði]

dócil	føjelig	['fʌjəli]
inteligente	klog	['klɔˀw]
menino (m) prodígio	vidunderbarn (i)	['viðʌnʌˌbaˀn]

60. Casais. Vida de família

beijar (vt)	at kysse	[ʌ 'køsə]
beijar-se (vr)	at kysses	[ʌ 'køsəs]
família (f)	familie (f)	[fa'mil'jə]
familiar	familie-	[fa'miljə-]
casal (m)	par (i)	['pɑ]
matrimónio (m)	ægteskab (i)	['ɛgtə,sgæ'b]
lar (m)	hjemmets arne (f)	['jɛməðs 'ɑ:nə]
dinastia (f)	dynasti (i)	[dynas'ti']

encontro (m)	stævnemøde (i)	['stɛwnə,mø:ðə]
beijo (m)	kys (i)	['køs]

amor (m)	kærlighed (f)	['kæɐ̯li,heð']
amar (vt)	at elske	[ʌ 'ɛlskə]
amado, querido	elskede	['ɛlskəðə]

ternura (f)	ømhed (f)	['œm,heð']
terno, afetuoso	øm	['œm']
fidelidade (f)	troskab (f)	['tʁo,skæ'b]
fiel	trofast	['tʁofast]
cuidado (m)	omsorg (f)	['ʌm,sɒ'w]
carinhoso	omsorgsfuld	['ʌm,sɒwsful']

recém-casados (m pl)	nygifte (pl)	['ny,giftə]
lua de mel (f)	hvedebrødsdage (pl)	['ve:ðəbʁœðs,dæ:ə]
casar-se (com um homem)	at gifte sig	[ʌ 'giftə saj]
casar-se (com uma mulher)	at gifte sig	[ʌ 'giftə saj]

boda (f)	bryllup (i)	['bʁœlʌp]
amante (m)	elsker (f)	['ɛlskʌ]
amante (f)	elskerinde (f)	[ɛlskʌ'enə]

adultério (m)	utroskab (f)	['utʁo,skæ'b]
cometer adultério	at være utro	[ʌ 'vɛ:ʌ 'u,tʁo']
ciumento	jaloux	[ɕa'lu]
ser ciumento	at være jaloux	[ʌ 'vɛ:ʌ ɕa'lu]
divórcio (m)	skilsmisse (f)	['skel's,misə]
divorciar-se (vr)	at blive skilt	[ʌ 'bli:ə 'skel't]

brigar (discutir)	at skændes	[ʌ 'skɛnəs]
fazer as pazes	at forsone sig	[ʌ fʌ'so'nə saj]
juntos	sammen	['sɑm'ən]
sexo (m)	sex (f)	['sɛgs]

felicidade (f)	lykke (f)	['løkə]
feliz	lykkelig	['løkəli]
infelicidade (f)	ulykke (f)	['u,løkə]
infeliz	ulykkelig	[u'løkəli]

Caráter. Sentimentos. Emoções

61. Sentimentos. Emoções

sentimento (m)	følelse (f)	['fø:ləlsə]
sentimentos (m pl)	følelser (f pl)	['fø:ləlsʌ]
sentir (vt)	at føle, at mærke	[ʌ 'fø:lə], [ʌ 'mæɐ̯kə]
fome (f)	sult (f)	['sulˀt]
ter fome	at være sulten	[ʌ 'vɛ:ʌ 'sultən]
sede (f)	tørst (f)	['tœɐ̯st]
ter sede	at være tørstig	[ʌ 'vɛ:ʌ 'tœɐ̯sti]
sonolência (f)	søvnighed (f)	['sœwni̯heðˀ]
estar sonolento	at være søvnig	[ʌ 'vɛ:ʌ 'sœwni]
cansaço (m)	træthed (f)	['tʁat̯heðˀ]
cansado	træt	['tʁat]
ficar cansado	at blive træt	[ʌ 'bli:ə 'tʁat]
humor (m)	humør (i)	[hu'mø:ˀɐ̯]
tédio (m)	kedsomhed (f)	['keðsʌm̯heðˀ]
aborrecer-se (vr)	at kede sig	[ʌ 'ke:ðə saj]
isolamento (m)	afsondrethed (f)	['aw̯sʌnˀdʁʌð̯heðˀ]
isolar-se	at isolere sig	[ʌ iso'le̯ʌ saj]
preocupar (vt)	at bekymre	[ʌ be'køm̯ʁʌ]
preocupar-se (vr)	at bekymre sig	[ʌ be'kømˀʁʌ saj]
preocupação (f)	bekymring (f)	[be'kømˀʁɛn]
ansiedade (f)	uro (f)	['u̯ʁoˀ]
preocupado	bekymret	[be'kømˀʁʌð]
estar nervoso	at være nervøs	[ʌ 'vɛ:ʌ næɐ̯'vø̯s]
entrar em pânico	at gå i panik	[ʌ gɔˀ i pa'nik]
esperança (f)	håb (i)	['hɔ̯b]
esperar (vt)	at håbe	[ʌ 'hɔ:bə]
certeza (f)	sikkerhed (f)	['sekʌ̯heðˀ]
certo	sikker	['sekʌ]
indecisão (f)	usikkerhed (f)	['u̯sekʌheðˀ]
indeciso	usikker	['u̯sekʌ]
ébrio, bêbado	fuld	['fulˀ]
sóbrio	ædru	['ɛ:̯dʁuˀ]
fraco	svag	['svæ̯j]
feliz	lykkelig	['løkəli]
assustar (vt)	at skræmme	[ʌ 'skʁamə]
fúria (f)	raseri (i)	[ˌʁɑ:sʌ'ʁiˀ]
ira, raiva (f)	arrigskab (f)	['ɑˀi̯ˌsgæˀb]
depressão (f)	depression (f)	[depʁɛ'ɕoˀn]
desconforto (m)	ubehag (i)	['ube̯hæˀj]

conforto (m)	komfort (f)	[kʌmˈfɒː], [kʌmˈfɒːt]
arrepender-se (vr)	at beklage	[ʌ beˈklæˀjə]
arrependimento (m)	beklagelse (f)	[beˈklæˀjəlsə]
azar (m), má sorte (f)	uheld (i)	[ˈuˌhɛlˀ]
tristeza (f)	sorg (f)	[ˈsɒˀw]

vergonha (f)	skam (f)	[ˈskɑmˀ]
alegria (f)	glæde (f)	[ˈglɛːðə]
entusiasmo (m)	entusiasme (f)	[ɑŋtuˈɕasmə]
entusiasta (m)	entusiast (f)	[ɑŋtuˈɕast]
mostrar entusiasmo	at vise entusiasme	[ʌ ˈviːsə ɑŋtuˈɕasmə]

62. Caráter. Personalidade

caráter (m)	karakter (f)	[kɑɑkˈteˀɡ̊]
falha (f) de caráter	karakterbrist (i, f)	[kɑɑkˈteɡ̊ˌbʁɛst]
mente (f)	fornuft (f)	[fʌˈnɔft]
razão (f)	forstand (f)	[fʌˈstanˀ]

consciência (f)	samvittighed (f)	[sɑmˈvitiˌheðˀ]
hábito (m)	vane (f)	[ˈvæːnə]
habilidade (f)	evne (f)	[ˈɛwnə]
saber (~ nadar, etc.)	at kunne	[ʌ ˈkunə]

paciente	tålmodig	[tʌlˈmoˀði]
impaciente	utålmodig	[utʌlˈmoˀði]
curioso	nysgerrig	[ˈnysˌgæɡ̊ˀi]
curiosidade (f)	nysgerrighed (f)	[ˈnysˌgæɡ̊ˀiheðˀ]

modéstia (f)	beskedenhed (f)	[beˈskeˀðənˌheðˀ]
modesto	beskeden	[beˈskeˀðən]
imodesto	ubeskeden	[ˈubeˌskeˀðən]

preguiça (f)	dovenskab (f)	[ˈdɒwənˌskæˀb]
preguiçoso	doven	[ˈdɒwən]
preguiçoso (m)	dovenkrop (f)	[ˈdɒwənˌkʁʌp]

astúcia (f)	list (f)	[ˈlest]
astuto	listig	[ˈlesti]
desconfiança (f)	mistro (f)	[ˈmisˌtʁoˀ]
desconfiado	mistroisk	[ˈmisˌtʁoˀisk]

generosidade (f)	generøsitet (f)	[ɕenəʁœsiˈteˀt]
generoso	generøs	[ɕenəˈʁœˀs]
talentoso	talentfuld	[taˈlɛntˌfulˀ]
talento (m)	talent (i)	[taˈlɛnˀt]

corajoso	modig	[ˈmoːði]
coragem (f)	mod (i)	[ˈmoˀð]
honesto	ærlig	[ˈæɐ̯li]
honestidade (f)	ærlighed (f)	[ˈæɐ̯liˌheðˀ]

| prudente | forsigtig | [fʌˈsegti] |
| valente | modig | [ˈmoːði] |

| sério | alvorlig | [al'vɒˀli] |
| severo | streng | ['stʁaŋˀ] |

decidido	beslutsom	[be'slutˌsʌmˀ]
indeciso	ubeslutsom	[ube'slutˌsʌmˀ]
tímido	forsagthed, genert	[ɕe'neɡˀtˌheð'], [ɕe'neɡˀt]
timidez (f)	forsagthed (f)	[ɕe'neɡˀtˌheð']

confiança (f)	tillid (f)	['teˌlið']
confiar (vt)	at tro	[ʌ 'tʁoˀ]
crédulo	tillidsfuld	['teliðsˌfulˀ]

sinceramente	oprigtigt	[ʌp'ʁɛgtit]
sincero	oprigtig	[ʌp'ʁɛgti]
sinceridade (f)	oprigtighed (f)	[ʌp'ʁɛgtiheð']
aberto	åben	['ɔːbən]

calmo	stille	['stelə]
franco	oprigtig	[ʌp'ʁɛgti]
ingénuo	naiv	[na'iˀw]
distraído	åndsfraværende	[ʌns'fʁɑˌvɛˀʌnə]
engraçado	morsom	['moɡˌsʌmˀ]

ganância (f)	grådighed (f)	['gʁɔːðiˌheð']
ganancioso	grådig	['gʁɔːði]
avarento	gerrig	['gæɡi]
mau	ond	['ɔnˀ]
teimoso	hårdnakket	['hɒːˌnɑkəð]
desagradável	ubehagelig	[ube'hæˀjəli]

egoísta (m)	egoist (f)	[ego'ist]
egoísta	egoistisk	[ego'istisk]
cobarde (m)	kryster (f)	['kʁystʌ]
cobarde	fej, krysteragtig	['fɑjˀ], ['kʁystʌˌɑgdi]

63. O sono. Sonhos

dormir (vi)	at sove	[ʌ 'sɒwə]
sono (m)	søvn (f)	['sœwˀn]
sonho (m)	drøm (f)	['dʁœmˀ]
sonhar (vi)	at drømme	[ʌ 'dʁœmə]
sonolento	søvnig	['sœwni]

cama (f)	seng (f)	['sɛŋˀ]
colchão (m)	madras (f)	[ma'dʁɑs]
cobertor (m)	dyne (f), tæppe (i)	['dyːnə], ['tɛpə]
almofada (f)	pude (f)	['puːðə]
lençol (m)	lagen (i)	['læjˀən]

insónia (f)	søvnløshed (f)	['sœwnløsˌheð']
insone	søvnløs	['sœwnˌløˀs]
sonífero (m)	sovepille (f)	['sɒwəˌpelə]
tomar um sonífero	at tage en sovepille	[ʌ 'tæˀ en 'sɒwəˌpelə]
estar sonolento	at være søvnig	[ʌ 'vɛːʌ 'sœwni]

bocejar (vi)	at gabe	[ʌ 'gæːbə]
ir para a cama	at gå i seng	[ʌ 'gɔʔ i 'sɛŋʔ]
fazer a cama	at rede sengen	[ʌ 'ʁɛːðə 'sɛŋən]
adormecer (vi)	at falde i søvn	[ʌ 'falə i sœwʔn]

pesadelo (m)	mareridt (i)	['mɑːɑ̩ʁit]
ronco (m)	snorken (f)	['snɒːkən]
roncar (vi)	at snorke	[ʌ 'snɒːkə]

despertador (m)	vækkeur (i)	['vɛkə̩uɐ̯ʔ]
acordar, despertar (vt)	at vække	[ʌ 'vɛkə]
acordar (vi)	at vågne	[ʌ 'vɔwnə]
levantar-se (vr)	at stå op	[ʌ stɔʔ 'ʌp]
lavar-se (vr)	at vaske sig	[ʌ 'vaskə sɑj]

64. Humor. Riso. Alegria

humor (m)	humor (f)	['huːmʌ]
sentido (m) de humor	sans (f) for humor	[sans fʌ 'huːmʌ]
divertir-se (vr)	at more sig	[ʌ 'moːʌ sɑj]
alegre	glad, munter	['glað], ['mɔnʔtʌ]
alegria (f)	munterhed (f)	['mɔntʌ̩heðʔ]

sorriso (m)	smil (i)	['smiʔl]
sorrir (vi)	at smile	[ʌ 'smiːlə]
começar a rir	at bryde ud i latter	[ʌ 'bʁyːðə uðʔ i 'latʌ]
rir (vi)	at le, at grine	[ʌ 'leʔ], [ʌ 'gʁiːnə]
riso (m)	latter (f)	['latʌ]

anedota (f)	anekdote (f)	[anek'doːtə]
engraçado	sjov, morsom	['ɕɒwʔ], ['moʁ̩sʌmʔ]
ridículo	morsom	['moʁ̩sʌmʔ]

brincar, fazer piadas	at spøge	[ʌ 'spøːjə]
piada (f)	skæmt, spøg (f)	['skɛmʔt], ['spʌjʔ]
alegria (f)	glæde (f)	['glɛːðə]
regozijar-se (vr)	at glæde sig	[ʌ 'glɛːðə sɑj]
alegre	glad	['glað]

65. Discussão, conversação. Parte 1

comunicação (f)	kommunikation (f)	[komunika'ɕoʔn]
comunicar-se (vr)	at kommunikere	[ʌ komuni'keʔʌ]

conversa (f)	samtale (f)	['sɑm̩tæːlə]
diálogo (m)	dialog (f)	[dia'loʔ]
discussão (f)	diskussion (f)	[disku'ɕoʔn]
debate (m)	debat (f)	[de'bat]
debater (vt)	at diskutere	[ʌ disku'teʔʌ]

interlocutor (m)	samtalepartner (f)	['sɑm̩tæːlə 'pɑːtnʌ]
tema (m)	emne (i)	['ɛmnə]

ponto (m) de vista	synspunkt (i)	['syns,pɔŋˀt]
opinião (f)	mening (f)	['meːnen]
discurso (m)	tale (f)	['tæːlə]

discussão (f)	diskussion (f)	[disku'çoˀn]
discutir (vt)	at drøfte, at diskutere	[ʌ 'dʁœftə], [ʌ disku'teˀʌ]
conversa (f)	samtale (f)	['sɑm,tæːlə]
conversar (vi)	at snakke, at samtale	[ʌ 'snɑkə], [ʌ 'sɑm,tæˀlə]
encontro (m)	møde (i)	['møːðə]
encontrar-se (vr)	at mødes	[ʌ 'møːðəs]

provérbio (m)	ordsprog (i)	['oɡ,spʁɔˀw]
ditado (m)	ordsprog (i)	['oɡ,spʁɔˀw]
adivinha (f)	gåde (f)	['gɔːðə]
dizer uma adivinha	at udgøre en gåde	[ʌ 'uð,gœˀʌ en 'gɔːðə]
senha (f)	adgangskode (f)	['aðgɑŋs,koːðə]
segredo (m)	hemmelighed (f)	['hɛməli,heðˀ]

juramento (m)	ed (f)	['eðˀ]
jurar (vi)	at sværge	[ʌ 'svæɡwə]
promessa (f)	løfte (i)	['løftə]
prometer (vt)	at love	[ʌ 'lɔːvə]

conselho (m)	råd (i)	['ʁɔˀð]
aconselhar (vt)	at råde	[ʌ 'ʁɔːðə]
seguir o conselho	at følge råd	[ʌ 'føljə 'ʁɔˀð]
escutar (~ os conselhos)	at adlyde	[ʌ 'að,lyˀðə]

novidade, notícia (f)	nyhed (f)	['nyheðˀ]
sensação (f)	sensation (f)	[sɛnsa'çoˀn]
informação (f)	oplysninger (f pl)	['ʌp,lyˀsneŋʌ]
conclusão (f)	slutning (f)	['slutneŋ]
voz (f)	røst, stemme (f)	['ʁœst], ['stɛmə]
elogio (m)	kompliment (i, f)	[kompli'mɑŋ]
amável	elskværdig	[ɛlsk'væɡˀdi]

palavra (f)	ord (i)	['oˀɡ]
frase (f)	frase (f)	['fʁɑːsə]
resposta (f)	svar (i)	['svɑˀ]

verdade (f)	sandhed (f)	['san,heðˀ]
mentira (f)	løgn (f)	['lʌjˀn]

pensamento (m)	tanke (f)	['tɑŋkə]
ideia (f)	ide, idé (f)	[i'deˀ]
fantasia (f)	fantasi (f)	[fanta'siˀ]

66. Discussão, conversação. Parte 2

estimado	respekteret	[ʁɛspɛk'teˀʌð]
respeitar (vt)	at respektere	[ʌ ʁɛspɛk'teˀʌ]
respeito (m)	respekt (f)	[ʁɛ'spɛkt]
Estimado ..., Caro ...	Ærede ...	['ɛˀʌðə ...]
apresentar (vt)	at introducere	[ʌ entʁodu'seˀʌ]

travar conhecimento	**at stifte bekendtskab med ...**	[ʌ 'steftə be'kɛn'd,skæ'b mɛ ...]
intenção (f)	**hensigt** (f)	['hɛn,segt]
tencionar (vt)	**at have til hensigt**	[ʌ 'hæ:və te 'hɛn,segt]
desejo (m)	**ønske** (i)	['ønskə]
desejar (ex. ~ boa sorte)	**at ønske**	[ʌ 'ønskə]
surpresa (f)	**overraskelse** (f)	['ɔwʌ,ʁaskəlsə]
surpreender (vt)	**at forundre**	[ʌ fʌ'ɔn'dʁʌ]
surpreender-se (vr)	**at blive forundret**	[ʌ 'bli:ə fʌ'ɔn'dʁʌð]
dar (vt)	**at give**	[ʌ 'gi']
pegar (tomar)	**at tage**	[ʌ 'tæ']
devolver (vt)	**at give tilbage**	[ʌ 'gi' te'bæ:jə]
retornar (vt)	**at returnere**	[ʌ ʁetuɐ'ne'ʌ]
desculpar-se (vr)	**at undskylde sig**	[ʌ 'ɔn,skyl'ə sɑj]
desculpa (f)	**undskyldning** (f)	['ɔn,skyl'nen]
perdoar (vt)	**at tilgive**	[ʌ 'tel,gi']
falar (vi)	**at tale**	[ʌ 'tæ:lə]
escutar (vt)	**at lytte**	[ʌ 'lytə]
ouvir até o fim	**at høre på**	[ʌ 'hø:ʌ 'pɔ']
compreender (vt)	**at forstå**	[ʌ fʌ'stɔ']
mostrar (vt)	**at vise**	[ʌ 'vi:sə]
olhar para ...	**at se på ...**	[ʌ 'se' pɔ' ...]
chamar (dizer em voz alta o nome)	**at kalde**	[ʌ 'kalə]
distrair (vt)	**at forstyrre**	[ʌ fʌ'styɐ'ʌ]
perturbar (vt)	**at forstyrre**	[ʌ fʌ'styɐ'ʌ]
entregar (~ em mãos)	**at overrække**	[ʌ 'ɔwʌ,ʁakə]
pedido (m)	**begæring** (f)	[be'gɛ'ɡeŋ]
pedir (ex. ~ ajuda)	**at bede**	[ʌ 'be'ðə]
exigência (f)	**krav** (i)	['kʁɑ'w]
exigir (vt)	**at kræve**	[ʌ 'kʁɛ:və]
chamar nomes (vt)	**at drille**	[ʌ 'dʁɛlə]
zombar (vt)	**at håne**	[ʌ 'hɔ:nə]
zombaria (f)	**hån** (f), **spot** (f)	['hɔ'n], ['spʌt]
alcunha (f)	**øgenavn** (i)	['ø:jə,nɑw'n]
insinuação (f)	**insinuation** (f)	[ensinua'ɕo'n]
insinuar (vt)	**at insinuere**	[ʌ ensinu'e'ʌ]
subentender (vt)	**at betyde**	[ʌ be'ty'ðə]
descrição (f)	**beskrivelse** (f)	[be'skʁi'vəlsə]
descrever (vt)	**at beskrive**	[ʌ be'skʁi'və]
elogio (m)	**ros** (f)	['ʁo's]
elogiar (vt)	**at rose, at berømme**	[ʌ 'ʁo:sə], [ʌ be'ʁœm'ə]
desapontamento (m)	**skuffelse** (f)	['skɔfəlsə]
desapontar (vt)	**at skuffe**	[ʌ 'skɔfə]
desapontar-se (vr)	**at blive skuffet**	[ʌ 'bli:ə 'skɔfəð]
suposição (f)	**antagelse** (f)	[an,tæ'jəlsə]

supor (vt)	at antage, at formode	[ʌ 'anˌtæˀ], [ʌ fʌ'moˀðə]
advertência (f)	advarsel (f)	['aðˌvɑːsəl]
advertir (vt)	at advare	[ʌ 'aðˌvɑˀɑ]

67. Discussão, conversação. Parte 3

| convencer (vt) | at overtale | [ʌ 'ɒwʌˌtæˀlə] |
| acalmar (vt) | at berolige | [ʌ be'ʁoˀˌliˀə] |

silêncio (o ~ é de ouro)	tavshed (f)	['tɑwsˌheðˀ]
ficar em silêncio	at tie	[ʌ 'tiːə]
sussurrar (vt)	at hviske	[ʌ 'veskə]
sussurro (m)	hvisken (f)	['veskən]

| francamente | oprigtigt | [ʌp'ʁɛgtit] |
| a meu ver ... | efter min mening ... | ['ɛftʌ min 'meːnen ...] |

detalhe (~ da história)	detalje (f)	[de'taljə]
detalhado	detaljeret	[detal'jeˀʌð]
detalhadamente	i detaljer	[i de'taljʌ]

| dica (f) | vink (i) | ['veŋˀk] |
| dar uma dica | at give et vink | [ʌ 'giˀ et 'veŋˀk] |

olhar (m)	blik (i)	['blek]
dar uma vista de olhos	at kaste et blik	[ʌ 'kastə et blek]
fixo (olhar ~)	stiv, stift	['stiwˀ], ['stift]
piscar (vi)	at blinke	[ʌ 'bleŋkə]
pestanejar (vt)	at blinke	[ʌ 'bleŋkə]
acenar (com a cabeça)	at nikke	[ʌ 'nekə]

suspiro (m)	suk (i)	['sɔk]
suspirar (vi)	at sukke	[ʌ 'sɔkə]
estremecer (vi)	at gyse	[ʌ 'gyːsə]
gesto (m)	gestus (f)	['gestus]
tocar (com as mãos)	at røre	[ʌ 'ʁœːʌ]
agarrar (~ pelo braço)	at gribe	[ʌ 'gʁiːbə]
bater de leve	at klappe	[ʌ 'klɑpə]

Cuidado!	Pas på!	['pas 'pɔ]
A sério?	Virkelig?	['viɐkəli]
Tem certeza?	Er du sikker?	['æɐ du 'sekʌ]
Boa sorte!	Held og lykke!	['hɛlˀ ʌ 'løkə]
Compreendi!	Helt klart!	['hɛlˀt klɑːt]
Que pena!	Det var synd!	[de vɑˀ 'sønˀ]

68. Acordo. Recusa

consentimento (~ mútuo)	samtykke (i)	['sɑmˌtykə]
consentir (vi)	at samtykke	[ʌ 'sɑmˌtykə]
aprovação (f)	godkendelse (f)	['goðˌkɛnˀəlsə]
aprovar (vt)	at godkende	[ʌ 'goðˌkɛnˀə]

| recusa (f) | afslag (i) | ['aw‚slæ’j] |
| negar-se (vt) | at vægre sig | [ʌ 've:jʁʌ saj] |

Está ótimo!	Fint!	['fiʼnt]
Muito bem!	Godt nok!	['gʌt nʌk]
Está bem! De acordo!	OK! Jeg er enig!	[ɔw'kɛj], ['jaj 'ææ̞ 'e:ni]

proibido	forbudt	[fʌ'byʼt]
é proibido	det er forbudt	[de 'ææ̞ fʌ'byʼð]
é impossível	det er umuligt	[de 'ææ̞ u'muʼlit]
incorreto	fejlagtig	['fajl‚agti]

rejeitar (~ um pedido)	at afslå	[ʌ 'aw‚slɔʼ]
apoiar (vt)	at støtte	[ʌ 'støtə]
aceitar (desculpas, etc.)	at acceptere	[ʌ aksɛp'teʼʌ]

confirmar (vt)	at bekræfte	[ʌ be'kʁaftə]
confirmação (f)	bekræftelse (f)	[be'kʁaftəlsə]
permissão (f)	tilladelse (f)	['te‚læ’ðəlsə]
permitir (vt)	at tillade	[ʌ 'te‚læ’ðə]
decisão (f)	beslutning (f)	[be'slutnɛŋ]
não dizer nada	at tie	[ʌ 'ti:ə]

condição (com uma ~)	betingelse (f)	[be'teŋ’əlsə]
pretexto (m)	påskud, foregivende (i)	['pɔ‚skuð], ['fɒ:ɒ‚giʼvənə]
elogio (m)	ros (f)	['ʁoʼs]
elogiar (vt)	at rose, at berømme	[ʌ 'ʁo:sə], [ʌ be'ʁɶmʼə]

69. Sucesso. Boa sorte. Insucesso

êxito, sucesso (m)	succes (f)	[syk'se]
com êxito	med succes	[mɛ syk'se]
bem sucedido	vellykket	['vɛl‚løkəð]

sorte (fortuna)	held (i)	['hɛlʼ]
Boa sorte!	Held og lykke!	['hɛlʼ ʌ 'løkə]
de sorte	heldig	['hɛldi]
sortudo, felizardo	heldig	['hɛldi]
fracasso (m)	fiasko (f)	['fjasko]
pouca sorte (f)	uheld (i), utur (f)	['u‚hɛlʼ], ['u‚tuɐ̯ʼ]
azar (m), má sorte (f)	uheld (i)	['u‚hɛlʼ]
mal sucedido	mislykket	['mis‚løkəð]
catástrofe (f)	katastrofe (f)	[kata'stʁo:fə]

orgulho (m)	stolthed (f)	['stʌlt‚heðʼ]
orgulhoso	stolt	['stʌlʼt]
estar orgulhoso	at være stolt	[ʌ 'vɛ:ʌ 'stʌlʼt]

vencedor (m)	sejrherre (f)	['sajʌ‚hæʼʌ]
vencer (vi)	at sejre, at vinde	[ʌ 'sajʁʌ], [ʌ 'venə]
perder (vt)	at tabe	[ʌ 'tæ:bə]
tentativa (f)	forsøg (i)	[fʌ'søʼj]
tentar (vt)	at prøve, at forsøge	[ʌ 'pʁɶ:wə], [ʌ fʌ'søʼjə]
chance (m)	chance (f)	['ɕaŋsə]

70. Conflitos. Emoções negativas

grito (m)	skrig (i)	['skʁiˀ]
gritar (vi)	at skrige	[ʌ 'skʁi:ə]
começar a gritar	at begynde at skrige	[ʌ be'gøn'ə ʌ 'skʁi:ə]

discussão (f)	skænderi (i)	[skɛnʌ'ʁiˀ]
discutir (vt)	at skændes	[ʌ 'skɛnəs]
escândalo (m)	skænderi (i)	[skɛnʌ'ʁiˀ]
criar escândalo	at skændes	[ʌ 'skɛnəs]
conflito (m)	konflikt (f)	[kʌn'flikt]
mal-entendido (m)	misforståelse (f)	[misfʌ'stɔˀəlsə]

insulto (m)	fornærmelse (f)	[fʌ'næɡ̊ˀməlsə]
insultar (vt)	at fornærme	[ʌ fʌ'næɡ̊ˀmə]
insultado	fornærmet	[fʌ'næɡ̊ˀməð]
ofensa (f)	fornærmelse (f)	[fʌ'næɡ̊ˀməlsə]
ofender (vt)	at fornærme	[ʌ fʌ'næɡ̊ˀmə]
ofender-se (vr)	at blive fornærmet	[ʌ 'bli:ə fʌ'næɡ̊ˀməð]

indignação (f)	forargelse, indignation (f)	[fʌ'ɑˀwəlsə], [endinɑ'ɕoˀn]
indignar-se (vr)	at blive indigneret	[ʌ 'bli:ə endi'neˀʌð]
queixa (f)	klage (f)	['klæ:jə]
queixar-se (vr)	at klage	[ʌ 'klæ:jə]

desculpa (f)	undskyldning (f)	['ɔnˌskylˀneŋ]
desculpar-se (vr)	at undskylde sig	[ʌ 'ɔnˌskylˀə sɑj]
pedir perdão	at bede om forladelse	[ʌ 'beˀðə ʌm fʌ'læˀðəlsə]

crítica (f)	kritik (f)	[kʁi'tik]
criticar (vt)	at kritisere	[ʌ kʁiti'seˀʌ]
acusação (f)	anklage (f)	['anˌklæˀjə]
acusar (vt)	at anklage	[ʌ 'anˌklæˀjə]

vingança (f)	hævn (f)	['hɛwˀn]
vingar (vt)	at hævne	[ʌ 'hɛwnə]
vingar-se (vr)	at hævne	[ʌ 'hɛwnə]

desprezo (m)	foragt (f)	[fʌ'ɑgt]
desprezar (vt)	at foragte	[ʌ fʌ'ɑgtə]
ódio (m)	had (i)	['ha ð]
odiar (vt)	at hade	[ʌ 'hæ:ðə]

nervoso	nervøs	[næɡ̊'vøˀs]
estar nervoso	at være nervøs	[ʌ 'vɛ:ʌ næɡ̊'vøˀs]
zangado	vred	['vʁɛðˀ]
zangar (vt)	at gøre vred	[ʌ 'gœːʌ 'vʁɛðˀ]

humilhação (f)	ydmygelse (f)	['yðˌmyˀəlsə]
humilhar (vt)	at ydmyge	[ʌ 'yðˌmyˀə]
humilhar-se (vr)	at ydmyge sig	[ʌ 'yðˌmyˀə sɑj]

choque (m)	chok (i)	['ɕʌk]
chocar (vt)	at chokere	[ʌ ɕo'keˀʌ]
aborrecimento (m)	knibe (f)	['kni:bə]

desagradável	ubehagelig	[ube'hæ'jəli]
medo (m)	frygt (f)	['fʁɒegt]
terrível (tempestade, etc.)	frygtelig	['fʁɒegtəli]
assustador (ex. história ~a)	uhyggelig, skræmmende	[u'hygəli], ['skʁamənə]
horror (m)	rædsel (f)	['ʁað'səl]
horrível (crime, etc.)	forfærdelig	[fʌ'fæɐ̯'dli]

começar a tremer	at begynde at ryste	[ʌ be'gøn'ə ʌ 'ʁœstə]
chorar (vi)	at græde	[ʌ 'gʁa:ðə]
começar a chorar	at begynde at græde	[ʌ be'gøn'ə ʌ 'gʁa:ðə]
lágrima (f)	tåre (f)	['tɒ:ɒ]

falta (f)	skyld (f)	['skyl']
culpa (f)	skyldfølelse (f)	['skylˌfø:ləlsə]
desonra (f)	skam, vanære (f)	['skɑm'], ['vanˌɛ:ʌ]
protesto (m)	protest (f)	[pʁo'tɛst]
stresse (m)	stress (i, f)	['stʁɛs]

perturbar (vt)	at forstyrre	[ʌ fʌ'styɐ̯'ʌ]
zangar-se com ...	at være gal	[ʌ 'vɛ:ʌ 'gæ'l]
zangado	vred	['vʁɛð']
terminar (vt)	at afbryde	[ʌ 'awˌbʁy'ðə]
praguejar	at sværge	[ʌ 'svæɐ̯wə]

assustar-se	at blive skræmt	[ʌ 'bli:ə 'skʁamt]
golpear (vt)	at slå	[ʌ 'slɔ']
brigar (na rua, etc.)	at slås	[ʌ 'slʌs]

resolver (o conflito)	at løse	[ʌ 'lø:sə]
descontente	utilfreds	['uteˌfʁɛs]
furioso	rasende	['ʁɑ:sənə]

Não está bem!	Det er ikke godt!	[de 'æɐ̯ 'ekə 'gʌt]
É mau!	Det er dårligt!	[de 'æɐ̯ 'dɒ:lit]

Medicina

71. Doenças

doença (f)	sygdom (f)	['sy:ˌdʌmˀ]
estar doente	at være syg	[ʌ 'vɛːʌ syˀ]
saúde (f)	helse, sundhed (f)	['hɛlsə], ['sɔnˌheðˀ]
nariz (m) a escorrer	snue (f)	['snuːə]
amigdalite (f)	angina (f)	[aŋ'giːna]
constipação (f)	forkølelse (f)	[fʌ'køˀləlsə]
constipar-se (vr)	at blive forkølet	[ʌ 'bliːə fʌ'køˀləð]
bronquite (f)	bronkitis (f)	[bʁʌŋ'kitis]
pneumonia (f)	lungebetændelse (f)	['lɔŋə be'tɛnˀəlsə]
gripe (f)	influenza (f)	[enflu'ɛnsa]
míope	nærsynet	['næɡˌsyˀnəð]
presbita	langsynet	['laŋˌsyˀnəð]
estrabismo (m)	skeløjethed (f)	['skelˌʌjəðˌheðˀ]
estrábico	skeløjet	['skelˌʌjˀəð]
catarata (f)	grå stær (f)	['gʁɔˀ 'stɛˀɡ̊]
glaucoma (m)	glaukom (i), grøn stær (f)	[glaw'koˀm], ['gʁœnˀ 'stɛˀɡ̊]
AVC (m), apoplexia (f)	hjerneblødning (f)	['jæɡnəˌbløðneŋ]
ataque (m) cardíaco	infarkt (i, f)	[en'faːkt]
enfarte (m) do miocárdio	hjerteinfarkt (i, f)	['jæɡtə en'faːkt]
paralisia (f)	lammelse (f)	['laməlsə]
paralisar (vt)	at lamme, at paralysere	[ʌ 'lamə], [ʌ paaly'seˀʌ]
alergia (f)	allergi (f)	[alæɡ̊'giˀ]
asma (f)	astma (f)	['astma]
diabetes (f)	diabetes (f)	[dia'beːtəs]
dor (f) de dentes	tandpine (f)	['tanˌpiːnə]
cárie (f)	caries, karies (f)	['kɑˀiəs]
diarreia (f)	diarre (f)	[dia'ʁɛ]
prisão (f) de ventre	forstoppelse (f)	[fʌ'stʌpəlsə]
desarranjo (m) intestinal	mavebesvær (i)	['mæːvəˌbe'svɛˀɡ̊]
intoxicação (f) alimentar	madforgiftning (f)	['maðfʌˌgiftneŋ]
intoxicar-se	at få madforgiftning	[ʌ 'fɔˀ 'maðfʌˌgiftə']
artrite (f)	artritis (f)	[ɑ'tʁitis]
raquitismo (m)	rakitis (f)	[ʁɑ'kitis]
reumatismo (m)	reumatisme (f)	[ʁʌjma'tismə]
arteriosclerose (f)	arterieforkalkning (f)	[ɑ'teˀɡ̊iə fʌ'kalˀknen]
gastrite (f)	gastritis (f)	[ga'stʁitis]
apendicite (f)	appendicit (f)	[apɛndi'sit]

| colecistite (f) | galdeblærebetændelse (f) | ['galəˌblɛːʌ be'tɛnˀəlsə] |
| úlcera (f) | mavesår (i) | ['mæːvəˌsɒˀ] |

sarampo (m)	mæslinger (pl)	['mɛsˌleŋˀʌ]
rubéola (f)	røde hunde (f)	['ʁœːðə 'hunə]
iterícia (f)	gulsot (f)	['gulˌsoˀt]
hepatite (f)	hepatitis (f)	[hepa'titis]

esquizofrenia (f)	skizofreni (f)	[skidsofʁɛ'niˀ]
raiva (f)	rabies (f)	['ʁɑˀbjɛs]
neurose (f)	neurose (f)	[nœw'ʁoːsə]
comoção (f) cerebral	hjernerystelse (f)	['jæɐ̯nəˌʁœstəlsə]

cancro (m)	kræft (f), cancer (f)	['kʁaft], ['kanˀsʌ]
esclerose (f)	sklerose (f)	[sklə'ʁoːsə]
esclerose (f) múltipla	multipel sklerose (f)	[mul'tiˀpəl sklə'ʁoːsə]

alcoolismo (m)	alkoholisme (f)	[alkoho'lismə]
alcoólico (m)	alkoholiker (f)	[alko'hoˀlikʌ]
sífilis (f)	syfilis (f)	['syfilis]
SIDA (f)	AIDS (f)	['ɛjds]

tumor (m)	svulst, tumor (f)	['svulˀst], ['tuːmɒ]
maligno	ondartet, malign	['ɔnˌɑˀdəð], [ma'liˀn]
benigno	godartet, benign	['goðˌɑˀtəð], [be'niˀn]
febre (f)	feber (f)	['feˀbʌ]
malária (f)	malaria (f)	[ma'lɑˀia]
gangrena (f)	koldbrand (f)	['kʌlˌbʁɑnˀ]
enjoo (m)	søsyge (f)	['søˌsyˀə]
epilepsia (f)	epilepsi (f)	[epilɛp'siˀ]

epidemia (f)	epidemi (f)	[epedə'miˀ]
tifo (m)	tyfus (f)	['tyfus]
tuberculose (f)	tuberkulose (f)	[tubæɡku'loːsə]
cólera (f)	kolera (f)	['koˀləʁɑ]
peste (f)	pest (f)	['pɛst]

72. Sintomas. Tratamentos. Parte 1

sintoma (m)	symptom (i)	[sym'toˀm]
temperatura (f)	temperatur (f)	[tɛmpʁɑ'tuɐ̯ˀ]
febre (f)	høj temperatur, feber (f)	['hʌj tɛmpʁɑ'tuɐ̯ˀ], ['feˀbʌ]
pulso (m)	puls (f)	['pulˀs]

vertigem (f)	svimmelhed (f)	['svemˀəlˌheðˀ]
quente (testa, etc.)	varm	['vaˀm]
calafrio (m)	gysen (f)	['gyːsən]
pálido	bleg	['blɑjˀ]

tosse (f)	hoste (f)	['hoːstə]
tossir (vi)	at hoste	[ʌ 'hoːstə]
espirrar (vi)	at nyse	[ʌ 'nyːsə]
desmaio (m)	besvimelse (f)	[be'sviˀməlsə]
desmaiar (vi)	at besvime	[ʌ be'sviˀmə]

nódoa (f) negra	blåt mærke (i)	['blʌt 'mæɐ̯kə]
galo (m)	bule (f)	['buːlə]
magoar-se (vr)	at slå sig	[ʌ 'slɔˀ sɑj]
pisadura (f)	blåt mærke (i)	['blʌt 'mæɐ̯kə]
aleijar-se (vr)	at støde sig	[ʌ 'sdøːðə sɑj]

coxear (vi)	at halte	[ʌ 'haltə]
deslocação (f)	forvridning (f)	[fʌ'vʁiðˀneŋ]
deslocar (vt)	at forvride	[ʌ fʌ'vʁiðˀə]
fratura (f)	brud (i), fraktur (f)	['bʁuð], [fʁak'tuɐ̯ˀ]
fraturar (vt)	at få et brud	[ʌ 'fɔˀ ed 'bʁuð]

corte (m)	snitsår (i)	['snit,sɒˀ]
cortar-se (vr)	at skære sig	[ʌ 'skɛːʌ sɑj]
hemorragia (f)	blødning (f)	['bløðneŋ]

queimadura (f)	brandsår (i)	['bʁɑn,sɒˀ]
queimar-se (vr)	at brænde sig	[ʌ 'bʁanə sɑj]

picar (vt)	at stikke	[ʌ 'stekə]
picar-se (vr)	at stikke sig	[ʌ 'stekə sɑj]
lesionar (vt)	at skade	[ʌ 'skæːðə]
lesão (m)	skade (f)	['skæːðə]
ferida (f), ferimento (m)	sår (i)	['sɒˀ]
trauma (m)	traume, trauma (i)	['tʁɑwmə], ['tʁɑwma]

delirar (vi)	at tale i vildelse	[ʌ 'tæːlə i 'vilelsə]
gaguejar (vi)	at stamme	[ʌ 'stamə]
insolação (f)	solstik (i)	['soːl,stek]

73. Sintomas. Tratamentos. Parte 2

dor (f)	smerte (f)	['smæɐ̯tə]
farpa (no dedo)	splint (f)	['splenˀt]

suor (m)	sved (f)	['sveð]
suar (vi)	at svede	[ʌ 'sveːðə]
vómito (m)	opkastning (f)	['ʌp,kastneŋ]
convulsões (f pl)	kramper (f pl)	['kʁampʌ]

grávida	gravid	[gʁa'viðˀ]
nascer (vi)	at fødes	[ʌ 'føːðəs]
parto (m)	fødsel (f)	['føsəl]
dar à luz	at føde	[ʌ 'føːðə]
aborto (m)	abort (f)	[a'bɒˀt]

respiração (f)	åndedræt (i)	['ʌnə,dʁat]
inspiração (f)	indånding (f)	['en,ʌnˀeŋ]
expiração (f)	udånding (f)	['uð,ʌnˀeŋ]
expirar (vi)	at ånde ud	[ʌ 'ʌnə uð]
inspirar (vi)	at ånde ind	[ʌ 'ʌnə enˀ]

inválido (m)	handikappet person (f)	['handi,kapəð pæɐ̯'soˀn]
aleijado (m)	krøbling (f)	['kʁœbleŋ]

toxicodependente (m)	narkoman (f)	[nɑko'mæˀn]
surdo	døv	['døˀw]
mudo	stum	['stɔmˀ]
surdo-mudo	døvstum	['døw,stɔmˀ]

louco (adj.)	gal, sindssyg	['gæˀl], ['senˀ,syˀ]
louco (m)	gal mand (f)	['gæˀl 'manˀ]
louca (f)	gal kvinde (f)	['gæˀl 'kvenə]
ficar louco	at blive sindssyg	[ʌ 'bli:ə 'senˀ,syˀ]

gene (m)	gen (i)	['geˀn]
imunidade (f)	immunitet (f)	[imuni'teˀt]
hereditário	arvelig	['ɑːvəli]
congénito	medfødt	['mɛð,føˀt]

vírus (m)	virus (i, f)	['viːʁus]
micróbio (m)	mikrobe (f)	[mi'kʁoːbə]
bactéria (f)	bakterie (f)	[bɑk'teɡˀiə]
infeção (f)	infektion (f)	[enfɛk'ɕoˀn]

74. Sintomas. Tratamentos. Parte 3

hospital (m)	sygehus (i)	['syːə,huˀs]
paciente (m)	patient (f)	[pa'ɕɛnˀt]

diagnóstico (m)	diagnose (f)	[dia'gnoːsə]
cura (f)	kur, behandling (f)	['kuɡˀ], [be'hanˀlen]
tratamento (m) médico	behandling (f)	[be'hanˀlen]
curar-se (vr)	at blive behandlet	[ʌ 'bli:ə be'hanˀləð]
tratar (vt)	at behandle	[ʌ be'hanˀlə]
cuidar (pessoa)	at pleje	[ʌ 'plajə]
cuidados (m pl)	pleje (f)	['plajə]

operação (f)	operation (f)	[opeʁa'ɕoˀn]
enfaixar (vt)	at forbinde	[ʌ fʌ'benˀə]
enfaixamento (m)	forbinding (f)	[fʌ'benˀen]

vacinação (f)	vaccination (f)	[vagsina'ɕoˀn]
vacinar (vt)	at vaccinere	[ʌ vaksi'neˀʌ]
injeção (f)	injektion (f)	[enjɛk'ɕoˀn]
dar uma injeção	at give en sprøjte	[ʌ 'giˀ en 'spʁʌjtə]

ataque (~ de asma, etc.)	anfald (i)	['an,falˀ]
amputação (f)	amputation (f)	[amputa'ɕoˀn]
amputar (vt)	at amputere	[ʌ ampu'teˀʌ]
coma (f)	koma (f)	['koːma]
estar em coma	at ligge i koma	[ʌ 'legə i 'koːma]
reanimação (f)	intensivafdeling (f)	['enten,siwˀ 'aw,deˀlen]

recuperar-se (vr)	at blive rask	[ʌ 'bli:ə 'ʁask]
estado (~ de saúde)	tilstand (f)	['tel,stanˀ]
consciência (f)	bevidsthed (f)	[be'vest,heð']
memória (f)	hukommelse (f)	[hu'kʌmˀəlsə]
tirar (vt)	at trække ud	[ʌ 'tʁakə uðˀ]

chumbo (m), obturação (f)	plombe (f)	['plɔmbə]
chumbar, obturar (vt)	at plombere	[ʌ plɔm'be'ʌ]

hipnose (f)	hypnose (f)	[hyp'no:sə]
hipnotizar (vt)	at hypnotisere	[ʌ hypnoti'se'ʌ]

75. Médicos

médico (m)	læge (f)	['lɛ:jə]
enfermeira (f)	sygeplejerske (f)	['sy:ə‚plɑj'ʌskə]
médico (m) pessoal	personlig læge (f)	[pæ‚ɐ'so'nli 'lɛ:jə]

dentista (m)	tandlæge (f)	['tan‚lɛ:jə]
oculista (m)	øjenlæge (f)	['ʌjən‚lɛ:jə]
terapeuta (m)	terapeut (f)	[teɑ'pœw't]
cirurgião (m)	kirurg (f)	[ki'ʁuɐ̯'w]

psiquiatra (m)	psykiater (f)	[syki'æ'tʌ]
pediatra (m)	børnelæge (f)	['bœɡnə‚lɛ:jə]
psicólogo (m)	psykolog (f)	[syko'lo']
ginecologista (m)	gynækolog (f)	[gynɛko'lo']
cardiologista (m)	kardiolog (f)	[kɑdio'lo']

76. Medicina. Drogas. Acessórios

medicamento (m)	medicin (f)	[medi'si'n]
remédio (m)	middel (i)	['mið'əl]
receitar (vt)	at ordinere	[ʌ ɒdi'ne'ʌ]
receita (f)	recept (f)	[ʁɛ'sɛpt]

comprimido (m)	tablet (f), pille (f)	[tɑb'lɛt], ['pelə]
pomada (f)	salve (f)	['salvə]
ampola (f)	ampul (f)	[ɑm'pul']
preparado (m)	mikstur (f)	[meks'tuɐ̯']
xarope (m)	sirup (f)	['si'ʁɔp]
cápsula (f)	pille (f)	['pelə]
remédio (m) em pó	pulver (i)	['pol'vʌ]

ligadura (f)	gazebind (i)	['gæ:sə‚ben']
algodão (m)	vat (i)	['vat]
iodo (m)	jod (i, f)	['jo'ð]

penso (m) rápido	plaster (i)	['plastʌ]
conta-gotas (m)	pipette (f)	[pi'pɛtə]
termómetro (m)	termometer (i)	[tæɡmo'me't ʌ]
seringa (f)	sprøjte (f)	['spʁʌjtə]

cadeira (f) de rodas	kørestol (f)	['kø:ʌ‚sto'l]
muletas (f pl)	krykker (f pl)	['kʁœkə]

analgésico (m)	smertestillende medicin (i)	['smæɡdə‚stelənə medi'si'n]
laxante (m)	laksativ (i)	[lɑksa'tiw']

álcool (m) etílico	**sprit** (f)	['spʁit]
ervas (f pl) medicinais	**lægeurter** (f pl)	['lɛːjəˌuɐ̯ˀtʌ]
de ervas (chá ~)	**urte-**	['uɐ̯tə-]

77. Fumar. Produtos tabágicos

tabaco (m)	**tobak** (f)	[to'bɑk]
cigarro (m)	**cigaret** (f)	[sigə'ʁat]
charuto (m)	**cigar** (f)	[si'gɑˀ]
cachimbo (m)	**pibe** (f)	['piːbə]
maço (~ de cigarros)	**pakke** (f)	['pɑkə]

fósforos (m pl)	**tændstikker** (f pl)	['tɛnˌstekʌ]
caixa (f) de fósforos	**tændstikæske** (f)	['tɛnstekˌɛskə]
isqueiro (m)	**lighter** (f)	['lɑjtʌ]
cinzeiro (m)	**askebæger** (i)	['askəˌbɛːjʌ]
cigarreira (f)	**cigaretetui** (i)	[sigə'ʁat etu'i]

boquilha (f)	**mundstykke** (i)	['mɔnˌstøkə]
filtro (m)	**filter** (i)	['filˀtʌ]

fumar (vi, vt)	**at ryge**	[ʌ 'ʁyːə]
acender um cigarro	**at tænde en cigaret**	[ʌ 'tɛnə en sigə'ʁat]
tabagismo (m)	**rygning** (f)	['ʁyːnen]
fumador (m)	**ryger** (f)	['ʁyːʌ]

beata (f)	**stump** (f), **skod** (i)	['stɔmˀp], ['skʌð]
fumo (m)	**røg** (f)	['ʁʌjˀ]
cinza (f)	**aske** (f)	['askə]

HABITAT HUMANO

Cidade

78. Cidade. Vida na cidade

cidade (f)	by (f)	['by']
capital (f)	hovedstad (f)	['ho:əð‚stað]
aldeia (f)	landsby (f)	['lans‚by']
mapa (m) da cidade	bykort (i)	['by‚kɒ:t]
centro (m) da cidade	centrum (i) af byen	['sɛntʁɔm a 'byən]
subúrbio (m)	forstad (f)	['fɔ:‚stað]
suburbano	forstads-	['fɔ:‚staðs-]
periferia (f)	udkant (f)	['uð‚kan't]
arredores (m pl)	omegne (f pl)	['ʌm‚ɑj'nə]
quarteirão (m)	kvarter (i)	[kvɑ'te'ɐ̯]
quarteirão (m) residencial	boligkvarter (i)	['bo:likvɑ'te'ɐ̯]
tráfego (m)	trafik (f)	[tʁɑ'fik]
semáforo (m)	trafiklys (i)	[tʁɑ'fik‚ly's]
transporte (m) público	offentlig transport (f)	['ʌfəntli tʁɑns'pɒ:t]
cruzamento (m)	kryds (i, f)	['kʁys]
passadeira (f)	fodgængerovergang (f)	['foðgɛŋʌ 'ɒwʌ‚gɑŋ']
passagem (f) subterrânea	gangtunnel (f)	['gɑŋtu‚nɛl']
cruzar, atravessar (vt)	at gå over	[ʌ gɔ' 'ɒw'ʌ]
peão (m)	fodgænger (f)	['foð‚gɛŋʌ]
passeio (m)	fortov (i)	['fɔ:‚tɒw]
ponte (f)	bro (f)	['bʁo']
margem (f) do rio	kaj (f)	['kɑj']
fonte (f)	springvand (i)	['spʁɛŋ‚van']
alameda (f)	alle (f)	[a'le']
parque (m)	park (f)	['pɑ:k]
bulevar (m)	boulevard (f)	[bulə'vɑ'd]
praça (f)	torv (i)	['tɒ'w]
avenida (f)	avenue (f)	[avə'ny]
rua (f)	gade (f)	['gæ:ðə]
travessa (f)	sidegade (f)	['si:ðə‚gæ:ðə]
beco (m) sem saída	blindgyde (f)	['blen'‚gy:ðə]
casa (f)	hus (i)	['hu's]
edifício, prédio (m)	bygning (f)	['bygneŋ]
arranha-céus (m)	skyskraber (f)	['sky‚skʁɑ:bʌ]
fachada (f)	facade (f)	[fa'sæ:ðə]
telhado (m)	tag (i)	['tæ'j]

janela (f)	vindue (i)	['vendu]
arco (m)	bue (f)	['buːə]
coluna (f)	søjle (f)	['sʌjlə]
esquina (f)	hjørne (i)	['jœɐ̯ˀnə]

montra (f)	udstillingsvindue (i)	['uðˌstelˀeŋs 'vendu]
letreiro (m)	skilt (i)	['skelˀt]
cartaz (m)	plakat (f)	[pla'kæˀt]
cartaz (m) publicitário	reklameplakat (f)	[ʁɛ'klæːməˌpla'kæˀt]
painel (m) publicitário	reklameskilt (i)	[ʁɛ'klæːməˌskelˀt]

lixo (m)	affald (i)	['awˌfalˀ]
cesta (f) do lixo	skraldespand (f)	['skʁɑləˌspanˀ]
jogar lixo na rua	at smide affald	[ʌ 'smiːðə 'awˌfalˀ]
aterro (m) sanitário	losseplads (f)	['lʌsəˌplas]

cabine (f) telefónica	telefonboks (f)	[teləˈfoːnˌbʌks]
candeeiro (m) de rua	lygtepæl (f)	['løgtəˌpɛˀl]
banco (m)	bænk (f)	['bɛŋˀk]

polícia (m)	politibetjent (f)	[poli'ti be'tjɛnˀt]
polícia (instituição)	politi (i)	[poli'tiˀ]
mendigo (m)	tigger (f)	['tegʌ]
sem-abrigo (m)	hjemløs (f)	['jɛmˌløˀs]

79. Instituições urbanas

loja (f)	forretning (f), butik (f)	[fʌ'ʁatneŋ], [bu'tik]
farmácia (f)	apotek (i)	[apo'teˀk]
ótica (f)	optik (f)	[ʌp'tik]
centro (m) comercial	indkøbscenter (i)	['enˌkøˀbs ˌsɛnˀtʌ]
supermercado (m)	supermarked (i)	['suˀpʌˌmɑːkəð]

padaria (f)	bageri (i)	[bæjʌ'ʁiˀ]
padeiro (m)	bager (f)	['bæːjʌ]
pastelaria (f)	konditori (i)	[kʌnditʌ'ʁiˀ]
mercearia (f)	købmandsbutik (f)	['købmans bu'tik]
talho (m)	slagterbutik (f)	['slɑgtʌ bu'tik]

| loja (f) de legumes | grønthandel (f) | ['gʁœntˌhanˀəl] |
| mercado (m) | marked (i) | ['mɑːkəð] |

café (m)	cafe, kaffebar (f)	[ka'feˀ], ['kɑfəˌbɑˀ]
restaurante (m)	restaurant (f)	[ʁɛsto'ʁɑŋ]
bar (m), cervejaria (f)	ølstue (f)	['ølˌstuːə]
pizzaria (f)	pizzeria (i)	[pidsə'ʁiːa]

salão (m) de cabeleireiro	frisørsalon (f)	[fʁi'søɐ̯ saˌlʌŋ]
correios (m pl)	postkontor (i)	['pʌst kɔn'toˀɐ̯]
lavandaria (f)	renseri (i)	[ʁansʌ'ʁiˀ]
estúdio (m) fotográfico	fotoatelier (i)	['foto atelˀje]

| sapataria (f) | skotøjsforretning (f) | ['skoˌtʌjs fʌ'ʁatneŋ] |
| livraria (f) | boghandel (f) | ['bowˌhanˀəl] |

loja (f) de artigos de desporto	sportsforretning (f)	['spɒ:ʦ fʌ'ʁatnen]
reparação (f) de roupa	reparation (f) af tøj	[ʁɛpʁɑ'ɕoˀn a 'tʌj]
aluguer (m) de roupa	udlejning (f) af tøj	['uðˌlɑjˀnen a 'tʌj]
aluguer (m) de filmes	filmleje (f)	['filmˌlɑjə]

circo (m)	cirkus (i)	['siɐ̯kus]
jardim (m) zoológico	zoologisk have (f)	[soo'loˀisk 'hæ:və]
cinema (m)	biograf (f)	[bio'gʁɑˀf]
museu (m)	museum (i)	[mu'sɛ:ɔm]
biblioteca (f)	bibliotek (i)	[biblio'teˀk]

teatro (m)	teater (i)	[te'æˀtʌ]
ópera (f)	opera (f)	['oˀpəʁɑ]
clube (m) noturno	natklub (f)	['natˌklub]
casino (m)	kasino (i)	[ka'si:no]

mesquita (f)	moske (f)	[mo'skeˀ]
sinagoga (f)	synagoge (f)	[syna'go:ə]
catedral (f)	katedral (f)	[katə'dʁɑˀl]
templo (m)	tempel (i)	['tɛmˀpəl]
igreja (f)	kirke (f)	['kiɐ̯kə]

instituto (m)	institut (i)	[ensdi'tut]
universidade (f)	universitet (i)	[univæɐ̯si'teˀt]
escola (f)	skole (f)	['sko:lə]

prefeitura (f)	præfektur (i)	[pʁɛfɛk'tuɐ̯ˀ]
câmara (f) municipal	rådhus (i)	['ʁɔðˌhuˀs]
hotel (m)	hotel (i)	[ho'tɛlˀ]
banco (m)	bank (f)	['baŋˀk]

embaixada (f)	ambassade (f)	[amba'sæ:ðə]
agência (f) de viagens	rejsebureau (i)	['ʁɑjsə byˌʁo]
agência (f) de informações	informationskontor (i)	[enfɒma'ɕons kɔn'toˀɐ̯]
casa (f) de câmbio	vekselkontor (i)	['vɛksəl kɔn'toˀɐ̯]

metro (m)	metro (f)	['me:tʁo]
hospital (m)	sygehus (i)	['sy:əˌhuˀs]

posto (m) de gasolina	tankstation (f)	['taŋk sta'ɕˀon]
parque (m) de estacionamento	parkeringsplads (f)	[pɑ'keˀɐ̯eŋsˌplas]

80. Sinais

letreiro (m)	skilt (i)	['skelˀt]
inscrição (f)	indskrift (f)	['enˌskʁɛft]
cartaz, póster (m)	poster (f)	['pɔwstʌ]
sinal (m) informativo	vejviser (f)	['vɑjˌvi:sʌ]
seta (f)	pil (f)	['piˀl]

aviso (advertência)	advarsel (f)	['aðˌva:səl]
sinal (m) de aviso	advarselsskilt (i)	['aðˌva:səls 'skelˀt]
avisar, advertir (vt)	at advare	[ʌ 'aðˌvaˀɑ]
dia (m) de folga	fridag (f)	['fʁidæˀ]

| horário (m) | køreplan (f) | ['kø:ʌˌplæˀn] |
| horário (m) de funcionamento | åbningstid (f) | ['ɔ:bneŋsˌtiðˀ] |

BEM-VINDOS!	VELKOMMEN!	['vɛlˌkʌmˀən]
ENTRADA	INDGANG	['enˌgaŋˀ]
SAÍDA	UDGANG	['uðˌgaŋˀ]

EMPURRE	TRYK	['tʁœk]
PUXE	TRÆK	['tʁak]
ABERTO	ÅBENT	['ɔ:bənt]
FECHADO	LUKKET	['lɔkəð]

| MULHER | KVINDE | ['kvenə] |
| HOMEM | MAND | ['manˀ] |

DESCONTOS	RABAT	[ʁɑ'bat]
SALDOS	UDSALG	['uðˌsalˀ]
NOVIDADE!	NYHED!	['nyheðˀ]
GRÁTIS	GRATIS	['gʁɑ:tis]

| ATENÇÃO! | PAS PÅ! | ['pas 'pɔ] |
| NÃO HÁ VAGAS | INGEN LEDIGE VÆRELSER | ['eŋən 'le:ðiə 'væɐ̯ʌlsʌ] |

| RESERVADO | RESERVERET | [ʁɛsæɐ̯'veˀʌð] |

| ADMINISTRAÇÃO | ADMINISTRATION | [aðministʁɑ'ɕoˀn] |
| SOMENTE PESSOAL AUTORIZADO | KUN FOR PERSONALE | ['kɔn fʌ pæɐ̯so'næ:lə] |

CUIDADO CÃO FEROZ	HER VOGTER JEG	['hɛˀɐ̯ 'vʌgtʌ 'jaj]
PROIBIDO FUMAR!	RYGNING FORBUDT	['ʁy:neŋ fʌ'byˀð]
NÃO TOCAR	MÅ IKKE BERØRES!	[mɔ 'ekə be'ʁœˀʌs]

PERIGOSO	FARLIG	['fɑ:li]
PERIGO	FARE	['fɑ:ɑ]
ALTA TENSÃO	HØJSPÆNDING	['hʌjˌspɛneŋ]
PROIBIDO NADAR	BADNING FORBUDT	['bæ:ðneŋ fʌ'byˀð]
AVARIADO	UDE AF DRIFT	['u:ðə a 'dʁɛft]

INFLAMÁVEL	BRANDFARLIG	['bʁanˌfɑ:li]
PROIBIDO	FORBUDT	[fʌ'byˀt]
ENTRADA PROIBIDA	ADGANG FORBUDT	['aðˌgaŋˀ fʌ'byˀð]
CUIDADO TINTA FRESCA	NYMALET	['nyˌmæˀləð]

81. Transportes urbanos

autocarro (m)	bus (f)	['bus]
elétrico (m)	sporvogn (f)	['spoɐ̯ˌvɒwˀn]
troleicarro (m)	trolleybus (f)	['tʁʌliˌbus]
itinerário (m)	rute (f)	['ʁu:tə]
número (m)	nummer (i)	['nɔmˀʌ]

| ir de ... (carro, etc.) | at køre på ... | [ʌ 'kø:ʌ 'pɔˀ ...] |
| entrar (~ no autocarro) | at stå på ... | [ʌ stɔˀ 'pɔˀ ...] |

descer de ...	at stå af ...	[ʌ stɔˀ 'æˀ ...]
paragem (f)	stop, stoppested (i)	['stʌp], ['stʌpəstɛð]
próxima paragem (f)	næste station (f)	['nɛstə sta'ɕoˀn]
ponto (m) final	endestation (f)	['ɛnəsta'ɕoˀn]
horário (m)	køreplan (f)	['køːʌˌplæˀn]
esperar (vt)	at vente	[ʌ 'vɛntə]
bilhete (m)	billet (f)	[bi'lɛt]
custo (m) do bilhete	billetpris (f)	[bi'lɛtˌpʁiˀs]
bilheteiro (m)	kasserer (f)	[ka'seˀʌ]
controlo (m) dos bilhetes	billetkontrol (f)	[bi'lɛt kɔn'tʁʌlˀ]
revisor (m)	kontrollør (f)	[kʌntʁo'løˀɐ̯]
atrasar-se (vr)	at komme for sent	[ʌ 'kʌmə fʌ 'seˀnt]
perder (o autocarro, etc.)	at komme for sent til ...	[ʌ 'kʌmə fʌ 'seˀnt tel ...]
estar com pressa	at skynde sig	[ʌ 'skønə saj]
táxi (m)	taxi (f)	['tɑksi]
taxista (m)	taxichauffør (f)	['tɑksi ɕo'føˀɐ̯]
de táxi (ir ~)	i taxi	[i 'tɑksi]
praça (f) de táxis	taxiholdeplads (f)	['tɑksi 'hʌləˌplas]
chamar um táxi	at bestille en taxi	[ʌ be'stelˀə en 'tɑksi]
apanhar um táxi	at tage en taxi	[ʌ 'tæˀ en 'tɑksi]
tráfego (m)	trafik (f)	[tʁɑ'fik]
engarrafamento (m)	trafikprop (f)	[tʁɑ'fikˌpʁʌp]
horas (f pl) de ponta	myldretid (f)	['mylʁʌˌtiðˀ]
estacionar (vi)	at parkere	[ʌ pɑ'keˀʌ]
estacionar (vt)	at parkere	[ʌ pɑ'keˀʌ]
parque (m) de estacionamento	parkeringsplads (f)	[pɑ'keˀɐ̯eŋsˌplas]
metro (m)	metro (f)	['meːtʁo]
estação (f)	station (f)	[sta'ɕoˀn]
ir de metro	at køre med metroen	[ʌ 'køːʌ mɛ 'metʁoːən]
comboio (m)	tog (i)	['tɔˀw]
estação (f)	banegård (f)	['bæːnəˌgɒˀ]

82. Turismo

monumento (m)	monument (i)	[monu'mɛnˀt]
fortaleza (f)	fæstning (f)	['fɛstneŋ]
palácio (m)	palads (i)	[pɑ'las]
castelo (m)	slot (i), borg (f)	['slʌt], ['bɒˀw]
torre (f)	tårn (i)	['tɔˀn]
mausoléu (m)	mausoleum (i)	[mɑwso'lɛːɔm]
arquitetura (f)	arkitektur (f)	[ɑkitɛk'tuɐ̯ˀ]
medieval	middelalderlig	['miðəlˌalˀʌli]
antigo	gammel	['gaməl]
nacional	national	[naɕo'næˀl]
conhecido	kendt, berømt	['kɛnˀt], [be'ʁœmˀt]
turista (m)	turist (f)	[tu'ʁist]
guia (pessoa)	guide (f)	['gajd]

79

excursão (f)	udflugt (f)	['uð,flɔgt]
mostrar (vt)	at vise	[ʌ 'vi:sə]
contar (vt)	at fortælle	[ʌ fʌ'tɛl'ə]

encontrar (vt)	at finde	[ʌ 'fenə]
perder-se (vr)	at gå vild	[ʌ gɔ' 'vil']
mapa (~ do metrô)	kort (i)	['kɒ:t]
mapa (~ da cidade)	kort (i)	['kɒ:t]

lembrança (f), presente (m)	souvenir (f)	[suvə'ni:ɐ̯]
loja (f) de presentes	souvenirforretning (f)	[suvə'ni:ɐ̯ fʌ'ʁatnen]
fotografar (vt)	at fotografere	[ʌ fotogʁa'fe'ʌ]
fotografar-se	at blive fotograferet	[ʌ 'bli:ə fotogʁa:'fe'ʌð]

83. Compras

comprar (vt)	at købe	[ʌ 'kø:bə]
compra (f)	indkøb (i)	['en,kø'b]
fazer compras	at gå på indkøb	[ʌ gɔ' pɒ 'en,kø'b]
compras (f pl)	shopping (f)	['ɢʌpen]

| estar aberta (loja, etc.) | at være åben | [ʌ 'vɛ:ʌ 'ɔ:bən] |
| estar fechada | at være lukket | [ʌ 'vɛ:ʌ 'lɔkəð] |

calçado (m)	sko (f)	['sko']
roupa (f)	klæder (i pl)	['klɛ:ðʌ]
cosméticos (m pl)	kosmetik (f)	[kʌsmə'tik]
alimentos (m pl)	madvarer (f pl)	['maðvɑ:ʌ]
presente (m)	gave (f)	['gæ:və]

| vendedor (m) | sælger (f) | ['sɛljʌ] |
| vendedora (f) | sælger (f) | ['sɛljʌ] |

caixa (f)	kasse (f)	['kasə]
espelho (m)	spejl (i)	['spɑj'l]
balcão (m)	disk (f)	['disk]
cabine (f) de provas	prøverum (i)	['pʁœ:wə,ʁɔm']

provar (vt)	at prøve	[ʌ 'pʁœ:wə]
servir (vi)	at passe	[ʌ 'pasə]
gostar (apreciar)	at kunne lide	[ʌ 'kunə 'li:ðə]

preço (m)	pris (f)	['pʁi's]
etiqueta (f) de preço	prismærke (i)	['pʁis,mæɐ̯kə]
custar (vt)	at koste	[ʌ 'kʌstə]
Quanto?	Hvor meget?	[vɒ' 'maɑð]
desconto (m)	rabat (f)	[ʁɑ'bat]

não caro	billig	['bili]
barato	billig	['bili]
caro	dyr	['dyɐ̯']
É caro	Det er dyrt	[de 'æɐ̯ 'dyɐ̯'t]
aluguer (m)	leje (f)	['lɑjə]
alugar (vestidos, etc.)	at leje	[ʌ 'lɑjə]

| crédito (m) | kredit (f) | [kʁɛ'dit] |
| a crédito | på kredit | [pɔ kʁɛ'dit] |

84. Dinheiro

dinheiro (m)	penge (pl)	['pɛŋə]
câmbio (m)	veksling (f)	['vɛkslɐŋ]
taxa (f) de câmbio	kurs (f)	['kuʁˀs]
Caixa Multibanco (m)	pengeautomat (f)	['pɛŋə ɑwto'mæˀt]
moeda (f)	mønt (f)	['mønˀt]

| dólar (m) | dollar (f) | ['dʌlʌ] |
| euro (m) | euro (f) | ['œwʁo] |

lira (f)	lire (f)	['liːʌ]
marco (m)	mark (f)	['mɑːk]
franco (m)	franc (f)	['fʁɑŋˀk]
libra (f) esterlina	engelske pund (i)	['ɛŋˀəlskə punˀ]
iene (m)	yen (f)	['jɛn]

dívida (f)	gæld (f)	['gɛlˀ]
devedor (m)	skyldner (f)	['skylnʌ]
emprestar (vt)	at låne ud	[ʌ 'lɔːnə ˌuðˀ]
pedir emprestado	at låne	[ʌ 'lɔːnə]

banco (m)	bank (f)	['bɑŋˀk]
conta (f)	konto (f)	['kʌnto]
depositar (vt)	at indsætte	[ʌ 'enˌsɛtə]
depositar na conta	at sætte ind på kontoen	[ʌ 'sɛtə 'enˀ pɔ 'kʌntoːən]
levantar (vt)	at hæve fra kontoen	[ʌ 'hɛːvə fʁɑ 'kʌntoːən]

cartão (m) de crédito	kreditkort (i)	[kʁɛ'dit kɒːt]
dinheiro (m) vivo	kontanter (pl)	[kɔn'tanˀtʌ]
cheque (m)	check (f)	['ɕɛk]
passar um cheque	at skrive en check	[ʌ 'skʁiːvə en 'ɕɛk]
livro (m) de cheques	checkhæfte (i)	['ɕɛkˌhɛftə]

carteira (f)	tegnebog (f)	['tajnəˌbɔˀw]
porta-moedas (m)	pung (f)	['pɔŋˀ]
cofre (m)	pengeskab (i)	['pɛŋəˌskæˀb]

herdeiro (m)	arving (f)	['ɑːveŋ]
herança (f)	arv (f)	['ɑˀw]
fortuna (riqueza)	formue (f)	['fɒːˌmuːə]

arrendamento (m)	leje (f)	['lajə]
renda (f) de casa	husleje (f)	['husˌlajə]
alugar (vt)	at leje	[ʌ 'lajə]

preço (m)	pris (f)	['pʁiˀs]
custo (m)	omkostning (f)	['ʌmˌkʌstneŋ]
soma (f)	sum (f)	['sɔmˀ]
gastar (vt)	at bruge	[ʌ 'bʁuːə]
gastos (m pl)	udgifter (f pl)	['uðˌgiftʌ]

economizar (vi)	at spare	[ʌ 'spaːɑ]
económico	sparsommelig	[spɑ'sʌmˀəli]

pagar (vt)	at betale	[ʌ be'tæˀlə]
pagamento (m)	betaling (f)	[be'tæˀlen]
troco (m)	byttepenge (pl)	['bytə,pɛŋə]

imposto (m)	skat (f)	['skat]
multa (f)	bøde (f)	['bøːðə]
multar (vt)	at give bødestraf	[ʌ 'giˀ 'bøːðə,stʁɑf]

85. Correios. Serviço postal

correios (m pl)	postkontor (i)	['pʌst kɔn'toˀg]
correio (m)	post (f)	['pʌst]
carteiro (m)	postbud (i)	['pʌst,buð]
horário (m)	åbningstid (f)	['ɔːbneŋs,tiðˀ]

carta (f)	brev (i)	['bʁɛwˀ]
carta (f) registada	rekommanderet brev (i)	[ʁɛkɔman'deˀʌð 'bʁɛwˀ]
postal (m)	postkort (i)	['pʌst,kɒːt]
telegrama (m)	telegram (i)	[telə'gʁamˀ]
encomenda (f) postal	postpakke (f)	['pʌst,pakə]
remessa (f) de dinheiro	pengeoverførsel (f)	['pɛŋə 'ɒwʌ,føgˀsəl]

receber (vt)	at modtage	[ʌ 'moð,tæˀ]
enviar (vt)	at sende	[ʌ 'sɛnə]
envio (m)	afsendelse (f)	['aw,sɛn'əlsə]

endereço (m)	adresse (f)	[a'dʁasə]
código (m) postal	postnummer (i)	['pʌst,nɔmˀʌ]
remetente (m)	afsender (f)	['aw,sɛnˀʌ]
destinatário (m)	modtager (f)	['moð,tæˀjʌ]

nome (m)	fornavn (i)	['fɒː,nawˀn]
apelido (m)	efternavn (i)	['ɛftʌ,nawˀn]

tarifa (f)	tarif (f)	[ta'ʁif]
ordinário	vanlig	['væˀnli]
económico	økonomisk	[øko'noˀmisk]

peso (m)	vægt (f)	['vɛgt]
pesar (estabelecer o peso)	at veje	[ʌ 'vɑjə]
envelope (m)	konvolut, kuvert (f)	[kɔnvo'lut], [ku'væɐ̯t]
selo (m)	frimærke (i)	['fʁi,mæɐ̯kə]
colar o selo	at frankere	[ʌ fʁaŋ'keˀʌ]

Moradia. Casa. Lar

86. Casa. Habitação

casa (f)	hus (i)	['hu's]
em casa	hjemme	['jɛmə]
pátio (m)	gård (f)	['gɒ']
cerca (f)	hegn (i)	['hɑj'n]
tijolo (m)	tegl (i, f), mursten (f)	['tɑj'l], ['muɐ̯ˌste'n]
de tijolos	tegl-	['tɑjl-]
pedra (f)	sten (f)	['ste'n]
de pedra	sten-	['sten-]
betão (m)	beton (f)	[be'tʌŋ]
de betão	beton-	[be'tʌŋ-]
novo	ny	['ny']
velho	gammel	['gɑməl]
decrépito	faldefærdig	['faləˌfæɐ̯'di]
moderno	moderne	[mo'dæɐ̯nə]
de muitos andares	fleretages-	['fleˌetæ'ɕəs-]
alto	høj	['hʌj']
andar (m)	etage (f)	[e'tæ'ɕə]
de um andar	enetages	['e:neˌtæ'ɕəs]
andar (m) de baixo	stue (f), stueetage (f)	['stu:ə], ['stu:ə e'tæ'ɕə]
andar (m) de cima	øverste etage (f)	['øw'ʌstə e'tæ'ɕə]
telhado (m)	tag (i)	['tæ'j]
chaminé (f)	skorsten (f)	['skɒːˌste'n]
telha (f)	tegl (i, f)	['tɑj'l]
de telha	tegl-	['tɑjl-]
sótão (m)	loft (i)	['lʌft]
janela (f)	vindue (i)	['vendu]
vidro (m)	glas (i)	['glas]
parapeito (m)	vindueskarm (f)	['vendusˌkɑ'm]
portadas (f pl)	vinduesskodder (f pl)	['vendusˌskʌðʌ]
parede (f)	mur (f), væg (f)	['muɐ̯'], ['vɛ'g]
varanda (f)	balkon, altan (f)	[bal'kʌŋ], [al'tæ'n]
tubo (m) de queda	nedløbsrør (i)	['neðløbsˌʁɶ'ɐ̯]
em cima	oppe	['ʌpə]
subir (~ as escadas)	at gå ovenpå	[ʌ gɔ' 'ɒwən,pɔ']
descer (vi)	at gå ned	[ʌ gɔ' 'neð']
mudar-se (vr)	at flytte	[ʌ 'fløtə]

87. Casa. Entrada. Elevador

entrada (f)	indgang (f)	['en‚gɑŋˀ]
escada (f)	trappe (f)	['tʁɑpə]
degraus (m pl)	trin (i pl)	['tʁin]
corrimão (m)	gelænder (i)	[ge'lɛnˀʌ]
hall (m) de entrada	hall, lobby (f)	['hɔːl], ['lʌbi]

caixa (f) de correio	postkasse (f)	['pʌst‚kasə]
caixote (m) do lixo	skraldebøtte (f)	['skʁalə‚bøtə]
conduta (f) do lixo	nedfaldsskakt (f)	['neðfals‚skɑkt]

elevador (m)	elevator (f)	[elə'væːtʌ]
elevador (m) de carga	godselevator (f)	['gɔs elə'væːtʌ]
cabine (f)	elevatorstol (f)	[elə'væːtʌ 'stoˀl]
pegar o elevador	at tage elevatoren	[ʌ 'tæˀ elə'væːtɒɡn]

apartamento (m)	lejlighed (f)	['lɑjli‚heðˀ]
moradores (m pl)	beboere (f pl)	[be'boˀʌ]
vizinho (m)	nabo (f)	['næːbo]
vizinha (f)	nabo (f)	['næːbo]
vizinhos (pl)	naboer (pl)	['næːboˀʌ]

88. Casa. Eletricidade

eletricidade (f)	elektricitet (f)	[elɛktʁisi'teˀt]
lâmpada (f)	elpære (f)	['ɛl‚pɛˀʌ]
interruptor (m)	afbryder (f)	['ɑw‚bʁyðˀʌ]
fusível (m)	sikring (f)	['sekʁɛŋ]

fio, cabo (m)	ledning (f)	['leðneŋ]
instalação (f) elétrica	ledningsnet (i)	['leðneŋs‚nɛt]
contador (m) de eletricidade	elmåler (f)	['ɛl‚mɔːlʌ]
indicação (f), registo (m)	aflæsninger (f pl)	['ɑw‚lɛˀsneŋʌ]

89. Casa. Portas. Fechaduras

porta (f)	dør (f)	['dœˀɐ̯]
portão (m)	port (f)	['poɐ̯ˀt]
maçaneta (f)	dørhåndtag (i)	['dœɐ̯‚hʌnˀ‚tæˀj]
destrancar (vt)	at låse op	[ʌ 'lɔːsə 'ʌp]
abrir (vt)	at åbne	[ʌ 'ɔːbnə]
fechar (vt)	at lukke	[ʌ 'lɔkə]

chave (f)	nøgle (f)	['nʌjlə]
molho (i)	knippe (i)	['knepə]
ranger (vi)	at knirke	[ʌ 'kniɐ̯kə]
rangido (m)	knirken (f)	['kniɐ̯kən]
dobradiça (f)	hængsel (i)	['hɛŋˀsəl]
tapete (m) de entrada	dørmåtte (f)	['dœɐ̯‚mʌtə]
fechadura (f)	dørlås (f)	['dœɐ̯‚lɔˀs]

buraco (m) da fechadura	nøglehul (i)	['nʌjlə,hɔl]
ferrolho (m)	slå, skudrigel (f)	['slɔˀ], ['skuð,ʁiˀəl]
fecho (ferrolho pequeno)	slå, skudrigel (f)	['slɔˀ], ['skuð,ʁiˀəl]
cadeado (m)	hængelås (f)	['hɛŋə,lɔˀs]

tocar (vt)	at ringe	[ʌ 'ʁɛŋə]
toque (m)	ringning (f)	['ʁɛŋnɛŋ]
campainha (f)	ringeklokke (f)	['ʁɛŋə,klʌkə]
botão (m)	knap (f)	['knɑp]
batida (f)	banker (f pl)	['baŋkʌ]
bater (vi)	at banke	[ʌ 'baŋkə]

código (m)	kode (f)	['ko:ðə]
fechadura (f) de código	kodelås (f)	['ko:ðə,lɔˀs]
telefone (m) de porta	dørtelefon (f)	['dœʁ,tele'foˀn]
número (m)	nummer (i)	['nɔmˀʌ]
placa (f) de porta	dørskilt (i)	['dœˀʁ,skelˀt]
vigia (f), olho (m) mágico	kighul (i)	['kig,hɔl]

90. Casa de campo

aldeia (f)	landsby (f)	['lans,byˀ]
horta (f)	køkkenhave (f)	['køkən,hæ:və]
cerca (f)	hegn (i)	['hɑjˀn]
paliçada (f)	stakit (i)	[sta'kit]
cancela (f) do jardim	låge (f)	['lɔ:wə]

celeiro (m)	kornmagasin (i)	['koʁn,maga'siˀn]
adega (f)	jordkælder (f)	['joʁ,kɛlʌ]
galpão, barracão (m)	skur (i)	['skuɐ̯ˀ]
poço (m)	brønd (f)	['bʁœnˀ]

fogão (m)	ovn (f)	['ɒwˀn]
atiçar o fogo	at fyre	[ʌ 'fy:ʌ]
lenha (carvão ou ~)	brænde (i)	['bʁanə]
acha (lenha)	brændeknude (f)	['bʁanə,knu:ðə]

varanda (f)	veranda (f)	[ve'ʁanda]
alpendre (m)	terrasse (f)	[ta'ʁasə]
degraus (m pl) de entrada	trappe (f)	['tʁapə]
balouço (m)	gynge (f)	['gønʌ]

91. Moradia. Mansão

casa (f) de campo	fritidshus (i)	['fʁitiðs,huˀs]
vila (f)	villa (f)	['vila]
ala (~ do edifício)	fløj (f)	['flʌjˀ]

jardim (m)	have (f)	['hæ:və]
parque (m)	park (f)	['pɑ:k]
estufa (f)	drivhus (i)	['dʁiw,huˀs]
cuidar de ...	at tage vare	[ʌ 'tæˀ 'vɑːɑ]

piscina (f)	svømmebassin (i)	['svœməba͵sɛn]
ginásio (m)	gym (i)	['dʒy:mʔ]
campo (m) de ténis	tennisbane (f)	['tɛnis͵bæ:nə]
cinema (m)	hjemmebio (f)	['jɛmə͵bi:o]
garagem (f)	garage (f)	[gɑ'ʁɑːɕə]

propriedade (f) privada	privat ejendom (f)	[pʁi'væˀt 'ɑjən͵dʌmʔ]
terreno (m) privado	privat grund (f)	[pʁi'væˀt 'gʁɔnʔ]

advertência (f)	advarsel (f)	['að͵vɑ:səl]
sinal (m) de aviso	advarselsskilt (i)	['að͵vɑ:səls 'skelʔt]

guarda (f)	sikkerhed (f)	['sekʌ͵heðʔ]
guarda (m)	sikkerhedsvagt (f)	['sekʌ͵heðs 'vɑgt]
alarme (m)	tyverialarm (f)	[tywʌ'ʁi a'lɑˀm]

92. Castelo. Palácio

castelo (m)	slot (i), borg (f)	['slʌt], ['bɔˀw]
palácio (m)	palads (i)	[pa'las]
fortaleza (f)	fæstning (f)	['fɛstnen]
muralha (f)	mur (f)	['muɐ̯ʔ]
torre (f)	tårn (i)	['tɔˀn]
calabouço (m)	hovedtårn (i)	['ho:əð͵tɔˀn]

grade (f) levadiça	faldgitter (i)	['fal͵gitʌ]
passagem (f) subterrânea	underjordisk gang (f)	['ɔnʌ͵joɐ̯ˀdisk 'gɑŋʔ]
fosso (m)	voldgrav (f)	['vʌl͵gʁɑˀw]
corrente, cadeia (f)	kæde (f)	['kɛ:ðə]
seteira (f)	skydeskår (i)	['sky:ðə͵skɒʔ]

magnífico	pragtfuld	['pʁagt͵fulʔ]
majestoso	majestætisk	[majə'stɛˀtisk]
inexpugnável	uindtagelig	[uen'tæʔjəli]
medieval	middelalderlig	['miðəl͵alˀʌli]

93. Apartamento

apartamento (m)	lejlighed (f)	['lajli͵heðʔ]
quarto (m)	rum, værelse (i)	['ʁɔmʔ], ['væɐ̯ʌlsə]
quarto (m) de dormir	soveværelse (i)	['sɒwə͵væɐ̯ʌlsə]
sala (f) de jantar	spisestue (f)	['spi:sə͵stu:ə]
sala (f) de estar	dagligstue (f)	['dɑwli͵stu:ə]
escritório (m)	arbejdsværelse (i)	['ɑ:bajds͵væɐ̯ʌlsə]

antessala (f)	entre (f), forstue (f)	[ɑŋ'tʁɛ], ['fɒ͵stu:ə]
quarto (m) de banho	badeværelse (i)	['bæ:ðə͵væɐ̯ʌlsə]
toilette (lavabo)	toilet (i)	[toa'lɛt]

teto (m)	loft (i)	['lʌft]
chão, soalho (m)	gulv (i)	['gɔl]
canto (m)	hjørne (i)	['jœɐ̯ʔnə]

94. Apartamento. Limpeza

arrumar, limpar (vt)	at rydde	[ʌ 'ʁyðə]
guardar (no armário, etc.)	at lægge væk	[ʌ 'lɛgə 'vɛk]
pó (m)	støv (i)	['støˀw]
empoeirado	støvet	['stø:vəð]
limpar o pó	at tørre støv	[ʌ 'tœʁʌ 'støˀw]
aspirador (m)	støvsuger (f)	['støwˌsuˀʌ]
aspirar (vt)	at støvsuge	[ʌ 'støwˌsuˀə]

varrer (vt)	at feje	[ʌ 'fɑjə]
sujeira (f)	snavs (i)	['snɑwˀs]
arrumação (f), ordem (f)	orden (f)	['ɒˀdən]
desordem (f)	uorden (f)	['uˌɒˀdən]

esfregão (m)	moppe (f)	['mʌpə]
pano (m), trapo (m)	klud (f)	['kluðˀ]
vassoura (f)	fejekost (f)	['fɑjəˌkɔst]
pá (f) de lixo	fejeblad (i)	['fɑjəˌblað]

95. Mobiliário. Interior

mobiliário (m)	møbler (pl)	['møˀblʌ]
mesa (f)	bord (i)	['boˀɡ]
cadeira (f)	stol (f)	['stoˀl]
cama (f)	seng (f)	['sɛŋˀ]
divã (m)	sofa (f)	['so:fa]
cadeirão (m)	lænestol (f)	['lɛ:nəˌstoˀl]

estante (f)	bogskab (i)	['bowˌskæ:b]
prateleira (f)	hylde (f)	['hylə]

guarda-vestidos (m)	klædeskab (i)	['klɛ:ðəˌskæˀb]
cabide (m) de parede	knagerække (f)	['knæ:jəˌʁakə]
cabide (m) de pé	stumtjener (f)	['stɔmˌtjɛ:nʌ]

cómoda (f)	kommode (f)	[ko'mo:ðə]
mesinha (f) de centro	sofabord (i)	['so:faˌboˀɡ]

espelho (m)	spejl (i)	['spɑjˀl]
tapete (m)	tæppe (i)	['tɛpə]
tapete (m) pequeno	lille tæppe (i)	['lilə 'tɛpə]

lareira (f)	pejs (f), kamin (f)	['pɑjˀs], [ka'miˀn]
vela (f)	lys (i)	['lyˀs]
castiçal (m)	lysestage (f)	['lysəˌstæ:jə]

cortinas (f pl)	gardiner (i pl)	[ga'diˀnʌ]
papel (m) de parede	tapet (i)	[ta'peˀt]
estores (f pl)	persienne (f)	[pæɡ'ɕɛnə]

candeeiro (m) de mesa	bordlampe (f)	['boɡˌlampə]
candeeiro (m) de parede	væglampe (f)	['vɛgˌlampə]

| candeeiro (m) de pé | standerlampe (f) | ['stanʌˌlampə] |
| lustre (m) | lysekrone (f) | ['lysəˌkʁoːnə] |

pé (de mesa, etc.)	ben (i)	['beˀn]
braço (m)	armlæn (i)	['aˀmˌlɛˀn]
costas (f pl)	ryg (f), ryglæn (i)	['ʁœg], ['ʁœgˌlɛˀn]
gaveta (f)	skuffe (f)	['skɔfə]

96. Quarto de dormir

roupa (f) de cama	sengetøj (i)	['sɛŋəˌtʌj]
almofada (f)	pude (f)	['puːðə]
fronha (f)	pudebetræk (i)	['puːðə beˀtʁak]
cobertor (m)	dyne (f)	['dyːnə]
lençol (m)	lagen (i)	['læjˀən]
colcha (f)	sengetæppe (i)	['sɛŋəˌtɛpə]

97. Cozinha

cozinha (f)	køkken (i)	['køkən]
gás (m)	gas (f)	['gas]
fogão (m) a gás	gaskomfur (i)	['gasˌkɔmˈfuɐ̯ˀ]
fogão (m) elétrico	elkomfur (i)	['ɛlˌkɔmˈfuɐ̯ˀ]
forno (m)	bageovn (f)	['bæːjəˌɒwˀn]
forno (m) de micro-ondas	mikroovn (f)	['mikʁoˌɒwˀn]

frigorífico (m)	køleskab (i)	['køːləˌskæˀb]
congelador (m)	fryser (f)	['fʁyːsʌ]
máquina (f) de lavar louça	opvaskemaskine (f)	[ʌp'vaskə ma'skiːnə]

moedor (m) de carne	kødhakker (f)	['køðˌhakʌ]
espremedor (m)	juicepresser (f)	['dʒuːsˌpʁasʌ]
torradeira (f)	brødrister, toaster (f)	['bʁœðˌʁɛstʌ], ['tɔwstʌ]
batedeira (f)	mikser, mixer (f)	['meksʌ]

máquina (f) de café	kaffemaskine (f)	['kafə ma'skiːnə]
cafeteira (f)	kaffekande (f)	['kafəˌkanə]
moinho (m) de café	kaffekværn (f)	['kafəˌkvæɐ̯ˀn]

chaleira (f)	kedel (f)	['keðəl]
bule (m)	tekande (f)	['teˌkanə]
tampa (f)	låg (i)	['lɔˀw]
coador (m) de chá	tesi (f)	['teˀˌsiˀ]

colher (f)	ske (f)	['skeˀ]
colher (f) de chá	teske (f)	['teˀˌskeˀ]
colher (f) de sopa	spiseske (f)	['spiːsəˌskeˀ]
garfo (m)	gaffel (f)	['gafəl]
faca (f)	kniv (f)	['kniwˀ]

| louça (f) | service (i) | [sæɡ̊'viːsə] |
| prato (m) | tallerken (f) | [ta'læɡ̊kən] |

pires (m)	**underkop** (f)	['ɔnʌˌkʌp]
cálice (m)	**shotglas** (i)	['ɕʌtˌglas]
copo (m)	**glas** (i)	['glas]
chávena (f)	**kop** (f)	['kʌp]

açucareiro (m)	**sukkerskål** (f)	['sɔkʌˌskɔˀl]
saleiro (m)	**saltbøsse** (f)	['saltˌbøsə]
pimenteiro (m)	**peberbøsse** (f)	['pewʌˌbøsə]
manteigueira (f)	**smørskål** (f)	['smœɐ̯ˌskɔˀl]

panela, caçarola (f)	**gryde** (f)	['gʁyːðə]
frigideira (f)	**stegepande** (f)	['stɑjəˌpanə]
concha (f)	**slev** (f)	['slewˀ]
passador (m)	**dørslag** (i)	['dœɐ̯ˌslæˀj]
bandeja (f)	**bakke** (f)	['bɑkə]

garrafa (f)	**flaske** (f)	['flaskə]
boião (m) de vidro	**glasdåse** (f)	['glasˌdɔːsə]
lata (f)	**dåse** (f)	['dɔːsə]

abre-garrafas (m)	**oplukker** (f)	['ʌpˌlɔkʌ]
abre-latas (m)	**dåseåbner** (f)	['dɔːsəˌɔːbnʌ]
saca-rolhas (m)	**proptrækker** (f)	['pʁʌpˌtʁakʌ]
filtro (m)	**filter** (i)	['filˀtʌ]
filtrar (vt)	**at filtrere**	[ʌ fil'tʁɛˀʌ]

lixo (m)	**affald, skrald** (i)	['awˌfalˀ], ['skʁalˀ]
balde (m) do lixo	**skraldespand** (f)	['skʁɑləˌspanˀ]

98. Casa de banho

quarto (m) de banho	**badeværelse** (i)	['bæːðəˌvæɐ̯ʌlsə]
água (f)	**vand** (i)	['vanˀ]
torneira (f)	**hane** (f)	['hæːnə]
água (f) quente	**varmt vand** (i)	['vɑˀmt vanˀ]
água (f) fria	**koldt vand** (i)	['kʌlt vanˀ]

pasta (f) de dentes	**tandpasta** (f)	['tanˌpasta]
escovar os dentes	**at børste tænder**	[ʌ 'bœɐ̯stə 'tɛnʌ]
escova (f) de dentes	**tandbørste** (f)	['tanˌbœɐ̯stə]

barbear-se (vr)	**at barbere sig**	[ʌ bɑ'beˀʌ sɑj]
espuma (f) de barbear	**barberskum** (i)	[bɑ'beˀɐ̯ˌskɔmˀ]
máquina (f) de barbear	**skraber** (f)	['skʁɑːbʌ]

lavar (vt)	**at vaske**	[ʌ 'vaskə]
lavar-se (vr)	**at vaske sig**	[ʌ 'vaskə sɑj]
duche (m)	**brusebad** (i)	['bʁuːsəˌbað]
tomar um duche	**at tage brusebad**	[ʌ 'tæˀ 'bʁuːsəˌbað]

banheira (f)	**badekar** (i)	['bæːðəˌkɑ]
sanita (f)	**toiletkumme** (f)	[toa'lɛt 'kɔmə]
lavatório (m)	**håndvask** (i)	['hʌnˀˌvask]
sabonete (m)	**sæbe** (f)	['sɛːbə]

saboneteira (f)	sæbeskål (f)	['sɛ:bəˌskɔʔl]
esponja (f)	svamp (f)	['svɑmʔp]
champô (m)	shampoo (f)	['ɕæːmˌpuː]
toalha (f)	håndklæde (i)	['hʌnˌklɛ:ðə]
roupão (m) de banho	badekåbe (f)	['bæ:ðəˌkɔ:bə]

lavagem (f)	vask (f)	['vask]
máquina (f) de lavar	vaskemaskine (f)	['vaskə ma'ski:nə]
lavar a roupa	at vaske tøj	[ʌ 'vaskə 'tʌj]
detergente (m)	vaskepulver (i)	['vaskəˌpɔlʔvʌ]

99. Eletrodomésticos

televisor (m)	tv, fjernsyn (i)	['teʔˌveʔ], ['fjææɡnˌsyʔn]
gravador (m)	båndoptager (f)	['bɒnˌʌbtæʔʌ]
videogravador (m)	video (f)	['viʔdjo]
rádio (m)	radio (i)	['ʁɑʔdjo]
leitor (m)	afspiller (f)	['ɑwˌspelʔʌ]

projetor (m)	projektor (f)	[pʁo'ɕɛktʌ]
cinema (m) em casa	hjemmebio (f)	['jɛməˌbi:o]
leitor (m) de DVD	dvd-afspiller (f)	[deve'deʔ ɑw'spelʔʌ]
amplificador (m)	forstærker (f)	[fʌ'stæɡkʌ]
console (f) de jogos	spillekonsol (f)	['spelə kɔn'sʌlʔ]

câmara (f) de vídeo	videokamera (i)	['viʔdjo ˌkæʔməʁɑ]
máquina (f) fotográfica	kamera (i)	['kæʔməʁɑ]
câmara (f) digital	digitalkamera (i)	[digi'tæʔl ˌkæʔməʁɑ]

aspirador (m)	støvsuger (f)	['støwˌsuʔʌ]
ferro (m) de engomar	strygejern (i)	['stʁyəˌjææɡʔn]
tábua (f) de engomar	strygebræt (i)	['stʁyəˌbʁat]

telefone (m)	telefon (f)	[telə'foʔn]
telemóvel (m)	mobiltelefon (f)	[mo'bil telə'foʔn]
máquina (f) de escrever	skrivemaskine (f)	['skʁi:və ma'ski:nə]
máquina (f) de costura	symaskine (f)	['symaˌski:nə]

microfone (m)	mikrofon (f)	[mikʁo'foʔn]
auscultadores (m pl)	hovedtelefoner (f pl)	['ho:əð telə'foʔnʌ]
controlo remoto (m)	fjernbetjening (f)	['fjææɡn be'tjɛʔnen]

CD (m)	cd (f)	[se'deʔ]
cassete (f)	kassette (f)	[ka'sɛtə]
disco (m) de vinil	plade (f)	['plæ:ðə]

100. Reparações. Renovação

renovação (f)	renovering (f)	[ʁɛno've'ɡen]
renovar (vt), fazer obras	at renovere	[ʌ ʁɛno've'ʌ]
reparar (vt)	at reparere	[ʌ ʁɛpə'ʁɛʔʌ]
consertar (vt)	at bringe orden	[ʌ 'bʁɛŋə 'ɒʔdən]

refazer (vt)	at gøre om	[ʌ 'gœːʌ 'ʌmˀ]
tinta (f)	maling (f)	['mæːleŋ]
pintar (vt)	at male	[ʌ 'mæːlə]
pintor (m)	maler (f)	['mæːlʌ]
pincel (m)	pensel (f)	['pɛnˀsəl]

| cal (f) | hvidtekalk (f) | ['vidəˌkalk] |
| caiar (vt) | at hvidte | [ʌ 'vidə] |

papel (m) de parede	tapet (i)	[ta'peˀt]
colocar papel de parede	at tapetsere	[ʌ tɑpə'seˀʌ]
verniz (m)	fernis (f)	['fæɐ̯nis]
envernizar (vt)	at lakere	[ʌ la'keˀʌ]

101. Canalizações

água (f)	vand (i)	['vanˀ]
água (f) quente	varmt vand (i)	['vɑˀmt vanˀ]
água (f) fria	koldt vand (i)	['kʌlt vanˀ]
torneira (f)	hane (f)	['hæːnə]

gota (f)	dråbe (f)	['dʁɔːbə]
gotejar (vi)	at dryppe	[ʌ 'dʁœpə]
vazar (vt)	at lække	[ʌ 'lɛkə]
vazamento (m)	læk (f)	['lɛk]
poça (f)	pøl, pyt (f)	['pøˀl], ['pyt]

tubo (m)	rør (i)	['ʁɶˀɐ̯]
válvula (f)	ventil (f)	[vɛn'tiˀl]
entupir-se (vr)	at blive tilstoppet	[ʌ 'bliːə tel'stʌpəð]

ferramentas (f pl)	værktøjer (i pl)	['væɐ̯kˌtʌjʌ]
chave (f) inglesa	skiftenøgle (f)	['skiftəˌnʌjlə]
desenroscar (vt)	at skrue af	[ʌ 'skʁuːə 'æˀ]
enroscar (vt)	at skrue fast	[ʌ 'skʁuːə 'fast]

desentupir (vt)	at rense	[ʌ 'ʁansə]
canalizador (m)	blikkenslager (f)	['blekənˌslæˀjʌ]
cave (f)	kælder (f)	['kɛlʌ]
sistema (m) de esgotos	afløb (i)	['ɑwˌløˀb]

102. Fogo. Deflagração

incêndio (m)	ild (f)	['ilˀ]
chama (f)	flamme (f)	['flɑmə]
faísca (f)	gnist (f)	['gnist]
fumo (m)	røg (f)	['ʁʌjˀ]
tocha (f)	fakkel (f)	['fɑkəl]
fogueira (f)	bål (i)	['bɔˀl]

| gasolina (f) | benzin (f) | [bɛn'siˀn] |
| querosene (m) | petroleum (i, f) | [pe'tʁoˀljɔm] |

inflamável	brændbar	['bʁanˌbɑʔ]
explosivo	eksplosiv	['ɛksploˌsiwʔ]
PROIBIDO FUMAR!	RYGNING FORBUDT	['ʁyːneŋ fʌ'byʔð]

segurança (f)	sikkerhed (f)	['sekʌˌheðʔ]
perigo (m)	fare (f)	['faːɑ]
perigoso	farlig	['faːli]

incendiar-se (vr)	at gå ild i ...	[ʌ gɔʔ 'ilʔ i ...]
explosão (f)	eksplosion (f)	[ɛksplo'ɕoʔn]
incendiar (vt)	at sætte ild	[ʌ 'sɛtə ilʔ]
incendiário (m)	brandstifter (f)	['bʁanˌsteftʌ]
incêndio (m) criminoso	brandstiftelse (f)	['bʁanˌsteftəlsə]

arder (vi)	at flamme	[ʌ 'flamə]
queimar (vi)	at brænde	[ʌ 'bʁanə]
queimar tudo (vi)	at brænde ned	[ʌ 'bʁanə 'neðʔ]

chamar os bombeiros	at tilkalde brandvæsenet	[ʌ 'telˌkalʔə 'bʁanˌvɛ'snəð]
bombeiro (m)	brandmand (f)	['bʁanˌman]
carro (m) de bombeiros	brandbil (f)	['bʁanˌbiʔl]
corpo (m) de bombeiros	brandkorps (i)	['bʁanˌkɒːps]
escada (f) extensível	redningsstige (f)	['ʁɛðneŋsˌstiːə]

mangueira (f)	slange (f)	['slaŋə]
extintor (m)	brandslukker (f)	['bʁanˌslɔkʌ]
capacete (m)	hjelm (f)	['jɛlʔm]
sirene (f)	sirene (f)	[si'ʁɛːnə]

gritar (vi)	at skrige	[ʌ 'skʁiːə]
chamar por socorro	at råbe på hjælp	[ʌ 'ʁɔːbə pɔ 'jɛlʔp]
salvador (m)	redder (f)	['ʁɛðʌ]
salvar, resgatar (vt)	at redde	[ʌ 'ʁɛðə]

chegar (vi)	at ankomme	[ʌ 'anˌkʌmʔə]
apagar (vt)	at slukke	[ʌ 'slɔkə]
água (f)	vand (i)	['vanʔ]
areia (f)	sand (i)	['sanʔ]

ruínas (f pl)	ruiner (f pl)	[ʁu'iʔnʌ]
ruir (vi)	at styrte sammen	[ʌ 'styɡtə 'samʔən]
desmoronar (vi)	at styrte ned	[ʌ 'styɡtə 'neðʔ]
desabar (vi)	at styrte sammen	[ʌ 'styɡtə 'samʔən]

| fragmento (m) | brokke (f) | ['bʁʌkə] |
| cinza (f) | aske (f) | ['askə] |

| sufocar (vi) | at kvæles | [ʌ 'kvɛːləs] |
| perecer (vi) | at omkomme | [ʌ 'ʌmˌkʌmʔə] |

ATIVIDADES HUMANAS

Emprego. Negócios. Parte 1

103. Escritório. O trabalho no escritório

escritório (~ de advogados)	kontor (i)	[kɔn'to'ɐ̯]
escritório (do diretor, etc.)	kontor (i)	[kɔn'to'ɐ̯]
receção (f)	reception (f)	[ʁɛsəp'ɕo'n]
secretário (m)	sekretær (f)	[sekʁə'tɛ'ɐ̯]
secretária (f)	sekretær (f)	[sekʁə'tɛ'ɐ̯]
diretor (m)	direktør (f)	[diɐ̯ək'tø'ɐ̯]
gerente (m)	manager (f)	['manidjʌ]
contabilista (m)	bogholder (f)	['bɔw,hʌlʌ]
empregado (m)	ansat (f)	['ansət]
mobiliário (m)	møbler (pl)	['mø'blʌ]
mesa (f)	bord (i)	['bo'ɐ̯]
cadeira (f)	arbejdsstol (f)	['ɑːbɑjds,sto'l]
bloco (m) de gavetas	skuffeboks (f)	['skɔfə,bʌks]
cabide (m) de pé	stumtjener (f)	['stɔm,tjɛːnʌ]
computador (m)	computer (f)	[kʌm'pju:tʌ]
impressora (f)	skriver, printer (f)	['skʁiːvʌ], ['pʁɛntʌ]
fax (m)	fax (f)	['fɑks]
fotocopiadora (f)	kopimaskine (f)	[ko'pi ma'ski:nə]
papel (m)	papir (i)	[pa'piɐ̯']
artigos (m pl) de escritório	kontorartikler (f pl)	[kɔn'to'ɐ̯,a'tiklʌ]
tapete (m) de rato	musemåtte (f)	['mu:sə,mʌtə]
folha (f) de papel	ark (i)	['ɑːk]
pasta (f)	mappe (f)	['mɑpə]
catálogo (m)	katalog (i, f)	[kata'lo']
diretório (f) telefónico	telefonbog (f)	[telə'foːn,bɔ'w]
documentação (f)	dokumentation (f)	[dokumɛnta'ɕo'n]
brochura (f)	brochure (f)	[bʁo'ɕy:ʌ]
flyer (m)	reklameblad (i)	[ʁɛ'klæːmə,blað]
amostra (f)	prøve (f)	['pʁœ:wə]
formação (f)	træning (f)	['tʁɛ:neŋ]
reunião (f)	møde (i)	['mø:ðə]
hora (f) de almoço	frokostpause (f)	['fʁɔkʌst,pɑwsə]
fazer uma cópia	at lave en kopi	[ʌ 'læ:və en ko'pi']
tirar cópias	at kopiere	[ʌ ko'pje'ʌ]
receber um fax	at modtage en fax	[ʌ 'moð,tæ' en 'fɑks]
enviar um fax	at sende en fax	[ʌ 'sɛnə en 'fɑks]

fazer uma chamada	at ringe	[ʌ 'ʁɛŋə]
responder (vt)	at svare	[ʌ 'svɑːɑ]
passar (vt)	at give ...	[ʌ 'giˀ ...]
marcar (vt)	at arrangere	[ʌ ɑɑŋˈɕeˀʌ]
demonstrar (vt)	at demonstrere	[ʌ demɒnˈstʁɛˀʌ]
estar ausente	at være fraværende	[ʌ 'vɛːʌ 'fʁɑˌvɛˀʌnə]
ausência (f)	fravær (i)	['fʁɑˌvɛˀɐ̯]

104. Processos negociais. Parte 1

negócio (m)	forretning (f)	[fʌˈʁatneŋ]
ocupação (f)	erhverv (i), stilling (f)	[æɐ̯ˈvæɐ̯ˀw], ['stelen]
firma, empresa (f)	firma (i)	['fiɐ̯ma]
companhia (f)	selskab (i)	['sɛlˌskæˀb]
corporação (f)	korporation (f)	[kɒpoʁɑˈɕoˀn]
empresa (f)	foretagende (i)	['foːɒˌtæˀjənə]
agência (f)	agentur (i)	[agɛnˈtuɐ̯ˀ]
acordo (documento)	aftale (f)	['ɑwˌtæːlə]
contrato (m)	kontrakt (f)	[kɒnˈtʁɑkt]
acordo (transação)	aftale (f)	['ɑwˌtæːlə]
encomenda (f)	bestilling (f)	[beˈstelˀen]
cláusulas (f pl), termos (m pl)	vilkår (i)	['vilˌkɒˀ]
por grosso (adv)	en gros	[ɑŋˈgʁo]
por grosso (adj)	engros-	[ɑŋˈgʁo-]
venda (f) por grosso	engroshandel (f)	[ɑŋˈgʁoˌhanˀəl]
a retalho	detail-	[deˈtajl-]
venda (f) a retalho	detailhandel (f)	[deˈtajlˌhanˀel]
concorrente (m)	konkurrent (f)	[kʌŋkoˈʁanˀt]
concorrência (f)	konkurrence (f)	[kʌŋkoˈʁaŋsə]
competir (vi)	at konkurrere	[ʌ kʌŋkoˈʁɛˀʌ]
sócio (m)	partner (f)	['paːtnʌ]
parceria (f)	partnerskab (i)	['paːtnʌˌskæˀb]
crise (f)	krise (f)	['kʁiˀsə]
bancarrota (f)	konkurs (f)	[kʌŋˈkuɐ̯ˀs]
entrar em falência	at gå konkurs	[ʌ 'gɔˀ kʌŋˈkuɐ̯ˀs]
dificuldade (f)	vanskelighed (f)	['vanskəliˌheðˀ]
problema (m)	problem (i)	[pʁoˈbleˀm]
catástrofe (f)	katastrofe (f)	[kataˈstʁoːfə]
economia (f)	økonomi (f)	[økonoˈmiˀ]
económico	økonomisk	[økoˈnoˀmisk]
recessão (f) económica	økonomisk nedgang (f)	[økoˈnoˀmisk 'neðˌgaŋˀ]
objetivo (m)	mål (i)	['mɔˀl]
tarefa (f)	opgave (f)	['ʌpˌgæːvə]
comerciar (vi, vt)	at handle	[ʌ 'hanlə]
rede (de distribuição)	netværk (i)	['nɛtˌvæɐ̯k]

| estoque (m) | lager (i) | ['læˀjʌ] |
| sortimento (m) | sortiment (i) | [sɒti'mɑŋ] |

líder (m)	leder (f)	['le:ðʌ]
grande (~ empresa)	stor	['stoˀɐ̯]
monopólio (m)	monopol (i)	[mono'poˀl]

teoria (f)	teori (f)	[teo'ʁiˀ]
prática (f)	praksis (f)	['pʁɑksis]
experiência (falar por ~)	erfaring (f)	[æɐ̯'fɑˀeŋ]
tendência (f)	tendens (f)	[tɛn'dɛnˀs]
desenvolvimento (m)	udvikling (f)	['uð‚vekleŋ]

105. Processos negociais. Parte 2

| rentabilidade (f) | udbytte (i), fordel (f) | ['uð‚bytə], ['fɒ:‚deˀl] |
| rentável | fordelagtig | [fɒdel'ɑgdi] |

delegação (f)	delegation (f)	[deləga'ɕoˀn]
salário, ordenado (m)	løn (f)	['lœnˀ]
corrigir (um erro)	at rette	[ʌ 'ʁatə]
viagem (f) de negócios	forretningsrejse (f)	[fʌ'ʁatneŋs‚ʁɑjsə]
comissão (f)	provision (f)	[pʁovi'ɕoˀn]

controlar (vt)	at kontrollere	[ʌ kʌntʁo'leˀʌ]
conferência (f)	konference (f)	[kʌnfə'ʁɑŋsə]
licença (f)	licens (f)	[li'sɛnˀs]
confiável	pålidelig	[pʌ'liðˀəli]

empreendimento (m)	initiativ (i)	[enitia'tiwˀ]
norma (f)	norm (f)	['nɒˀm]
circunstância (f)	omstændighed (f)	[ʌm'stɛnˀdi‚heðˀ]
dever (m)	pligt (f)	['plegt]

empresa (f)	organisation (f)	[ɒganisa'ɕoˀn]
organização (f)	organisering (fⁿ	[ɒgani'seˀɐ̯eŋ]
organizado	organiseret	[ɒgani'seˀʌð]
anulação (f)	annullering (f)	[anu'leˀʁeŋ]
anular, cancelar (vt)	at aflyse, at annullere	[ʌ 'aw‚lyˀsə], [ʌ anu'leˀʌ]
relatório (m)	rapport (f)	[ʁɑ'pɒːt]

patente (f)	patent (i)	[pa'tɛnˀt]
patentear (vt)	at patentere	[ʌ patən'teˀʌ]
planear (vt)	at planlægge	[ʌ 'plæ:n‚lɛgə]

prémio (m)	bonus (f), gratiale (i)	['bo:nus], [gʁɑti'æ:lə]
profissional	professionel	[pʁo'fɛɕo‚nɛlˀ]
procedimento (m)	procedure (f)	[pʁosə'dy:ʌ]

examinar (a questão)	at undersøge	[ʌ 'ɔnʌ‚sø:jə]
cálculo (m)	beregning (f)	[be'ʁɑjˀneŋ]
reputação (f)	rygte (i)	['ʁœgtə]
risco (m)	risiko (f)	['ʁisiko]
dirigir (~ uma empresa)	at styre, at lede	[ʌ 'sty:ʌ], [ʌ 'le:ðə]

informação (f)	oplysninger (f pl)	['ʌpˌlyˀsneŋʌ]
propriedade (f)	ejendom (f)	['ajenˌdʌmˀ]
união (f)	forbund (i)	['fɔːˌbɔnˀ]

seguro (m) de vida	livsforsikring (f)	['liwsfʌˌsekʁɛŋ]
fazer um seguro	at forsikre	[ʌ fʌ'sekʁʌ]
seguro (m)	forsikring (f)	[fʌ'sekʁɛŋ]

leilão (m)	auktion (f)	[awk'ɕoˀn]
notificar (vt)	at underrette	[ʌ 'ɔnʌˌʁatə]
gestão (f)	ledelse (f)	['leːðəlsə]
serviço (indústria de ~s)	tjeneste (f)	['tjɛːnəstə]

fórum (m)	forum (i)	['foːʁɔm]
funcionar (vi)	at fungere	[ʌ foŋ'geˀʌ]
estágio (m)	etape (f)	[e'tapə]
jurídico	juridisk	[ju'ʁiðˀisk]
jurista (m)	jurist (f)	[ju'ʁist]

106. Produção. Trabalhos

usina (f)	værk (i)	['væɐ̯̊k]
fábrica (f)	fabrik (f)	[fa'bʁɛk]
oficina (f)	værksted (i)	['væɐ̯̊kˌstɛð]
local (m) de produção	produktionssted (i)	[pʁodok'ɕoˀnˌstɛð]

indústria (f)	industri (f)	[endu'stʁiˀ]
industrial	industriel	[endusdʁi'ɛlˀ]
indústria (f) pesada	tung industri (f)	['toŋ enduˌstʁiˀ]
indústria (f) ligeira	let industri (f)	[ˌlɛt endu'stʁiˀ]

produção (f)	produktion (f)	[pʁodok'ɕoˀn]
produzir (vt)	at producere	[ʌ pʁodu'seˀʌ]
matérias-primas (f pl)	råstoffer (i pl)	['ʁʌˌstʌfʌ]

chefe (m) de brigada	sjakbajs (f)	['ɕakˌbajˀs]
brigada (f)	sjak (i)	['ɕak]
operário (m)	arbejder (f)	['aːˌbajˀdʌ]

dia (m) de trabalho	arbejdsdag (f)	['aːbajdsˌdæˀ]
pausa (f)	hvilepause (f)	['viːləˌpawsə]
reunião (f)	møde (i)	['møːðə]
discutir (vt)	at drøfte, at diskutere	[ʌ 'dʁœftə], [ʌ disku'teˀʌ]

plano (m)	plan (f)	['plæˀn]
cumprir o plano	at opfylde planen	[ʌ 'ʌpˌfylˀə 'plæːnən]
taxa (f) de produção	produktionsmål (i)	[pʁodok'ɕoˀns mɔlˀ]
qualidade (f)	kvalitet (f)	[kvali'teˀt]
controlo (m)	kontrol (f)	[kɔn'tʁʌlˀ]
controlo (m) da qualidade	kvalitetskontrol (f)	[kvali'teˀt kɔn'tʁʌlˀ]

segurança (f) no trabalho	arbejdssikkerhed (f)	['aːbajds 'sekʌˌheðˀ]
disciplina (f)	disciplin (f)	[disip'liˀn]
infração (f)	brud (i)	['bʁuð]

violar (as regras)	at bryde	[ʌ 'bʁy:ðə]
greve (f)	strejke (f)	['stʁɑjkə]
grevista (m)	strejkende (f)	['stʁɑjkɛnə]
estar em greve	at strejke	[ʌ 'stʁɑjkə]
sindicato (m)	fagforening (f)	['fɑwfʌˌe'neŋ]

inventar (vt)	at opfinde	[ʌ 'ʌpˌfen'ə]
invenção (f)	opfindelse (f)	['ʌpˌfen'əlsə]
pesquisa (f)	forskning (f)	['fɔ:skneŋ]
melhorar (vt)	at forbedre	[ʌ fʌ'bɛð'ʁʌ]
tecnologia (f)	teknologi (f)	[tɛknolo'gi']
desenho (m) técnico	teknisk tegning (f)	['tɛknisk 'tɑjneŋ]

carga (f)	last (f)	['last]
carregador (m)	lastearbejder (f)	['lastə'a:ˌbɑj'dʌ]
carregar (vt)	at laste	[ʌ 'lastə]
carregamento (m)	lastning (f)	['lɑ:stneŋ]
descarregar (vt)	at læsse af	[ʌ 'lɛsə 'æ']
descarga (f)	aflæsning (f)	['awˌlɛ'sneŋ]

transporte (m)	transport (f)	[tʁɑns'pɔ:t]
companhia (f) de transporte	transportfirma (i)	[tʁɑns'pɔ:tˌfiɐ̯ma]
transportar (vt)	at transportere	[ʌ tʁɑnspɔ'te'ʌ]

vagão (m) de carga	godsvogn (f)	['gɔs 'vɒw'n]
cisterna (f)	tank (f)	['taŋ'k]
camião (m)	lastbil (f)	['lastˌbi'l]

| máquina-ferramenta (f) | værktøjsmaskine (f) | ['væɐ̯kˌtʌjs ma'ski:nə] |
| mecanismo (m) | mekanisme (f) | [meka'nismə] |

resíduos (m pl) industriais	industrielt affald (i)	[endusdʁi'ɛl't 'awˌfal']
embalagem (f)	pakning (f)	['pakneŋ]
embalar (vt)	at pakke	[ʌ 'pakə]

107. Contrato. Acordo

contrato (m)	kontrakt (f)	[kɔn'tʁakt]
acordo (m)	aftale (f)	['awˌtæ:lə]
adenda (f), anexo (m)	tillæg, bilag (i)	['teˌlɛ'g], ['biˌlæ'j]

assinar o contrato	at indgå kontrakt	[ʌ 'enˌgɔ' kɔn'tʁakt]
assinatura (f)	signatur, underskrift (f)	[sina'tuɐ̯'], ['ɔnʌˌskʁɛft]
assinar (vt)	at underskrive	[ʌ 'ɔnʌˌskʁi'və]
carimbo (m)	stempel (i)	['stɛm'pəl]

objeto (m) do contrato	kontraktens genstand (f)	[kɔn'tʁaktəns 'gɛnˌstan']
cláusula (f)	klausul (f)	[klaw'su'l]
partes (f pl)	parter (f pl)	['pa'tʌ]
morada (f) jurídica	juridisk adresse (f)	[ju'ʁið'isk a'dʁasə]

violar o contrato	at bryde kontrakten	[ʌ 'bʁy:ðə kɔn'tʁaktən]
obrigação (f)	forpligtelse (f)	[fʌ'plegtəlsə]
responsabilidade (f)	ansvar (i)	['anˌsvɑ']

força (f) maior	force majeure (f)	[ˌfɔːsmaˈɕœːɡ]
litígio (m), disputa (f)	strid (f)	[ˈstʁiðˀ]
multas (f pl)	strafafgifter (f pl)	[ˈstʁaf ˈawˌgiftʌ]

108. Importação & Exportação

importação (f)	import (f)	[emˈpɒːt]
importador (m)	importør (f)	[empɒˈtøˀɡ]
importar (vt)	at importere	[ʌ empɒˈteˀʌ]
de importação	import-	[emˈpɒːt-]

exportação (f)	eksport (f)	[ɛksˈpɒːt]
exportador (m)	eksportør (f)	[ɛkspɒˈtøˀɡ]
exportar (vt)	at eksportere	[ʌ ɛkspɒˈteˀʌ]
de exportação	eksport-	[ɛksˈpɒːt-]

mercadoria (f)	vare (f)	[ˈvɑːɑ]
lote (de mercadorias)	parti (i)	[pɑˈtiˀ]

peso (m)	vægt (f)	[ˈvɛgt]
volume (m)	rumfang (i)	[ˈʁɔmˌfɑŋˀ]
metro (m) cúbico	kubikmeter (f)	[kuˈbikˌmeˀtʌ]

produtor (m)	producent (f)	[pʁoduˈsɛnˀt]
companhia (f) de transporte	transportfirma (i)	[tʁansˈpɒːtˌfiɡma]
contentor (m)	container (f)	[kʌnˈtɛjnʌ]

fronteira (f)	grænse (f)	[ˈgʁansə]
alfândega (f)	told (f)	[ˈtʌlˀ]
taxa (f) alfandegária	toldafgift (f)	[ˈtʌl ˈawˌgift]
funcionário (m) da alfândega	toldbetjent (f)	[ˈtʌl beˈtjɛnˀt]
contrabando (atividade)	smugleri (i)	[ˌsmuːlʌˈʁiˀ]
contrabando (produtos)	smuglergods (i)	[ˈsmuːlʌˌgɔs]

109. Finanças

ação (f)	aktie (f)	[ˈakɕə]
obrigação (f)	obligation (f)	[obligaˈɕoˀn]
nota (f) promissória	veksel (f)	[ˈvɛksəl]

bolsa (f)	børs (f)	[ˈbøɡˀs]
cotação (m) das ações	aktiekurs (f)	[ˈakɕeˌkuɡˀs]

tornar-se mais barato	at gå ned	[ʌ gɔˀ ˈneðˀ]
tornar-se mais caro	at gå op	[ʌ gɔˀ ˈʌp]

parte (f)	aktiebeholdning (f)	[ˈakɕə beˈhʌlˀnen]
participação (f) maioritária	aktiemajoritet (f)	[ˈakɕə majʌiˈteˀt]
investimento (m)	investering (f)	[envəˈsteˀɡen]
investir (vt)	at investere	[ʌ envəˈsteˀʌ]
percentagem (f)	procent (f)	[pʁoˈsɛnˀt]
juros (m pl)	rente (f)	[ˈʁantə]

lucro (m)	profit, fortjeneste (f)	[pʁoˈfit], [fʌˈtjɛˈnəstə]
lucrativo	profitabel	[pʁofiˈtæˈbəl]
imposto (m)	skat (f)	[ˈskat]

divisa (f)	valuta (f)	[vaˈluta]
nacional	national	[naɕoˈnæˈl]
câmbio (m)	veksling (f)	[ˈvɛksleŋ]

| contabilista (m) | bogholder (f) | [ˈbɔwˌhʌlʌ] |
| contabilidade (f) | bogholderi (i) | [bɔwhʌlʌˈʁiˀ] |

bancarrota (f)	konkurs (f)	[kʌŋˈkuɐ̯ˀs]
falência (f)	krak (i)	[ˈkʁak]
ruína (f)	ruin (f)	[ʁuˈiˀn]
arruinar-se (vr)	at blive ruineret	[ʌ ˈbliːə ʁuiˈneˈʌð]
inflação (f)	inflation (f)	[enflaˈɕoˀn]
desvalorização (f)	devaluering (f)	[devaluˈeˈɡ̊eŋ]

capital (m)	kapital (f)	[kapiˈtæˈl]
rendimento (m)	indkomst (f)	[ˈenˌkʌmˀst]
volume (m) de negócios	omsætning (f)	[ˈʌmˌsɛtneŋ]
recursos (m pl)	ressourcer (f pl)	[ʁɛˈsuɐ̯sʌ]
recursos (m pl) financeiros	pengemidler (pl)	[ˈpɛŋəˌmiðlʌ]

| despesas (f pl) gerais | faste udgifter (f pl) | [ˈfastə ˈuðˌgiftʌ] |
| reduzir (vt) | at reducere | [ʌ ʁɛduˈseˈʌ] |

110. Marketing

marketing (m)	markedsføring (f)	[ˈmɑːkəðˌføˈɡ̊eŋ]
mercado (m)	marked (i)	[ˈmɑːkəð]
segmento (m) do mercado	markedssegment (i)	[ˈmɑːkəðs segˈmɛnˀt]
produto (m)	produkt (i)	[pʁoˈdɔkt]
mercadoria (f)	vare (f)	[ˈvɑːɑ]

marca (f)	mærke (i)	[ˈmæɡ̊kə]
marca (f) comercial	varemærke (i)	[ˈvɑːɑˌmæɡ̊kə]
logotipo (m)	firmamærke (i)	[ˈfiɡ̊maˌmæɡ̊kə]
logo (m)	logo (i, f)	[ˈloːgo]

demanda (f)	efterspørgsel (f)	[ˈɛftʌˌspɶɡ̊səl]
oferta (f)	udbud (i)	[ˈuðˌbuð]
necessidade (f)	behov (i)	[beˈhɒw]
consumidor (m)	konsument, forbruger (f)	[kʌnsuˈmɛnˀt], [fʌˈbʁuˀʌ]

| análise (f) | analyse (f) | [anaˈlyːsə] |
| analisar (vt) | at analysere | [ʌ analyˈseˈʌ] |

| posicionamento (m) | positionering (f) | [posiɕoˈneˈʁeŋ] |
| posicionar (vt) | at positionere | [ʌ posiɕoˈneˈʌ] |

preço (m)	pris (f)	[ˈpʁiˀs]
política (f) de preços	prispolitik (f)	[ˈpʁis poliˈtik]
formação (f) de preços	prisdannelse (f)	[ˈpʁisˌdanəlsə]

111. Publicidade

publicidade (f)	reklame (f)	[ʁɛ'klæ:mə]
publicitar (vt)	at reklamere	[ʌ ʁɛkla'me'ʌ]
orçamento (m)	budget (i)	[by'ɕɛt]
anúncio (m) publicitário	annonce (f)	[a'nʌŋsə]
publicidade (f) televisiva	tv-reklame (f)	['te,ve ʁɛ'klæ:mə]
publicidade (f) na rádio	radioreklame (f)	['ʁadjo ʁɛ'klæ:mə]
publicidade (f) exterior	udendørs reklame (f)	['uðən,dœɐ̯'s ʁɛ'klæ:mə]
comunicação (f) de massa	massemedier (i pl)	['mase,me'djʌ]
periódico (m)	tidsskrift (i)	['tiðs,skʁɛft]
imagem (f)	image (i)	['imidɕ]
slogan (m)	slogan (i)	['slo:gan]
mote (m), divisa (f)	motto (f)	['mʌto]
campanha (f)	kampagne (f)	[kam'panjə]
companha (f) publicitária	reklamekampagne (f)	[ʁɛ'klæ:mə kam'panjə]
grupo (m) alvo	målgruppe (f)	['mɔ:l,gʁupə]
cartão (m) de visita	visitkort (i)	[vi'sit,kɔ:t]
flyer (m)	reklameblad (i)	[ʁɛ'klæ:mə,blað]
brochura (f)	brochure (f)	[bʁo'ɕy:ʌ]
folheto (m)	folder (f)	['fʌlʌ]
boletim (~ informativo)	nyhedsbrev (i)	['nyheð,bʁɛw']
letreiro (m)	skilt (i)	['skel'̩t]
cartaz, póster (m)	poster (f)	['pɔwstʌ]
painel (m) publicitário	reklameskilt (i)	[ʁɛ'klæ:mə,skel'̩t]

112. Banca

banco (m)	bank (f)	['baŋ'̩k]
sucursal, balcão (f)	afdeling (f)	['aw,de'leŋ]
consultor (m)	konsulent (f)	[kʌnsu'lɛn'̩t]
gerente (m)	forretningsfører (f)	[fʌ'ʁatneŋs,fø:ʌ]
conta (f)	bankkonto (f)	['baŋ'̩k,kʌnto]
número (m) da conta	kontonummer (i)	['kʌnto,nɔm'̩ʌ]
conta (f) corrente	checkkonto (f)	['ɕɛk,kʌnto]
conta (f) poupança	opsparingskonto (f)	['ʌp,spa'eŋs ,kʌnto]
abrir uma conta	at åbne en konto	[ʌ 'ɔ:bnə en 'kʌnto]
fechar uma conta	at lukke kontoen	[ʌ 'lɔkə 'kʌnto:ən]
depositar na conta	at sætte ind på kontoen	[ʌ 'sɛtə 'en' pɔ 'kʌnto:ən]
levantar (vt)	at hæve fra kontoen	[ʌ 'hɛ:və fʁa 'kʌnto:ən]
depósito (m)	indskud (i)	['en,skuð]
fazer um depósito	at indsætte	[ʌ 'en,sɛtə]
transferência (f) bancária	overførelse (f)	['ɔwʌ,fø:ʌlsə]

transferir (vt)	at overføre	[ʌ 'ɒwʌˌføˀʌ]
soma (f)	sum (f)	['sɔmˀ]
Quanto?	Hvor meget?	[vɒˀ 'maɑð]

| assinatura (f) | signatur, underskrift (f) | [sina'tuɐ̯ˀ], ['ɔnʌˌskʁɛft] |
| assinar (vt) | at underskrive | [ʌ 'ɔnʌˌskʁiˀvə] |

cartão (m) de crédito	kreditkort (i)	[kʁɛ'dit kɒːt]
código (m)	kode (f)	['koːðə]
número (m)	kreditkortnummer (i)	[kʁɛ'dit kɒːt 'nɔmˀʌ]
do cartão de crédito		
Caixa Multibanco (m)	pengeautomat (f)	['pɛŋə ɑwto'mæˀt]

cheque (m)	check (f)	['ɕɛk]
passar um cheque	at skrive en check	[ʌ 'skʁiːvə en 'ɕɛk]
livro (m) de cheques	checkhæfte (i)	['ɕɛkˌhɛftə]

empréstimo (m)	lån (i)	['lɔˀn]
pedir um empréstimo	at ansøge om lån	[ʌ 'anˌsøːə ɒm 'lɔˀn]
obter um empréstimo	at få et lån	[ʌ 'fɔˀ et 'lɔˀn]
conceder um empréstimo	at yde et lån	[ʌ 'yːðə et 'lɔˀn]
garantia (f)	garanti (f)	[gɑɑn'tiˀ]

113. Telefone. Conversação telefónica

telefone (m)	telefon (f)	[telə'foˀn]
telemóvel (m)	mobiltelefon (f)	[mo'bil telə'foˀn]
secretária (f) electrónica	telefonsvarer (f)	[telə'foːnˌsvɑːɑ]

| fazer uma chamada | at ringe | [ʌ 'ʁɛŋə] |
| chamada (f) | telefonsamtale (f) | [telə'foːn 'samˌtæːlə] |

marcar um número	at taste et nummer	[ʌ 'taste et 'nɔmˀʌ]
Alô!	Hallo!	[ha'lo]
perguntar (vt)	at spørge	[ʌ 'spœɐ̯ʌ]
responder (vt)	at svare	[ʌ 'svɑːɑ]

ouvir (vt)	at høre	[ʌ 'hø:ʌ]
bem	godt	['gʌt]
mal	dårligt	['dɒːlit]
ruído (m)	støj (f)	['stʌjˀ]

auscultador (m)	telefonrør (i)	[telə'foːnˌʁœˀɐ̯]
pegar o telefone	at tage telefonen	[ʌ 'tæˀ telə'foˀnən]
desligar (vi)	at lægge på	[ʌ 'lɛgə pɔˀ]

ocupado	optaget	['ʌpˌtæˀj]
tocar (vi)	at ringe	[ʌ 'ʁɛŋə]
lista (f) telefónica	telefonbog (f)	[telə'foːnˌbɔˀw]
local	lokal-	[lo'kæl-]
chamada (f) local	lokalopkald (i)	[lo'kæˀl 'ʌpˌkalˀ]
de longa distância	fjern-	['fjæɐ̯n-]
chamada (f) de longa distância	fjernopkald (i)	['fjæɐ̯n 'ʌpˌkalˀ]

| internacional | international | ['entʌnaço,næ'l] |
| chamada (f) internacional | internationalt opkald (i) | ['entʌnaço,næ'lt 'ʌp,kal'] |

114. Telefone móvel

telemóvel (m)	mobiltelefon (f)	[mo'bil telə'fo'n]
ecrã (m)	skærm (f)	['skæɡ'm]
botão (m)	knap (f)	['knap]
cartão SIM (m)	SIM-kort (i)	['sem,kɒ:t]

bateria (f)	batteri (i)	[batʌ'ʁi']
descarregar-se	at blive afladet	[ʌ 'bli:ə 'aw,læ'ðəð]
carregador (m)	oplader (f)	['ʌpl,læ'ðʌ]

| menu (m) | menu (f) | [me'ny] |
| definições (f pl) | indstillinger (f pl) | ['en,stel'eŋʌ] |

| melodia (f) | melodi (f) | [melo'di'] |
| escolher (vt) | at vælge | [ʌ 'vɛljə] |

calculadora (f)	lommeregner (f)	['lʌmə,ʁajnʌ]
correio (m) de voz	telefonsvarer (f)	[telə'fo:n,svɑ:ɑ]
despertador (m)	vækkeur (i)	['vɛkə,uɡ']
contatos (m pl)	kontakter (f pl)	[kɔn'taktʌ]

| mensagem (f) de texto | SMS (f) | [ɛsɛm'ɛs] |
| assinante (m) | abonnent (f) | [abo'nɛn't] |

115. Estacionário

| caneta (f) | kuglepen (f) | ['ku:lə,pɛn'] |
| caneta (f) tinteiro | fyldepen (f) | ['fylə,pɛn'] |

lápis (m)	blyant (f)	['bly:,an't]
marcador (m)	mærkepen (f)	[mɑ'køɡ,pɛn']
caneta (f) de feltro	tuschpen (f)	['tuç,pɛn']

| bloco (m) de notas | notesblok (f) | ['no:təs,blʌk] |
| agenda (f) | dagbog (f) | ['daw,bɔ'w] |

régua (f)	lineal (f)	[line'æ'l]
calculadora (f)	regnemaskine (f)	['ʁajnə ma'ski:nə]
borracha (f)	viskelæder (i)	['veskə,lɛð'ʌ]

| pionés (m) | tegnestift (f) | ['tajnə,steft] |
| clipe (m) | clips (i) | ['kleps] |

| cola (f) | lim (f) | ['li'm] |
| agrafador (m) | hæftemaskine (f) | ['hɛfta ma'ski:nə] |

| furador (m) | hullemaskine (f) | ['hɔlə ma'ski:nə] |
| afia-lápis (m) | blyantspidser (f) | ['bly:ant,spesʌ] |

116. Vários tipos de documentos

relatório (m)	rapport (f)	[ʁɑ'pɒ:t]
acordo (m)	aftale (f)	['ɑwˌtæ:lə]
ficha (f) de inscrição	ansøgningsskema (i)	['anˌsøj'neŋsˌske:ma]
autêntico	ægte	['ɛgtə]
crachá (m)	badge (i, f)	['badɕ]
cartão (m) de visita	visitkort (i)	[vi'sitˌkɒ:t]

certificado (m)	certifikat (i)	[sæɐ̯tifi'kæˀt]
cheque (m)	check (f)	['ɕɛk]
conta (f)	regning (f)	['ʁɑjneŋ]
constituição (f)	konstitution (f)	[kʌnstitu'ɕoˀn]

contrato (m)	aftale (f)	['ɑwˌtæ:lə]
cópia (f)	kopi (f)	[ko'piˀ]
exemplar (m)	eksemplar (i)	[ɛksəm'plɑˀ]

declaração (f) alfandegária	tolddeklaration (f)	['tʌl deklɑɑˌɕoˀn]
documento (m)	dokument (i)	[doku'mɛnˀt]
carta (f) de condução	kørekort (i)	['kø:ʌˌkɒ:t]
adenda (ao contrato)	tillæg, bilag (i)	['teˌlɛˀg], ['biˌlæˀj]
questionário (m)	skema (i), blanket (f)	['ske:ma], [blaŋ'kɛt]

bilhete (m) de identidade	legitimation (f)	[legitima'ɕoˀn]
inquérito (m)	forespørgsel (f)	['fɒːɒˌspœɐ̯səl]
convite (m)	indbydelseskort (i)	[en'byˀðəlsəsˌkɒ:t]
fatura (f)	faktura (f)	[fɑk'tuːʁɑ]

lei (f)	lov (f)	['lɒw]
carta (correio)	brev (i)	['bʁɛwˀ]
papel (m) timbrado	brevpapir (i)	['bʁɛwˀˌpa'piɐ̯ˀ]
lista (f)	liste (f)	['lestə]
manuscrito (m)	manuskript (i)	[manu'skʁɛpt]
boletim (~ informativo)	nyhedsbrev (i)	['nyheðˌbʁɛwˀ]
bilhete (mensagem breve)	seddel (f)	['sɛðˀəl]

passe (m)	adgangskort (i)	['aðgɑŋsˌkɒ:t]
passaporte (m)	pas (i)	['pas]
permissão (f)	tilladelse (f)	['teˌlæˀðəlsə]
CV, currículo (m)	CV (i), curriculum vitæ (i)	[se've'], [ku'ʁikulɔm 'vi:ˌtɛˀ]
vale (nota promissória)	gældsbrev (i)	['gɛlˌbʁɛwˀ]
recibo (m)	kvittering (f)	[kvi'teˀɡeŋ]
talão (f)	kassebon (f)	['kasəˌbʌŋ]
relatório (m)	rapport (f)	[ʁɑ'pɒ:t]

mostrar (vt)	at vise	[ʌ 'vi:sə]
assinar (vt)	at underskrive	[ʌ 'ɔnʌˌskʁiˀvə]
assinatura (f)	signatur, underskrift (f)	[sina'tuɐ̯ˀ], ['ɔnʌˌskʁɛft]
carimbo (m)	stempel (i)	['stɛmˀpəl]
texto (m)	tekst (f)	['tɛkst]
bilhete (m)	billet (f)	[bi'lɛt]

riscar (vt)	at strege ud	[ʌ 'stʁɑjə uðˀ]
preencher (vt)	at udfylde	[ʌ 'uðˌfylˀə]

| guia (f) de remessa | fragtbrev (i) | ['fʁagtˌbʁɛwˀ] |
| testamento (m) | testamente (i) | [tɛsta'mɛntə] |

117. Tipos de negócios

serviços (m pl) de contabilidade	bogføringstjenester (f pl)	['bɔwˌføˀɡeŋ ˌtjɛːnəstʌ]
publicidade (f)	reklame (f)	[ʁɛ'klæːmə]
agência (f) de publicidade	reklamebureau (i)	[ʁɛ'klæːmə byˌʁo]
ar (m) condicionado	klimaanlæg (i pl)	['kliːma'anˌlɛˀg]
companhia (f) aérea	flyselskab (i)	['flyˀsɛlˌskæˀb]

bebidas (f pl) alcoólicas	alkoholiske drikke (f pl)	[alko'hoˀliskə 'dʁɛkə]
comércio (m) de antiguidades	antikviteter (f pl)	[antikvi'teˀtʌ]
galeria (f) de arte	kunstgalleri (i)	['kɔnˀst galʌ'ʁiˀ]
serviços (m pl) de auditoria	revisionstjenester (f pl)	[ʁɛvi'ɕons ˌtjɛːnəstʌ]

negócios (m pl) bancários	bankvæsen (i)	['baŋˀkˌvɛːsən]
bar (m)	bar (f)	['baˀ]
salão (m) de beleza	skønhedssalon (f)	['skœnheðs sa'lʌŋ]
livraria (f)	boghandel (f)	['bɔwˌhanˀəl]
cervejaria (f)	bryggeri (i)	[bʁɶgʌ'ʁiˀ]
centro (m) de escritórios	forretningscenter (i)	[fʌ'ʁatnəŋˌsɛnˀtʌ]
escola (f) de negócios	handelsskole (f)	['hanəlsˌskoːlə]

casino (m)	kasino (i)	[ka'siːno]
construção (f)	byggeri (i)	[bygʌ'ʁiˀ]
serviços (m pl) de consultoria	konsulenttjenester (f pl)	[kʌnsu'lɛnt ˌtjɛːnəstʌ]

estomatologia (f)	tandklinik (f)	['tan kli'nik]
design (m)	design (i)	[de'sajn]
farmácia (f)	apotek (i)	[apo'teˀk]
lavandaria (f)	renseri (i)	[ʁansʌ'ʁiˀ]
agência (f) de emprego	arbejdsformidling (f)	['aːbajds fʌ'miðleŋ]

serviços (m pl) financeiros	finansielle tjenester (f pl)	[finan'ɕɛlˀə ˌtjɛːnəstʌ]
alimentos (m pl)	madvarer (f pl)	['maðvaːʌ]
agência (f) funerária	begravelseskontor (i)	[be'gʁaˀwəlsəs kɔn'toˀɡ̊]
mobiliário (m)	møbler (pl)	['møˀblʌ]
roupa (f)	klæder (i pl)	['klɛːðʌ]
hotel (m)	hotel (i)	[ho'tɛlˀ]

gelado (m)	is (f)	['iˀs]
indústria (f)	industri (f)	[endu'stʁiˀ]
seguro (m)	forsikring (f)	[fʌ'sekʁɛŋ]
internet (f)	internet (i)	['entʌˌnɛt]
investimento (m)	investering (f)	[envə'steˀɡeŋ]

joalheiro (m)	juveler (f)	[juvə'leˀɡ̊]
joias (f pl)	smykker (i pl)	['smøkʌ]
lavandaria (f)	vaskeri (i)	[vaskʌ'ʁiˀ]
serviços (m pl) jurídicos	juridisk rådgiver (f)	[ju'ʁiðˀisk 'ʁɔˀðˌgiˀvʌ]
indústria (f) ligeira	letindustri (f)	[ˌlɛd endu'stʁiˀ]

revista (f)	magasin, tidsskrift (i)	[mɑga'siʔn], ['tiðsˌskʁɛft]
vendas (f pl) por catálogo	postordresalg (i)	['pʌstˌpʔdʁʌˌsalʔj]
medicina (f)	medicin (f)	[medi'siʔn]
cinema (m)	biograf (f)	[bio'gʁɑʔf]
museu (m)	museum (i)	[mu'sɛːɔm]

agência (f) de notícias	nyhedsbureau (i)	['nyheðs byˌʁo]
jornal (m)	avis (f)	[a'viʔs]
clube (m) noturno	natklub (f)	['natˌklub]

petróleo (m)	olie (f)	['oljə]
serviço (m) de encomendas	kurertjeneste (f)	[ku'ʁɛʔg 'tjɛːnəstə]
indústria (f) farmacêutica	farmaci (f)	[fama'siʔ]
poligrafia (f)	trykkeri (i)	[tʁœkʌ'ʁiʔ]
editora (f)	forlag (i)	['fɔːˌlæʔj]

rádio (m)	radio (f)	['ʁɑʔdjo]
imobiliário (m)	fast ejendom (f)	['fast 'ajənˌdʌmʔ]
restaurante (m)	restaurant (f)	[ʁɛsto'ʁɑŋ]

empresa (f) de segurança	sikkerhedsselskab (i)	['sekʌˌheðs 'sɛlˌskæʔb]
desporto (m)	sport (f)	['spɒːt]
bolsa (f)	børs (f)	['bøɡʔs]
loja (f)	forretning (f), butik (f)	[fʌ'ʁatnen], [bu'tik]
supermercado (m)	supermarked (i)	['su'pʌˌmɑːkəð]
piscina (f)	svømmebassin (i)	['svœməbaˌsɛn]

alfaiataria (f)	skrædderi (i)	[skʁaðə'ʁiʔ]
televisão (f)	fjernsyn (i), tv (i)	['fjæɡnˌsyʔn], ['teʔˌveʔ]
teatro (m)	teater (i)	[te'æʔtʌ]
comércio (atividade)	handel (f)	['hanʔəl]
serviços (m pl) de transporte	transport (f)	[tʁɑns'pɒːt]
viagens (f pl)	turisme (f)	[tu'ʁismə]

veterinário (m)	dyrlæge (f)	['dyɡˌlɛːjə]
armazém (m)	lager (i)	['læʔjʌ]
recolha (f) do lixo	affalds indsamling (f)	['ɑwfalʔs 'enˌsɑmʔleŋ]

Emprego. Negócios. Parte 2

118. Espetáculo. Feira

feira (f)	messe (f)	['mɛsə]
feira (f) comercial	handelsmesse (f)	['hanels,mɛsə]
participação (f)	deltagelse (f)	['del,tæ'jəlsə]
participar (vi)	at deltage	[ʌ 'del,tæ']
participante (m)	deltager (f)	['del,tæ'jʌ]
diretor (m)	direktør (f)	[diɐ̯ek'tø'ɐ̯]
direção (f)	arrangørkontor (i)	[aɑŋ'ɕø'ɐ̯ kɔn'to'ɐ̯]
organizador (m)	arrangør (f)	[aɑŋ'ɕø'ɐ̯]
organizar (vt)	at organisere	[ʌ ɒgani'se'ʌ]
ficha (f) de inscrição	bestillingsskema (i)	[be'stel'eŋs'ske:ma]
preencher (vt)	at udfylde	[ʌ 'uð,fyl'ə]
detalhes (m pl)	detaljer (f pl)	[de'taljʌ]
informação (f)	information (f)	[enfɒma'ɕo'n]
preço (m)	pris (f)	['pʁi's]
incluindo	inklusive	['enklu,si'və]
incluir (vt)	at inkludere	[ʌ enklu'de'ʌ]
pagar (vt)	at betale	[ʌ be'tæ'lə]
taxa (f) de inscrição	registreringsafgift (f)	[ʁɛgi'stʁɛ'ɐ̯ens 'aw,gift]
entrada (f)	indgang (f)	['en,gaŋ']
pavilhão (m)	pavillon (f)	[pavil'jʌŋ]
inscrever (vt)	at registrere	[ʌ ʁɛgi'stʁɛ'ʌ]
crachá (m)	badge (i, f)	['badɕ]
stand (m)	stand (f)	['stan']
reservar (vt)	at reservere	[ʌ ʁɛsæɐ̯'ve'ʌ]
vitrina (f)	glasmontre (f)	['glas,mɒŋtʁʌ]
foco, spot (m)	lampe (f), spot (f)	['lampə], ['spʌt]
design (m)	design (i)	[de'sajn]
pôr, colocar (vt)	at placere	[ʌ pla'se'ʌ]
ser colocado, -a	at blive placeret	[ʌ 'bli:ə pla'se'ʌð]
distribuidor (m)	distributør (f)	[distʁibu'tø'ɐ̯]
fornecedor (m)	leverandør (f)	[levəʁan'dø'ɐ̯]
fornecer (vt)	at levere	[ʌ le've'ʌ]
país (m)	land (i)	['lan']
estrangeiro	udenlandsk	['uðən,lan'sk]
produto (m)	produkt (i)	[pʁo'dɔkt]
associação (f)	forening (f)	[fʌ'e'nen]
sala (f) de conferências	konferencesal (f)	[kʌnfə'ʁansə,sæ'l]

| congresso (m) | kongres (f) | [kʌŋ'gʀas] |
| concurso (m) | konkurrence (f) | [kʌŋko'ʀaŋsə] |

visitante (m)	besøgende (f)	[be'sø'jənə]
visitar (vt)	at besøge	[ʌ be'sø'jə]
cliente (m)	kunde (f)	['kɔnə]

119. Media

jornal (m)	avis (f)	[a'vi's]
revista (f)	magasin, tidsskrift (i)	[maga'si'n], ['tiðsˌskʀɛft]
imprensa (f)	presse (f)	['pʀasə]
rádio (m)	radio (f)	['ʀa'djo]
estação (f) de rádio	radiostation (f)	['ʀadjo sta'ɕo'n]
televisão (f)	fjernsyn (i), tv (i)	['fjæɐ̯nˌsy'n], ['te'ˌve']

apresentador (m)	studievært (f)	['stu:djəˌvæɐ̯t]
locutor (m)	nyhedsoplæser (f)	['nyheðs 'ʌpˌlɛ'sʌ]
comentador (m)	kommentator (f)	[kɔmən'tæ:tʌ]

jornalista (m)	journalist (f)	[ɕoɐ̯na'list]
correspondente (m)	korrespondent (f)	[kɔɒspʌn'dɛn't]
repórter (m) fotográfico	pressefotograf (f)	['pʀasə foto'gʀa'f]
repórter (m)	reporter (f)	[ʀɛ'pɒːtʌ]

| redator (m) | redaktør (f) | [ʀɛdak'tø'ɐ̯] |
| redator-chefe (m) | chefredaktør (f) | ['ɕɛf ʀɛdak'tø'ɐ̯] |

assinar a ...	at abonnere	[ʌ abo'ne'ʌ]
assinatura (f)	abonnement (i)	[abɔnə'maŋ]
assinante (m)	abonnent (f)	[abo'nɛn't]
ler (vt)	at læse	[ʌ 'lɛ:sə]
leitor (m)	læser (f)	['lɛ:sʌ]

tiragem (f)	oplag (i)	['ʌpˌlæ'j]
mensal	månedlig	['mɔ:nəðli]
semanal	ugentlig	['u:əntli]
número (jornal, revista)	nummer (i)	['nɔm'ʌ]
recente	ny, frisk	['ny'], ['fʀɛsk]

manchete (f)	overskrift (f)	['ɒwʌˌskʀɛft]
pequeno artigo (m)	notits (f)	[no'tits]
coluna (~ semanal)	rubrik (f)	[ʀu'bʀɛk]
artigo (m)	artikel (f)	[a'tikəl]
página (f)	side (f)	['si:ðə]

reportagem (f)	reportage (f)	[ʀɛpɒ'tæ:ɕə]
evento (m)	hændelse (f)	['hɛnəlsə]
sensação (f)	sensation (f)	[sɛnsa'ɕo'n]
escândalo (m)	skandale (f)	[skan'dæ:lə]
escandaloso	skandaløs	[skanda'lø's]
grande	stor	['sto'ɐ̯]
programa (m) de TV	program (i)	[pʀo'gʀam']
entrevista (f)	interview (i)	[entʌ'vju]

transmissão (f) em direto	**direkte udsendelse** (f)	[di'ʁaktə 'uðˌsɛnˀəlsə]
canal (m)	**kanal** (f)	[ka'næˀl]

120. Agricultura

agricultura (f)	**landbrug** (i)	['lanˌbʁuˀ]
camponês (m)	**bonde** (f)	['bonə]
camponesa (f)	**bondekone** (f)	['bonəˌko:nə]
agricultor (m)	**landmand, bonde** (f)	['lanˌmanˀ], ['bonə]

trator (m)	**traktor** (f)	['tʁaktʌ]
ceifeira-debulhadora (f)	**mejetærsker** (f)	['majəˌtæɐ̯skʌ]

arado (m)	**plov** (f)	['plɒwˀ]
arar (vt)	**at pløje**	[ʌ 'plʌjə]
campo (m) lavrado	**pløjemark** (f)	['plʌjəˌmɑ:k]
rego (m)	**fure** (f)	['fu:ʌ]

semear (vt)	**at så**	[ʌ 'sɔˀ]
semeadora (f)	**såmaskine** (f)	['sɔˀmaˌski:nə]
semeadura (f)	**såning** (f)	['sɔˀnen]

gadanha (f)	**le** (f)	['leˀ]
gadanhar (vt)	**at meje, at slå**	[ʌ 'majə], [ʌ 'slɔˀ]

pá (f)	**spade** (f)	['spæ:ðə]
cavar (vt)	**at grave**	[ʌ 'gʁɑ:və]

enxada (f)	**hakke** (f)	['hakə]
carpir (vt)	**at hakke**	[ʌ 'hakə]
erva (f) daninha	**ukrudt** (i)	[uk'ʁut]

regador (m)	**vandkande** (f)	['vanˌkanə]
regar (vt)	**at vande**	[ʌ 'vanə]
rega (f)	**vanding** (f)	['vanen]

forquilha (f)	**greb** (f)	['gʁɛˀb]
ancinho (m)	**rive** (f)	['ʁi:wə]

fertilizante (m)	**gødning** (f)	['gøðnen]
fertilizar (vt)	**at gøde, at gødske**	[ʌ 'gø:ðə], [ʌ 'gøskə]
estrume (m)	**møg** (i), **gødning** (f)	['mʌj], ['gøðnen]

campo (m)	**mark** (f), **ager** (f)	['mɑ:k], ['æˀjʌ]
prado (m)	**eng** (f)	['ɛŋˀ]
horta (f)	**køkkenhave** (f)	['køkənˌhæ:və]
pomar (m)	**frugthave** (f)	['fʁɔgtˌhæ:və]

pastar (vt)	**at vogte**	[ʌ 'vʌgtə]
pastor (m)	**hyrde** (f)	['hyɐ̯də]
pastagem (f)	**græsgang** (f)	['gʁasˌgaŋˀ]

pecuária (f)	**kvægavl** (f)	['kvɛjˌɑwˀl]
criação (f) de ovelhas	**fåreavl** (f)	['fɒː͈ˌɑwˀl]

plantação (f)	plantage (f)	[plan'tæ:çə]
canteiro (m)	række (f)	['ʁakə]
invernadouro (m)	drivhus (i)	['dʁiw‚hu²s]

| seca (f) | tørke (f) | ['tɶɡkə] |
| seco (verão ~) | tør | ['tɶ²ɡ] |

cereal (m)	korn (i)	['koɡ²n]
cereais (m pl)	kornsorter (f pl)	['koɡn‚sɒ:tʌ]
colher (vt)	at høste	[ʌ 'høstə]

moleiro (m)	møller (f)	['mølʌ]
moinho (m)	mølle (f)	['mølə]
moer (vt)	at male	[ʌ 'mæ:lə]
farinha (f)	mel (i)	['me²l]
palha (f)	halm (f), strå (i)	['hal²m], ['stʁɔ²]

121. Construção. Processo de construção

canteiro (m) de obras	byggeplads (f)	['bygə‚plas]
construir (vt)	at bygge	[ʌ 'bygə]
construtor (m)	bygningsarbejder (f)	['bygneŋs 'ɑ:‚bɑj²dʌ]

projeto (m)	projekt (i)	[pʁo'ɕɛkt]
arquiteto (m)	arkitekt (f)	[ɑki'tɛkt]
operário (m)	arbejder (f)	['ɑ:‚bɑj²dʌ]

fundação (f)	fundament (i)	[fɔnda'mɛn²t]
telhado (m)	tag (i)	['tæ²j]
estaca (f)	pæl (f)	['pɛ²l]
parede (f)	mur (f), væg (f)	['muɡ²], ['vɛ²g]

| varões (m pl) para betão | armeringsjern (i) | [ɑ'me²ɡeŋs'jæɡ²n] |
| andaime (m) | stillads (i) | [ste'læ²s] |

betão (m)	beton (f)	[be'tʌn]
granito (m)	granit (f)	[gʁɑ'nit]
pedra (f)	sten (f)	['ste²n]
tijolo (m)	tegl (i, f), mursten (f)	['tɑj²l], ['muɡ‚ste²n]

areia (f)	sand (i)	['san²]
cimento (m)	cement (f)	[se'mɛn²t]
emboço (m)	puds (i, f)	['pus]
emboçar (vt)	at pudse	[ʌ 'puse]

tinta (f)	maling (f)	['mæ:leŋ]
pintar (vt)	at male	[ʌ 'mæ:lə]
barril (m)	tønde (f)	['tønə]

grua (f), guindaste (m)	byggekran (f)	['bygə‚kʁɑ²n]
erguer (vt)	at løfte	[ʌ 'løftə]
baixar (vt)	at hejse ned	[ʌ 'hɑjsə 'neð²]
buldózer (m)	bulldozer (f)	['bul‚do:sʌ]
escavadora (f)	gravemaskine (f)	['gʁɑ:və ma'ski:nə]

caçamba (f)	skovl (f)	['skɒwˀl]
escavar (vt)	at grave	[ʌ 'gʁɑːvə]
capacete (m) de proteção	hjelm (f)	['jɛlˀm]

122. Ciência. Investigação. Cientistas

ciência (f)	videnskab (f)	['viðənˌskæˀb]
científico	videnskabelig	['viðənˌskæˀbəli]
cientista (m)	videnskabsmand (f)	['viðənˌskæˀbs manˀ]
teoria (f)	teori (f)	[teoˈʁiˀ]

axioma (m)	aksiom (i)	[akˈɕoˀm]
análise (f)	analyse (f)	[anaˈlyːsə]
analisar (vt)	at analysere	[ʌ analyˈseˀʌ]
argumento (m)	argument (i)	[aguˈmɛnˀt]
substância (f)	stof (i), substans (f)	['stʌf], [subˈstanˀs]

hipótese (f)	hypotese (f)	[hypoˈteːsə]
dilema (m)	dilemma (i)	[diˈlɛma]
tese (f)	afhandling (f)	['awˌhanˀleŋ]
dogma (m)	dogme (i)	['dɒwmə]

doutrina (f)	doktrin (f)	[dʌkˈtʁiˀn]
pesquisa (f)	forskning (f)	['fɒːskneŋ]
pesquisar (vt)	at forske	[ʌ 'fɒːskə]
teste (m)	test (f)	['tɛst]
laboratório (m)	laboratorium (i)	[labɒʁɑˈtoɡˀjɔm]

método (m)	metode (f)	[meˈtoːðə]
molécula (f)	molekyle (i)	[moləˈkyːlə]
monitoramento (m)	overvågning (f)	['ɒwʌˌvɒwˀneŋ]
descoberta (f)	opdagelse (f)	['ʌpˌdæˀjəlsə]

postulado (m)	postulat (i)	[pʌstuˈlæˀt]
princípio (m)	princip (i)	[pʁinˈsip]
prognóstico (previsão)	prognose (f)	[pʁoˈnoːsə]
prognosticar (vt)	at prognosticere	[ʌ pʁonʌstiˈseˀʌ]

síntese (f)	syntese (f)	[synˈteːsə]
tendência (f)	tendens (f)	[tɛnˈdɛnˀs]
teorema (m)	teorem (i)	[teoˈʁɛˀm]

ensinamentos (m pl)	lærer (f pl)	['lɛːʌ]
facto (m)	faktum (i)	['faktɔm]

expedição (f)	ekspedition (f)	[ɛkspediˈɕoˀn]
experiência (f)	eksperiment (i)	[ɛkspæɡiˈmɛnˀt]

académico (m)	akademiker (f)	[akaˈdeˀmikʌ]
bacharel (m)	bachelor (f)	['badɕəlʌ]
doutor (m)	doktor (f)	['dʌktʌ]
docente (m)	docent (f)	[doˈsɛnˀt]
mestre (m)	magister (f)	[maˈgistʌ]
professor (m) catedrático	professor (f)	[pʁoˈfɛsʌ]

Profissões e ocupações

123. Procura de emprego. Demissão

trabalho (m)	arbejde (i), job (i)	['ɑːˌbɑj'də], ['djʌb]
equipa (f)	ansatte (pl), stab (f)	['anˌsatə], ['stæ'b]
pessoal (m)	personale (i, f)	[pæɐ̯so'næːlə]
carreira (f)	karriere (f)	[kɑi'ɛːʌ]
perspetivas (f pl)	udsigter (f pl)	['uðˌsegtʌ]
mestria (f)	mesterskab (i)	['mɛstʌˌskæ'b]
seleção (f)	udvalg (i), udvælgelse (f)	['uðˌval'j], ['uðˌvɛl'jəlsə]
agência (f) de emprego	arbejdsformidling (f)	['ɑːbɑjds fʌ'miðleŋ]
CV, currículo (m)	CV (i), curriculum vitæ (i)	[se've'], [ku'ʁikulɔm 'viːˌtɛ']
entrevista (f) de emprego	jobsamtale (f)	['djʌb 'samˌtæːlə]
vaga (f)	ledig stilling (f)	['leːði 'steleŋ]
salário (m)	løn (f)	['lœn']
salário (m) fixo	fast løn (f)	['fast lœn']
pagamento (m)	betaling (f)	[be'tæ'leŋ]
posto (m)	stilling (f)	['steleŋ]
dever (do empregado)	pligt (f)	['plegt]
gama (f) de deveres	arbejdspligter (f pl)	['ɑːbɑjds 'plegtʌ]
ocupado	optaget	['ʌpˌtæ'j]
despedir, demitir (vt)	at afskedige	[ʌ 'awˌske'ðiə]
demissão (f)	afskedigelse (f)	['awˌske'ðˌi'əlsə]
desemprego (m)	arbejdsløshed (f)	['ɑːbɑjdsˌløːsheð']
desempregado (m)	arbejdsløs (f)	['ɑːbɑjdsˌlø's]
reforma (f)	pension (f)	[paŋ'ɕo'n]
reformar-se	at gå på pension	[ʌ gɔ' pɔ paŋ'ɕo'n]

124. Gente de negócios

diretor (m)	direktør (f)	[diɐ̯ek'tø'ɐ̯]
gerente (m)	forretningsfører (f)	[fʌ'ʁatneŋsˌføːʌ]
patrão, chefe (m)	boss (f)	['bʌs]
superior (m)	overordnet (f)	['ɒwʌˌɒ'dnəð]
superiores (m pl)	overordnede (pl)	['ɒwʌˌɒ'dnəðə]
presidente (m)	præsident (f)	[pʁɛsi'dɛn't]
presidente (m) de direção	formand (f)	['fɔːˌman']
substituto (m)	stedfortræder (f)	['stɛð fʌˌtʁɛ'ðʌ]
assistente (m)	assistent (f)	[asi'stɛn't]

secretário (m)	sekretær (f)	[sekʁə'tɛˀɡ̊]
secretário (m) pessoal	privatsekretær (f)	[pʁi'væt sekʁə'tɛˀɡ̊]

homem (m) de negócios	forretningsmand (f)	[fʌ'ʁatneŋsˌmanˀ]
empresário (m)	entreprenør (f)	[aŋtʁɛpʁɛ'nøˀɡ̊]
fundador (m)	grundlægger (f)	['gʁɔnˀˌlɛgʌ]
fundar (vt)	at grundlægge	[ʌ 'gʁɔnˀˌlɛgə]

fundador, sócio (m)	stifter (f)	['steftʌ]
parceiro, sócio (m)	partner (f)	['pɑːtnʌ]
acionista (m)	aktionær (f)	[akɕo'nɛˀɡ̊]

milionário (m)	millionær (f)	[miljo'nɛˀɡ̊]
bilionário (m)	milliardær (f)	[milja'dɛˀɡ̊]
proprietário (m)	ejer (f)	['ajʌ]
proprietário (m) de terras	jordbesidder (f)	['joɡ̊beˌsiðˀʌ]

cliente (m)	kunde (f)	['kɔnə]
cliente (m) habitual	stamkunde, fast kunde (f)	['stamˌkɔnə], ['fast ˌkɔnə]
comprador (m)	køber (f)	['køːbʌ]
visitante (m)	besøgende (f)	[be'søˀjənə]

profissional (m)	professionel (f)	[pʁo'fɛɕoˌnɛlˀ]
perito (m)	ekspert (f)	[ɛks'pæɡ̊t]
especialista (m)	specialist (f)	[speɕa'list]

banqueiro (m)	bankier (f)	[baŋ'kje]
corretor (m)	mægler (f)	['mɛjlʌ]

caixa (m, f)	kasserer (f)	[ka'seˀʌ]
contabilista (m)	bogholder (f)	['bɔwˌhʌlʌ]
guarda (m)	sikkerhedsvagt (f)	['sekʌˌheðs 'vagt]

investidor (m)	investor (f)	[en'vɛstʌ]
devedor (m)	skyldner (f)	['skylnʌ]
credor (m)	kreditor (f)	['kʁɛditʌ]
mutuário (m)	låntager (f)	['lɔːnˌtæˀjʌ]

importador (m)	importør (f)	[empɒ'tøˀɡ̊]
exportador (m)	eksportør (f)	[ɛkspɒ'tøˀɡ̊]

produtor (m)	producent (f)	[pʁodu'sɛnˀt]
distribuidor (m)	distributør (f)	[distʁibu'tøˀɡ̊]
intermediário (m)	mellemmand (f)	['mɛləmˌmanˀ]

consultor (m)	konsulent (f)	[kʌnsu'lɛnˀt]
representante (m)	repræsentant (f)	[ʁɛpʁɛsən'tanˀt]
agente (m)	agent (f)	[a'gɛnˀt]
agente (m) de seguros	forsikringsagent (f)	[fʌ'sekʁɛŋs a'gɛnˀt]

125. Profissões de serviços

cozinheiro (m)	kok (f)	['kʌk]
cozinheiro chefe (m)	køkkenchef (f)	['køkənˌɕɛˀf]

padeiro (m)	bager (f)	['bæːjʌ]
barman (m)	bartender (f)	['bɑːˌtɛndʌ]
empregado (m) de mesa	tjener (f)	['tjɛːnʌ]
empregada (f) de mesa	servitrice (f)	[sæɐ̯vi'tʁiːsə]

advogado (m)	advokat (f)	[aðvo'kæˀt]
jurista (m)	jurist (f)	[ju'ʁist]
notário (m)	notar (f)	[no'tɑˀ]

eletricista (m)	elektriker (f)	[e'lɛktʁikʌ]
canalizador (m)	blikkenslager (f)	['blekənˌslæˀjʌ]
carpinteiro (m)	tømrer (f)	['tœmʁʌ]

massagista (m)	massør (f)	[ma'søˀɐ̯]
massagista (f)	massøse (f)	[ma'søːsə]
médico (m)	læge (f)	['lɛːjə]

taxista (m)	taxichauffør (f)	['tɑksi ɕo'føˀɐ̯]
condutor (automobilista)	chauffør (f)	[ɕo'føˀɐ̯]
entregador (m)	bud (i)	['buð]

camareira (f)	stuepige (f)	['stuəˌpiːə]
guarda (m)	sikkerhedsvagt (f)	['sekʌˌheðs 'vagt]
hospedeira (f) de bordo	stewardesse (f)	[stjua'dɛsə]

professor (m)	lærer (f)	['lɛːʌ]
bibliotecário (m)	bibliotekar (f)	[bibliotə'kɑˀ]
tradutor (m)	oversætter (f)	['ɒwʌˌsɛtʌ]
intérprete (m)	tolk (f)	['tʌlˀk]
guia (pessoa)	guide (f)	['gɑjd]

cabeleireiro (m)	frisør (f)	[fʁi'søˀɐ̯]
carteiro (m)	postbud (i)	['pʌstˌbuð]
vendedor (m)	sælger (f)	['sɛljʌ]

jardineiro (m)	gartner (f)	['gɑːtnʌ]
criado (m)	tjener (f)	['tjɛːnʌ]
criada (f)	tjenestepige (f)	['tjɛːnəstəˌpiːə]
empregada (f) de limpeza	rengøringskone (f)	['ʁɛːnˌgœˀɐ̯eŋs 'koːnə]

126. Profissões militares e postos

soldado (m) raso	menig (f)	['meːni]
sargento (m)	sergent (f)	[sæɐ̯'ɕanˀt]
tenente (m)	løjtnant (f)	['lʌjtˌnanˀt]
capitão (m)	kaptajn (f)	[kɑp'tɑjˀn]

major (m)	major (f)	[ma'joˀɐ̯]
coronel (m)	oberst (f)	['oˀbʌst]
general (m)	general (f)	[genə'ʁɑˀl]
marechal (m)	marskal (f)	['mɑːˌɕalˀ]
almirante (m)	admiral (f)	[aðmi'ʁɑˀl]
militar (m)	militær (i)	[mili'tɛˀɐ̯]
soldado (m)	soldat (f)	[sol'dæˀt]

113

oficial (m)	**officer** (f)	[ʌfi'se'ɡ]
comandante (m)	**befalingsmand** (f)	[be'fæ'leŋsˌmanˀ]

guarda (m) fronteiriço	**grænsevagt** (f)	['gʁansəˌvagt]
operador (m) de rádio	**radiooperatør** (f)	['ʁadjo opəʁɑ'tø'ɡ]
explorador (m)	**opklaringssoldat** (f)	['ʌpˌklɑ'eŋs sol'dæ'tˀ]
sapador (m)	**pioner** (f)	[pio'ne'ɡ]
atirador (m)	**skytte** (f)	['skøtə]
navegador (m)	**styrmand** (f)	['styɡˌmanˀ]

127. Oficiais. Padres

rei (m)	**konge** (f)	['kʌŋə]
rainha (f)	**dronning** (f)	['dʁʌneŋ]

príncipe (m)	**prins** (f)	['pʁɛn' s]
princesa (f)	**prinsesse** (f)	[pʁɛn'sɛsə]

czar (m)	**tsar** (f)	['sɑˀ]
czarina (f)	**tsarina** (f)	[sa'ʁi:na]

presidente (m)	**præsident** (f)	[pʁɛsi'dɛn'tˀ]
ministro (m)	**minister** (f)	[mi'nistʌ]
primeiro-ministro (m)	**statsminister** (f)	['stæts mi'nistʌ]
senador (m)	**senator** (f)	[se'næ:tʌ]

diplomata (m)	**diplomat** (f)	[diplo'mæ'tˀ]
cônsul (m)	**konsul** (f)	['kʌnˌsu'l]
embaixador (m)	**ambassadør** (f)	[ambasa'dø'ɡ]
conselheiro (m)	**rådgiver** (f)	['ʁɔ'ð,gi'ᵛʌ]

funcionário (m)	**embedsmand** (f)	['ɛmbeðsˌmanˀ]
prefeito (m)	**præfekt** (f)	[pʁɛ'fɛkt]
Presidente (m) da Câmara	**borgmester** (f)	[bɒw'mɛstʌ]

juiz (m)	**dommer** (f)	['dʌmʌ]
procurador (m)	**anklager** (f)	['anˌklæ'jʌ]

missionário (m)	**missionær** (f)	[miɕo'nɛ'ɡ]
monge (m)	**munk** (f)	['mɔŋ'k]
abade (m)	**abbed** (f)	['abeð]
rabino (m)	**rabbiner** (f)	[ʁɑ'bi'nʌ]

vizir (m)	**vesir** (f)	[ve'siɡ']
xá (m)	**shah** (f)	['ɕæˀ]
xeque (m)	**sheik** (f)	['ɕɑj'k]

128. Profissões agrícolas

apicultor (m)	**biavler** (f)	['biˌɑwlʌ]
pastor (m)	**hyrde** (f)	['hyɡdə]
agrónomo (m)	**agronom** (f)	[agʁo'no'm]

| criador (m) de gado | kvægavler (f) | ['kvɛjˌawlʌ] |
| veterinário (m) | dyrlæge (f) | ['dyɐ̯ˌlɛːjə] |

agricultor (m)	landmand, bonde (f)	['lanˌmanʔ], ['bɔnə]
vinicultor (m)	vinavler (f)	['viːnˌawlʌ]
zoólogo (m)	zoolog (f)	[soo'loʔ]
cowboy (m)	cowboy (f)	['kɔwˌbʌj]

129. Profissões artísticas

| ator (m) | skuespiller (f) | ['skuːəˌspelʌ] |
| atriz (f) | skuespillerinde (f) | ['skuːəˌspelʌ'enə] |

| cantor (m) | sanger (f) | ['sɑŋʌ] |
| cantora (f) | sangerinde (f) | [sɑŋʌ'enə] |

| bailarino (m) | danser (f) | ['dansʌ] |
| bailarina (f) | danserinde (f) | [dansʌ'enə] |

| artista (m) | skuespiller (f) | ['skuːəˌspelʌ] |
| artista (f) | skuespillerinde (f) | ['skuːəˌspelʌ'enə] |

músico (m)	musiker (f)	['muʔsikʌ]
pianista (m)	pianist (f)	[pia'nist]
guitarrista (m)	guitarist (f)	[gitɑ'ʁist]

maestro (m)	dirigent (f)	[diɐ̯i'gɛnʔt]
compositor (m)	komponist (f)	[kɔmpo'nist]
empresário (m)	impresario (f)	[empʁə'sɑʔio]

realizador (m)	filminstruktør (f)	['film enstʁuk'tøʔɐ̯]
produtor (m)	producer (f)	[pʁo'djuːsʌ]
argumentista (m)	manuskriptforfatter (f)	[manu'skʁɛpt fʌ'fatʌ]
crítico (m)	kritiker (f)	['kʁitikʌ]

escritor (m)	forfatter (f)	[fʌ'fatʌ]
poeta (m)	poet (f), digter (f)	[po'eʔt], ['degtʌ]
escultor (m)	skulptør (f)	[skulp'tøʔɐ̯]
pintor (m)	kunstner (f)	['kɔnstnʌ]

malabarista (m)	jonglør (f)	[ɕʌŋ'løʔɐ̯]
palhaço (m)	klovn (f)	['klɔwʔn]
acrobata (m)	akrobat (f)	[akʁo'bæʔt]
mágico (m)	tryllekunstner (f)	['tʁyləˌkɔnʔstnʌ]

130. Várias profissões

médico (m)	læge (f)	['lɛːjə]
enfermeira (f)	sygeplejerske (f)	['syːəˌplɑjʔʌskə]
psiquiatra (m)	psykiater (f)	[syki'æʔtʌ]
estomatologista (m)	tandlæge (f)	['tanˌlɛːjə]
cirurgião (m)	kirurg (f)	[ki'ʁuɐ̯ʔw]

astronauta (m)	astronaut (f)	[astʁo'nɑwˀt]
astrónomo (m)	astronom (f)	[astʁo'noˀm]
piloto (m)	pilot (f)	[pi'loˀt]

motorista (m)	fører (f)	['føːʌ]
maquinista (m)	togfører (f)	['tɔwˌføːʌ]
mecânico (m)	mekaniker (f)	[me'kæˀnikʌ]

mineiro (m)	minearbejder (f)	['miːnə'ɑːˌbɑjˀdʌ]
operário (m)	arbejder (f)	['ɑːˌbɑjˀdʌ]
serralheiro (m)	låsesmed (f)	['lɔːsəˌsmeð]
marceneiro (m)	snedker (f)	['sneˀkʌ]
torneiro (m)	drejer (f)	['dʁɑjʌ]
construtor (m)	bygningsarbejder (f)	['bygneŋs 'ɑːˌbɑjˀdʌ]
soldador (m)	svejser (f)	['svɑjsʌ]

professor (m) catedrático	professor (f)	[pʁo'fɛsʌ]
arquiteto (m)	arkitekt (f)	[ɑki'tɛkt]
historiador (m)	historiker (f)	[hi'stoˀʁikʌ]
cientista (m)	videnskabsmand (f)	['viðənˌskæˀbs manˀ]
físico (m)	fysiker (f)	['fyˀsikʌ]
químico (m)	kemiker (f)	['keˀmikʌ]

arqueólogo (m)	arkæolog (f)	[ˌɑːkɛo'loˀ]
geólogo (m)	geolog (f)	[geo'loˀ]
pesquisador (cientista)	forsker (f)	['fɒːskʌ]

babysitter (f)	barnepige (f)	['bɑːnəˌpiːə]
professor (m)	pædagog (f)	[pɛda'goˀ]

redator (m)	redaktør (f)	[ʁɛdak'tøˀɐ̯]
redator-chefe (m)	chefredaktør (f)	['ɕɛf ʁɛdak'tøˀɐ̯]
correspondente (m)	korrespondent (f)	[kɒʊspʌn'dɛnˀt]
datilógrafa (f)	maskinskriverske (f)	[ma'skiːn 'skʁiˀʋʌskə]

designer (m)	designer (f)	[de'sajnʌ]
especialista (m) em informática	computer-ekspert (f)	[kʌm'pjuːtʌ ɛks'pæɐ̯t]

programador (m)	programmør (f)	[pʁogʁa'møˀɐ̯]
engenheiro (m)	ingeniør (f)	[enɕən'jøˀɐ̯]

marujo (m)	sømand (f)	['søˌmanˀ]
marinheiro (m)	matros (f)	[ma'tʁoˀs]
salvador (m)	redder (f)	['ʁɛðʌ]

bombeiro (m)	brandmand (f)	['bʁanˌman]
polícia (m)	politibetjent (f)	[poli'ti be'tjɛnˀt]
guarda-noturno (m)	nattevagt, vægter (f)	['natəˌvagt], ['vɛgtʌ]
detetive (m)	detektiv, opdager (f)	[detek'tiwˀ], ['ʌpˌdæˀjʌ]

funcionário (m) da alfândega	toldbetjent (f)	['tʌl be'tjɛnˀt]
guarda-costas (m)	livvagt (f)	['liwˌvagt]
guarda (m) prisional	fangevogter (f)	['faŋəˌvagtʌ]
inspetor (m)	inspektør (f)	[enspøk'tøˀɐ̯]
desportista (m)	idrætsmand (f)	['idʁatsˌmanˀ]
treinador (m)	træner (f)	['tʁɛːnʌ]

talhante (m)	slagter (f)	['slɑgtʌ]
sapateiro (m)	skomager (f)	['sko͡mæˀjʌ]
comerciante (m)	handelsmand (f)	['hanəls͡manˀ]
carregador (m)	lastearbejder (f)	['lastə'ɑːˌbɑjˀdʌ]

| estilista (m) | modedesigner (f) | ['moːðə de'sɑjnʌ] |
| modelo (f) | model (f) | [mo'dɛlˀ] |

131. Ocupações. Estatuto social

| aluno, escolar (m) | skoleelev (f) | ['skoːlə e'leˀw] |
| estudante (~ universitária) | studerende (f) | [stu'deˀʌnə] |

filósofo (m)	filosof (f)	[filo'sʌf]
economista (m)	økonom (f)	[øko'noˀm]
inventor (m)	opfinder (f)	['ʌpˌfenˀʌ]

desempregado (m)	arbejdsløs (f)	['ɑːbɑjdsˌløˀs]
reformado (m)	pensionist (f)	[pɑŋɕo'nist]
espião (m)	spion (f)	[spi'oˀn]

preso (m)	fange (f)	['faŋə]
grevista (m)	strejkende (f)	['stʁɑjkɛnə]
burocrata (m)	bureaukrat (f)	[byo'kʁɑˀt]
viajante (m)	rejsende (f)	['ʁɑjsənə]

homossexual (m)	homoseksuel (f)	['hoːmosɛksu'ɛlˀ]
hacker (m)	hacker (f)	['hakʌ]
hippie	hippie (f)	['hipi]

bandido (m)	bandit (f)	[ban'dit]
assassino (m) a soldo	lejemorder (f)	['lɑjəˌmoɐ̯dʌ]
toxicodependente (m)	narkoman (f)	[nɑko'mæˀn]
traficante (m)	narkohandler (f)	['nɑːkoˌhanlʌ]
prostituta (f)	prostitueret (f)	[pʁostitu'eˀʌð]
chulo (m)	alfons (f)	[al'fʌŋs]

bruxo (m)	troldmand (f)	['tʁʌlˌmanˀ]
bruxa (f)	troldkvinde (f)	['tʁʌlˌkvenə]
pirata (m)	pirat, sørøver (f)	[pi'ʁɑˀt], ['søˌʁœːvʌ]
escravo (m)	slave (f)	['slæːvə]
samurai (m)	samurai (f)	[samu'ʁɑjˀ]
selvagem (m)	vildmand (f)	['vilˌmanˀ]

Desportos

132. Tipos de desportos. Desportistas

desportista (m)	idrætsmand (f)	['idʁats,man']
tipo (m) de desporto	idrætsgren (f)	['idʁats,gʁɛ'n]
basquetebol (m)	basketball (f)	['bɑ:skət,bɒ:l]
jogador (m) de basquetebol	basketballspiller (f)	['bɑ:skət,bɒ:l ,spelʌ]
beisebol (m)	baseball (f)	['bɛjs,bɒ:l]
jogador (m) de beisebol	baseballspiller (f)	['bɛjs,bɒ:l ,spelʌ]
futebol (m)	fodbold (f)	['foð,bʌl'd]
futebolista (m)	fodboldspiller (f)	['foðbʌld,spelʌ]
guarda-redes (m)	målmand (f)	['mɔ:l,man']
hóquei (m)	ishockey (f)	['is,hʌki]
jogador (m) de hóquei	ishockeyspiller (f)	['is,hʌki ,spelʌ]
voleibol (m)	volleyball (f)	['vʌli,bɒ:l]
jogador (m) de voleibol	volleyballspiller (f)	['vʌli,bɒ:l 'spelʌ]
boxe (m)	boksning (f)	['bʌksnɛŋ]
boxeador, pugilista (m)	bokser (f)	['bʌksʌ]
luta (f)	brydning (f)	['bʁyðnɛŋ]
lutador (m)	bryder (f)	['bʁy:ðʌ]
karaté (m)	karate (f)	[ka'ʁɑ:tə]
karateca (m)	karateudøver (f)	[ka'ʁɑ:tə,udø'vʌ]
judo (m)	judo (f)	['ju:do]
judoca (m)	judokæmper (f)	['ju:do 'kɛmpʌ]
ténis (m)	tennis (f)	['tɛnis]
tenista (m)	tennisspiller (f)	['tɛnis,spelʌ]
natação (f)	svømning (f)	['svœmnɛŋ]
nadador (m)	svømmer (f)	['svœmʌ]
esgrima (f)	fægtning (f)	['fɛgtnɛŋ]
esgrimista (m)	fægter (f)	['fɛgtʌ]
xadrez (m)	skak (f)	['skɑk]
xadrezista (m)	skakspiller (f)	['skɑk,spelʌ]
alpinismo (m)	alpinisme (f)	[alpi'nismə]
alpinista (m)	alpinist (f)	[alpi'nist]
corrida (f)	løb (i)	['lø'b]

corredor (m)	løber (f)	['lø:bʌ]
atletismo (m)	atletik, fri idræt (f)	[atlə'tik], ['fʁi' 'iˌdʁat]
atleta (m)	atlet (f)	[at'leˀt]

hipismo (m)	ridesport (f)	['ʁi:ðəˌspɒ:t]
cavaleiro (m)	rytter (f)	['ʁytʌ]

patinagem (f) artística	kunstskøjteløb (i)	['kɔnstˌskʌjtələˀb]
patinador (m)	kunstskøjteløber (f)	['kɔnstˌskʌjtələ:bʌ]
patinadora (f)	kunstskøjteløber (f)	['kɔnstˌskʌjtələ:bʌ]

halterofilismo (m)	vægtløftning (f)	['vɛgtˌløftnen]
halterofilista (m)	vægtløfter (f)	['vɛgtˌløftʌ]

corrida (f) de carros	motorløb (i)	['mo:tʌˌløˀb]
piloto (m)	racerkører (f)	['ʁɛ:sʌˌkø:ʌ]

ciclismo (m)	cykelsport (f)	['sykəlˌspɒ:t]
ciclista (m)	cyklist (f)	[syk'list]

salto (m) em comprimento	længdespring (i)	['lɛŋdəˌspʁɛŋˀ]
salto (m) à vara	stangspring (i)	['staŋˌspʁɛŋˀ]
atleta (m) de saltos	springer (f)	['spʁɛŋʌ]

133. Tipos de desportos. Diversos

futebol (m) americano	amerikansk fodbold (f)	[amʁi'kaˀnsk 'foðˌbʌlˀd]
badminton (m)	badminton (f)	['badmentʌn]
biatlo (m)	skiskydning (f)	['skiˌskyðnen]
bilhar (m)	billard (i, f)	['biliˌɑˀd]

bobsled (m)	bobslæde (f)	['bʌbˌslɛ:ðə]
musculação (f)	bodybuilding (f)	['bʌdiˌbilden]
polo (m) aquático	vandpolo (f)	['vanˌpo:lo]
andebol (m)	håndbold (f)	['hʌnˌbʌlˀd]
golfe (m)	golf (f)	['gʌlˀf]

remo (m)	roning (f)	['ʁoˀnen]
mergulho (m)	dykning (f)	['døknen]
corrida (f) de esqui	langrend (i)	['laŋˌʁanˀ]
ténis (m) de mesa	bordtennis (f)	['boɐ̯ˌtɛnis]

vela (f)	sejlsport (f)	['sajlˌspɒ:t]
rali (m)	rally (i)	['ʁali]
râguebi (m)	rugby (f)	['ʁʌgbi]
snowboard (m)	snowboard (i)	['snɔwˌbɒ:d]
tiro (m) com arco	bueskydning (f)	['bu:əˌskyðnen]

134. Ginásio

barra (f)	vægtstang (f)	['vɛgtˌstaŋˀ]
halteres (m pl)	håndvægte (f pl)	['hʌnˌvɛgtə]

aparelho (m) de musculaçao	træningsmaskine (f)	['tʁɛːneŋs ma'skiːnə]
bicicleta (f) ergométrica	motionscykel (f)	[mo'ɕonsˌsykəl]
passadeira (f) de corrida	løbebånd (i)	['løːbəˌbʌnˀ]

barra (f) fixa	reck (f)	['ʁak]
barras (f) paralelas	barre (f)	['bɑːɑ]
cavalo (m)	hest (f)	['hɛst]
tapete (m) de ginástica	måtte (f)	['mʌtə]

corda (f) de saltar	sjippetov (i)	['ɕipəˌtɒw]
aeróbica (f)	aerobic (f)	[ɛ'ʁʌbik]
ioga (f)	yoga (f)	['joːga]

135. Hóquei

hóquei (m)	ishockey (f)	['isˌhʌki]
jogador (m) de hóquei	ishockeyspiller (f)	['isˌhʌki ˌspelʌ]
jogar hóquei	at spille ishockey	[ʌ 'spelə 'isˌhʌki]
gelo (m)	is (f)	['iˀs]

disco (m)	puck (f)	['puk]
taco (m) de hóquei	kølle (f)	['kølə]
patins (m pl) de gelo	skøjter (f pl)	['skʌjtʌ]

| muro (m) | bande (f) | ['bandə] |
| tiro (m) | skud (i) | ['skuð] |

guarda-redes (m)	målmand (f)	['mɔːlˌmanˀ]
golo (m)	mål (i)	['mɔˀl]
marcar um golo	at score mål	[ʌ 'skoːʌ 'mɔˀl]

tempo (m)	periode (f)	[pæɡi'oːðə]
segundo tempo (m)	anden periode (f)	['anən pæɡi'oːðə]
banco (m) de reservas	udskiftningsbænk (f)	['uðˌskiftneŋsˌbɛŋˀk]

136. Futebol

futebol (m)	fodbold (f)	['foðˌbʌlˀd]
futebolista (m)	fodboldspiller (f)	['foðbʌldˌspelʌ]
jogar futebol	at spille fodbold	[ʌ 'spelə 'foðˌbʌlˀd]

Liga Principal (f)	øverste liga (f)	['øwˀʌstə ˌliːga]
clube (m) de futebol	fodboldklub (f)	['foðbʌldˌklub]
treinador (m)	træner (f)	['tʁɛːnʌ]
proprietário (m)	ejer (f)	['ɑjʌ]

equipa (f)	hold (i)	['hʌlˀ]
capitão (m) da equipa	anfører (f)	['anˌføːʌ]
jogador (m)	spiller (f)	['spelʌ]
jogador (m) de reserva	udskiftningsspiller (f)	['uðˌskiftneŋs'spelʌ]
atacante (m)	angriber (f)	['anˌgʁiˀbʌ]
avançado (m) centro	centerforward (f)	[sɛntʌ'fɒːvad]

marcador (m)	målscorer (f)	['mɔːlˌskoːʌ]
defesa (m)	forsvarer, back (f)	['fɒːˌsvaˀʌ], ['bɑk]
médio (m)	halfback (f)	['hafˌbɑk]

jogo (desafio)	kamp (f)	['kamˀp]
encontrar-se (vr)	at mødes	[ʌ 'møːðəs]
final (m)	finale (f)	[fi'næːlə]
meia-final (f)	semifinale (f)	['semifi'næːlə]
campeonato (m)	mesterskab (i)	['mɛstʌˌskæˀb]

tempo (m)	halvleg (f)	['haˌlaj ˀ]
primeiro tempo (m)	første halvleg (f)	['fœɐ̯stə 'haˌlaj ˀ]
intervalo (m)	halvtid (f)	['halˌtiðˀ]

baliza (f)	mål (i)	['mɔˀl]
guarda-redes (m)	målmand (f)	['mɔːlˌman ˀ]
trave (f)	stolpe (f)	['stʌlpə]
barra (f) transversal	overligger (f)	['ɒwʌˌlegʌ]
rede (f)	net (i)	['nɛt]
sofrer um golo	at lukke mål ind	[ʌ 'lɔkə 'mɔˀlˌen]

bola (f)	bold (f)	['bʌl ˀd]
passe (m)	pasning, aflevering (f)	['pasneŋ], ['awleˌveɐ̯ ˀeŋ]
chute (m)	spark (i), skud (i)	['spɑːk], ['skuð]
chutar (vt)	at sparke	[ʌ 'spɑːkə]
tiro (m) livre	frispark (i)	['fʁiˌspɑːk]
canto (m)	hjørnespark (i)	['jœɐ̯nəˌspɑːk]

ataque (m)	angreb (i)	['anˌgʁɛˀb]
contra-ataque (m)	modangreb (i)	['moðˌangʁɛˀb]
combinação (f)	kombination (f)	[kʌmbina'ɕoˀn]

árbitro (m)	dommer (f)	['dʌmʌ]
apitar (vi)	at fløjte	[ʌ 'flʌjtə]
apito (m)	fløjt (i)	['flʌj ˀt]
falta (f)	forseelse (f)	[fʌ'seˀəlsə]
cometer a falta	at begå en forseelse	[ʌ be'gɔˀ en fʌ'seˀəlsə]
expulsar (vt)	at udvise	[ʌ 'uðˌviˀsə]

cartão (m) amarelo	gult kort (f)	['gult ˌkɒːt]
cartão (m) vermelho	rødt kort (i)	['ʁœt ˌkɒːt]
desqualificação (f)	diskvalifikation (f)	['diskvalifikaˌɕoˀn]
desqualificar (vt)	at diskvalificere	[ʌ 'diskvalifiˌseˀʌ]

penálti (m)	straffespark (i)	['stʁafəˌspɑːk]
barreira (f)	mur (f)	['muɐ̯ ˀ]
marcar (vt)	at score	[ʌ 'skoːʌ]
golo (m)	mål (i)	['mɔˀl]
marcar um golo	at score mål	[ʌ 'skoːʌ 'mɔˀl]

substituição (f)	udskiftning (f)	['uðˌskiftneŋ]
substituir (vt)	at bytte ud	[ʌ 'bytə uð]
regras (f pl)	regler (f pl)	['ʁɛjlʌ]
tática (f)	taktik (f)	[tak'tik]
estádio (m)	stadion (i)	['stæ ˀdjʌn]
bancadas (f pl)	tribune (f)	[tʁi'byːnə]

fã, adepto (m)	fan (f)	['fæ:n]
gritar (vi)	at skrige	[ʌ 'skʁiːə]
marcador (m)	måltavle (f)	['mɔːlˌtɑwlə]
resultado (m)	resultat (i)	[ʁɛsul'tæˀt]
derrota (f)	nederlag (i)	['neðʌˌlæˀj]
perder (vt)	at tabe	[ʌ 'tæːbə]
empate (m)	uafgjorte resultat (i)	['uɑwˌgjoʁˀtə ʁɛsul'tæˀt]
empatar (vi)	at spille uafgjort	[ʌ 'spelə 'uɑwˌgjoʁˀt]
vitória (f)	sejr (f)	['sɑjˀʌ]
ganhar, vencer (vi, vt)	at vinde	[ʌ 'venə]
campeão (m)	mester (f)	['mɛstʌ]
melhor	bedst	['bɛst]
felicitar (vt)	at gratulere	[ʌ gʁɑtu'leˀʌ]
comentador (m)	kommentator (f)	[kɔmən'tæːtʌ]
comentar (vt)	at kommentere	[ʌ kɔmən'teˀʌ]
transmissão (f)	sending (f)	['sɛnɛŋ]

137. Esqui alpino

esqui (m)	ski (f pl)	['skiˀ]
esquiar (vi)	at stå på ski	[ʌ stɔˀ pɔˀ 'skiˀ]
estância (f) de esqui	skiresort (i, f)	['ski ʁi'sɒːt]
teleférico (m)	skilift (f)	['skiˌlift]
bastões (m pl) de esqui	skistave (f pl)	['skiˌstæːwə]
declive (m)	skråning (f)	['skʁɔˀnɛŋ]
slalom (m)	slalom (f)	['slæːlɔm]

138. Ténis. Golfe

golfe (m)	golf (f)	['gʌlˀf]
clube (m) de golfe	golfklub (f)	['gʌlfˌklub]
jogador (m) de golfe	golfspiller (f)	['gʌlfˌspelʌ]
buraco (m)	hul (i)	['hɔl]
taco (m)	kølle (f)	['kølə]
trolley (m)	golfvogn (f)	['gʌlfˌvɒwˀn]
ténis (m)	tennis (f)	['tɛnis]
quadra (f) de ténis	tennisbane (f)	['tɛnisˌbæːnə]
saque (m)	serv (f)	['sæʁˀv]
sacar (vi)	at serve	[ʌ 'sæʁvə]
raquete (f)	ketsjer (f)	['kətɕʌ]
rede (f)	net (i)	['nɛt]
bola (f)	bold (f)	['bʌlˀd]

139. Xadrez

xadrez (m)	skak (f)	['skɑk]
peças (f pl) de xadrez	skakbrikker (f pl)	['skɑkˌbʁɛkʌ]
xadrezista (m)	skakspiller (f)	['skɑkˌspelʌ]
tabuleiro (m) de xadrez	skakbræt (i)	['skɑkˌbʁat]
peça (f) de xadrez	skakbrik (f)	['skɑkˌbʁɛk]

brancas (f pl)	hvide brikker (f pl)	['viːðə ˌbʁɛkʌ]
pretas (f pl)	sorte brikker (f pl)	['soʁtə ˌbʁɛkʌ]

peão (m)	bonde (f)	['bɔnə]
bispo (m)	løber (f)	['løːbʌ]
cavalo (m)	springer (f)	['spʁɛŋʌ]
torre (f)	tårn (i)	['tɒˀn]
dama (f)	dronning, dam (f)	['dʁʌnen]], ['dɑmˀ]
rei (m)	konge (f)	['kʌŋə]

vez (m)	træk (i)	['tʁak]
mover (vt)	at flytte	[ʌ 'fløtə]
sacrificar (vt)	at ofre	[ʌ 'ʌfʁʌ]
roque (m)	rokade (f)	[ʁo'kæːðə]
xeque (m)	skak (f)	['skɑk]
xeque-mate (m)	mat (f)	['mat]

torneio (m) de xadrez	skakturnering (f)	['skɑk tuɐ'neˀɡ̊en]
grão-mestre (m)	stormester (f)	['stoɡ̊ˌmɛstʌ]
combinação (f)	kombination (f)	[kʌmbina'ɕoˀn]
partida (f)	parti (i)	[pɑ'tiˀ]
jogo (m) de damas	dam (i, f), damspil (f)	['dɑmˀ], ['dɑmˌsbel]

140. Boxe

boxe (m)	boksning (f)	['bʌksnen]
combate (m)	kamp (f)	['kɑmˀp]
duelo (m)	boksekamp (f)	['bʌksəˌkɑmˀp]
round (m)	runde (f)	['ʁɔndə]

ringue (m)	ring (f)	['ʁɛŋ]
gongo (m)	gong (f)	['gʌŋ]

murro, soco (m)	stød (i)	['støð]
knockdown (m)	knockdown (f)	[nʌk'dɑwn]

nocaute (m)	knockout (f)	[nʌk'ɑwt]
nocautear (vt)	at slå ud	[ʌ 'slɔˀ uðˀ]

luva (f) de boxe	boksehandske (f)	['bʌksəˌhanskə]
árbitro (m)	dommer (f)	['dʌmʌ]

peso-leve (m)	letvægt (f)	['lɛtˌvɛgt]
peso-médio (m)	mellemvægt (f)	['mɛləmˌvɛgt]
peso-pesado (m)	sværvægt (f)	['svɛɡ̊ˌvɛgt]

141. Desportos. Diversos

Jogos (m pl) Olímpicos	de olympiske lege	[di o'løm'piskǝ 'laj'ǝ]
vencedor (m)	sejrherre (f)	['sajʌ,hæ'ʌ]
vencer (vi)	at vinde, at sejre	[ʌ 'venǝ], [ʌ 'sajʁʌ]
vencer, ganhar (vi)	at vinde	[ʌ 'venǝ]
líder (m)	leder (f)	['le:ðʌ]
liderar (vt)	at lede	[ʌ 'le:ðǝ]
primeiro lugar (m)	førsteplads (f)	['fœʁstǝ,plas]
segundo lugar (m)	andenplads (f)	['anǝn,plas]
terceiro lugar (m)	tredjeplads (f)	['tʁɛðjǝ,plas]
medalha (f)	medalje (f)	[me'daljǝ]
troféu (m)	trofæ (i)	[tʁo'fɛ']
taça (f)	pokal (f)	[po'kæ'l]
prémio (m)	pris (f)	['pʁi's]
prémio (m) principal	hovedpris (f)	['ho:ǝð,pʁi's]
recorde (m)	rekord (f)	[ʁɛ'kɒ:d]
estabelecer um recorde	at sætte rekord	[ʌ 'sɛtǝ ʁɛ'kɒ:d]
final (m)	finale (f)	[fi'næ:lǝ]
final	finale-	[fi'næ:lǝ-]
campeão (m)	mester (f)	['mɛstʌ]
campeonato (m)	mesterskab (i)	['mɛstʌ,skæ'b]
estádio (m)	stadion (i)	['stæ'djʌn]
bancadas (f pl)	tribune (f)	[tʁi'by:nǝ]
fã, adepto (m)	fan (f)	['fæ:n]
adversário (m)	modstander (f)	['moð,stan'ʌ]
partida (f)	start (f)	['sta't]
chegada, meta (f)	mål (i), målstreg (f)	['mɔ'l], ['mɔ'l,stʁaj']
derrota (f)	nederlag (i)	['neðʌ,læ'j]
perder (vt)	at tabe	[ʌ 'tæ:bǝ]
árbitro (m)	dommer (f)	['dʌmʌ]
júri (m)	jury (f)	['dju:ɐ̯i]
resultado (m)	resultat (i)	[ʁɛsul'tæ't]
empate (m)	uafgjorte resultat (i)	['uɑw,gjoɐ̯'tǝ ʁɛsul'tæ't]
empatar (vi)	at spille uafgjort	[ʌ 'spelǝ 'uɑw,gjoɐ̯'t]
ponto (m)	point (i)	[po'ɛŋ]
resultado (m) final	resultat (i)	[ʁɛsul'tæ't]
tempo, período (m)	periode (f)	[pæɐ̯i'o:ðǝ]
intervalo (m)	halvtid (f)	['hal,tið']
doping (m)	doping (f)	['do:peŋ]
penalizar (vt)	at straffe	[ʌ 'stʁafǝ]
desqualificar (vt)	at diskvalificere	[ʌ 'diskvalifi,se'ʌ]
aparelho (m)	redskab (i)	['ʁɛð,skæ'b]
dardo (m)	spyd (i)	['spyð]

| peso (m) | kugle (f) | ['ku:lə] |
| bola (f) | kugle (f) | ['ku:lə] |

alvo, objetivo (m)	mål (i)	['mɔ'l]
alvo (~ de papel)	skydeskive (f)	['sky:ðə͵ski:və]
atirar, disparar (vi)	at skyde	[ʌ 'sky:ðə]
preciso (tiro ~)	fuldtræffer	['ful͵tʁafʌ]

treinador (m)	træner (f)	['tʁɛ:nʌ]
treinar (vt)	at træne	[ʌ 'tʁɛ:nə]
treinar-se (vr)	at træne	[ʌ 'tʁɛ:nə]
treino (m)	træning (f)	['tʁɛ:neŋ]

ginásio (m)	sportshal (f)	['spɒ:ts͵hal']
exercício (m)	øvelse (f)	['ø:vəlsə]
aquecimento (m)	opvarmning (f)	['ʌp͵vɑ'mneŋ]

Educação

142. Escola

escola (f)	skole (f)	['skoːlə]
diretor (m) de escola	skoleinspektør (f)	['skoːlə ɛnspək'tøˀg̊]
aluno (m)	elev (f)	[e'leˀw]
aluna (f)	elev (f)	[e'leˀw]
escolar (m)	skoleelev (f)	['skoːlə e'leˀw]
escolar (f)	skoleelev (f)	['skoːlə e'leˀw]
ensinar (vt)	at undervise	[ʌ 'ɔnʌ̩viˀsə]
aprender (vt)	at lære	[ʌ 'lɛːʌ]
aprender de cor	at lære udenad	[ʌ 'lɛːʌ 'uðən'að]
estudar (vi)	at lære	[ʌ 'lɛːʌ]
andar na escola	at gå i skole	[ʌ gɔˀ i 'skoːlə]
ir à escola	at gå i skole	[ʌ gɔˀ i 'skoːlə]
alfabeto (m)	alfabet (i)	[alfa'beˀt]
disciplina (f)	fag (i)	['fæˀj]
sala (f) de aula	klasseværelse (i)	['klasə̩væg̊ʌlsə]
lição (f)	time (f)	['tiːmə]
recreio (m)	frikvarter (i)	['fʁikvɑ̩teˀg̊]
toque (m)	skoleklokke (f)	['skoːlə̩klʌkə]
carteira (f)	skolebord (i)	['skoːlə̩boˀg̊]
quadro (m) negro	tavle (f)	['tawlə]
nota (f)	karakter (f)	[kɑɑk'teˀg̊]
boa nota (f)	høj karakter (f)	['hʌj kɑɑk'teˀg̊]
nota (f) baixa	dårlig karakter (f)	['dɒːli kɑɑk'teˀg̊]
dar uma nota	at give karakter	[ʌ 'giˀ kɑɑk'teˀg̊]
erro (m)	fejl (f)	['fɑjˀl]
fazer erros	at lave fejl	[ʌ 'læːvə 'fɑjˀl]
corrigir (vt)	at rette	[ʌ 'ʁatə]
cábula (f)	snydeseddel (f)	['snyːðə̩sɛðˀəl]
dever (m) de casa	hjemmeopgave (f)	['jɛmə 'ʌp̩gæːvə]
exercício (m)	øvelse (f)	['øːvəlsə]
estar presente	at være til stede	[ʌ 'vɛːʌ tel 'stɛːðə]
estar ausente	at være fraværende	[ʌ 'vɛːʌ 'fʁɑ̩vɛˀʌnə]
faltar às aulas	at forsømme skolen	[ʌ fʌ'sœmˀə 'skoːlən]
punir (vt)	at straffe	[ʌ 'stʁafə]
punição (f)	straf (f), afstraffelse (f)	['stʁɑf], ['awˌstʁafəlsə]
comportamento (m)	opførsel (f)	['ʌp̩føg̊ˀsəl]

boletim (m) escolar	karakterbog (f)	[kɑɑk'teɡ̊,bɔˀw]
lápis (m)	blyant (f)	['bly:,anˀt]
borracha (f)	viskelæder (i)	['veskə,lɛðˀʌ]
giz (m)	kridt (i)	['kʁit]
estojo (m)	penalhus (i)	[pe'næˀl,huˀs]

pasta (f) escolar	skoletaske (f)	['sko:lə ,taskə]
caneta (f)	pen (f)	['pɛnˀ]
caderno (m)	hæfte (i)	['hɛftə]
manual (m) escolar	lærebog (f)	['lɛ:ʌ,bɔˀw]
compasso (m)	passer (f)	['pasʌ]

traçar (vt)	at tegne	[ʌ 'tɑjnə]
desenho (m) técnico	teknisk tegning (f)	['tɛknisk 'tɑjneŋ]

poesia (f)	digt (i)	['degt]
de cor	udenad	['uðən'að]
aprender de cor	at lære udenad	[ʌ 'lɛ:ʌ 'uðən'að]

férias (f pl)	skoleferie (f)	['sko:lə,feɡ̊ˀiə]
estar de férias	at holde ferie	[ʌ 'hʌlə 'feɡ̊ˀiə]
passar as férias	at tilbringe ferien	[ʌ 'tel,bʁɛŋˀə 'feɡ̊ˀiən]

teste (m)	prøve (f)	['pʁœ:wə]
composição, redação (f)	skolestil (f)	['sko:lə ,stiˀl]
ditado (m)	diktat (i, f)	[dik'tæˀt]
exame (m)	eksamen (f)	[ɛk'sæˀmən]
fazer exame	at tage en eksamen	[ʌ 'ɑw'lɛgə en ɛk'sæˀmən]
experiência (~ química)	forsøg (i)	[fʌ'søˀj]

143. Colégio. Universidade

academia (f)	akademi (i)	[akadə'miˀ]
universidade (f)	universitet (i)	[univæɡ̊si'teˀt]
faculdade (f)	fakultet (i)	[fakul'teˀt]

estudante (m)	studerende (f)	[stu'deˀʌnə]
estudante (f)	kvindelig studerende (f)	['kvenəli stu'deˀʌnə]
professor (m)	lærer, forelæser (f)	['lɛ:ʌ], ['fɔːɒ,lɛˀsʌ]

sala (f) de palestras	forelæsningssal (f)	['fɔːɒ,lɛˀsneŋ,sæˀl]
graduado (m)	alumne (f)	[a'lɔmnə]

diploma (m)	diplom (i)	[di'ploˀm]
tese (f)	afhandling (f)	['ɑw,hanˀleŋ]

estudo (obra)	studie (i, f)	['stuˀdjə]
laboratório (m)	laboratorium (i)	[laboʁɑ'toɡ̊ˀjɔm]

palestra (f)	forelæsning (f)	['fɔːɒ,lɛˀsneŋ]
colega (m) de curso	studiekammerat (f)	['stuˀdjə kamə'ʁɑˀt]

bolsa (f) de estudos	stipendium (i)	[sti'pɛnˀdjɔm]
grau (m) académico	akademisk grad (f)	[aka'deˀmisk 'gʁɑˀð]

144. Ciências. Disciplinas

matemática (f)	matematik (f)	[matəma'tik]
álgebra (f)	algebra (f)	['algə,bʁɑ']
geometria (f)	geometri (f)	[geomə'tʁi']

astronomia (f)	astronomi (f)	[astʁo'no'm]
biologia (f)	biologi (f)	[biolo'gi']
geografia (f)	geografi (f)	[geogʁɑ'fi']
geologia (f)	geologi (f)	[geolo'gi']
história (f)	historie (f)	[hi'stoɐ̯'iə]

medicina (f)	medicin (f)	[medi'si'n]
pedagogia (f)	pædagogik (f)	[pɛdago'gik]
direito (m)	ret (f)	['ʁat]

física (f)	fysik (f)	[fy'sik]
química (f)	kemi (f)	[ke'mi']
filosofia (f)	filosofi (f)	[filoso'fi']
psicologia (f)	psykologi (f)	[sykolo'gi']

145. Sistema de escrita. Ortografia

gramática (f)	grammatik (f)	[gʁama'tik]
vocabulário (m)	ordforråd (i)	['oɐ̯fo,ʁɔ'ð]
fonética (f)	fonetik (f)	[fonə'tik]

substantivo (m)	substantiv (i)	['substan,tiw']
adjetivo (m)	adjektiv (i)	['aðjɛk,tiw']
verbo (m)	verbum (i)	['væɐ̯bɔm]
advérbio (m)	adverbium (i)	[að'væɐ̯'bjɔm]

pronome (m)	pronomen (i)	[pʁo'no:mən]
interjeição (f)	interjektion (f)	[entʌjɛk'ɕo'n]
preposição (f)	præposition (f)	[pʁɛposi'ɕo'n]

raiz (f) da palavra	rod (f)	['ʁo'ð]
terminação (f)	endelse (f)	['ɛnəlsə]
prefixo (m)	præfiks (i)	[pʁɛ'fiks]
sílaba (f)	stavelse (f)	['stæ:vəlsə]
sufixo (m)	suffiks (i)	[su'fiks]

acento (m)	betoning (f), tryk (i)	[be'to'nen], ['tʁœk]
apóstrofo (m)	apostrof (f)	[apo'stʁʌf]

ponto (m)	punktum (i)	['pɔŋtɔm]
vírgula (f)	komma (i)	['kʌma]
ponto e vírgula (m)	semikolon (i)	[semi'ko:lʌn]
dois pontos (m pl)	kolon (i)	['ko:lʌn]
reticências (f pl)	tre prikker (f pl)	['tʁɛ: 'pʁɛkʌ]

ponto (m) de interrogação	spørgsmålstegn (i)	['spœɐ̯s,mɔls taj'n]
ponto (m) de exclamação	udråbstegn (i)	['uðʁɔbs,taj'n]

aspas (f pl)	anførselstegn (i pl)	['an͵føɡ̊səls͵taj²n]
entre aspas	i anførselstegn	[i 'an͵føɡ̊səls͵taj²n]
parênteses (m pl)	parentes (f)	[pɑɑn'te²s]
entre parênteses	i parentes	[i pɑɑn'te²s]

hífen (m)	bindestreg (f)	['benəstʁɑj]
travessão (m)	tankestreg (f)	['tɑŋkə͵stʁɑj²]
espaço (m)	mellemrum (i)	['mɛləm͵ʁɔm²]

letra (f)	bogstav (i)	['bɔw͵stæw]
letra (f) maiúscula	stort bogstav (i)	['sto²ɡ̊t 'bɔgstæw]

vogal (f)	vokal (f)	[vo'kæ²l]
consoante (f)	konsonant (f)	[kʌnso'nan²t]

frase (f)	sætning (f)	['sɛtneŋ]
sujeito (m)	subjekt (i)	[sub'jɛkt]
predicado (m)	prædikat (i)	[pʁɛdi'kæ²t]

linha (f)	linje (f)	['linjə]
em uma nova linha	på ny linje	[pɔ ny 'linjə]
parágrafo (m)	afsnit (i)	['ɑw͵snit]

palavra (f)	ord (i)	['o²ɡ̊]
grupo (m) de palavras	ordgruppe (f)	['oɡ̊͵gʁupə]
expressão (f)	udtryk (i)	['uð͵tʁɶk]
sinónimo (m)	synonym (i)	[syno'ny²m]
antónimo (m)	antonym (i)	[anto'ny²m]

regra (f)	regel (f)	['ʁɛj²əl]
exceção (f)	undtagelse (f)	['ɔn͵tæ²jəlsə]
correto	rigtig	['ʁɛgti]

conjugação (f)	bøjning (f)	['bʌjneŋ]
declinação (f)	bøjning (f)	['bʌjneŋ]
caso (m)	kasus (f)	['kæ:sus]
pergunta (f)	spørgsmål (i)	['spɶɡ̊s͵mɔ²l]
sublinhar (vt)	at understrege	[ʌ 'ɔnʌ͵sdʁɑjə]
linha (f) pontilhada	punkteret linje (f)	[pɔŋ'te²ʌð 'linjə]

146. Línguas estrangeiras

língua (f)	sprog (i)	['spʁɔ²w]
estrangeiro	fremmed-	['fʁaməð-]
língua (f) estrangeira	fremmedsprog (i)	['fʁaməð'spʁɔ²w]
estudar (vt)	at studere	[ʌ stu'de²ʌ]
aprender (vt)	at lære	[ʌ 'lɛ:ʌ]

ler (vt)	at læse	[ʌ 'lɛ:sə]
falar (vi)	at tale	[ʌ 'tæ:lə]
compreender (vt)	at forstå	[ʌ fʌ'stɔ²]
escrever (vt)	at skrive	[ʌ 'skʁi:və]
rapidamente	hurtigt	['hoɡ̊tit]
devagar	langsomt	['lɑŋ͵sʌmt]

fluentemente	flydende	['fly:ðənə]
regras (f pl)	regler (f pl)	['ʁɛjlʌ]
gramática (f)	grammatik (f)	[gʁama'tik]
vocabulário (m)	ordforråd (i)	['oɐ̯fɒˌʁɒˀð]
fonética (f)	fonetik (f)	[fonə'tik]

manual (m) escolar	lærebog (f)	['lɛːʌˌbɔˀw]
dicionário (m)	ordbog (f)	['oɐ̯ˌbɔˀw]
manual (m) de autoaprendizagem	lærebog (f) til selvstudium	['lɛːʌˌbɔˀw tel 'sɛlˌstuˀdjɔm]
guia (m) de conversação	parlør (f)	[pɑ'lœːɐ̯]

cassete (f)	kassette (f)	[ka'sɛtə]
vídeo cassete (m)	videokassette (f)	['viˀdjo ka'sɛtə]
CD (m)	cd (f)	[se'deˀ]
DVD (m)	dvd (f)	[deve'deˀ]

alfabeto (m)	alfabet (i)	[alfa'beˀt]
soletrar (vt)	at stave	[ʌ 'stæːvə]
pronúncia (f)	udtale (f)	['uðˌtæːlə]

sotaque (m)	accent (f)	[ak'saŋ]
com sotaque	med accent	[mɛ ak'saŋ]
sem sotaque	uden accent	['uðən ak'saŋ]

palavra (f)	ord (i)	['oˀɐ̯]
sentido (m)	betydning (f)	[be'tyðˀnen]

cursos (m pl)	kursus (i)	['kuɐ̯sʌ]
inscrever-se (vr)	at indmelde sig	[ʌ 'enlˌmɛlˀə saj]
professor (m)	lærer (f)	['lɛːʌ]

tradução (processo)	oversættelse (f)	['ɒwʌˌsɛtəlsə]
tradução (texto)	oversættelse (f)	['ɒwʌˌsɛtəlsə]
tradutor (m)	oversætter (f)	['ɒwʌˌsɛtʌ]
intérprete (m)	tolk (f)	['tʌlˀk]

poliglota (m)	polyglot (f)	[poly'glʌt]
memória (f)	hukommelse (f)	[hu'kʌmˀəlsə]

147. Personagens de contos de fadas

Pai (m) Natal	Julemanden	['juːləˌманˀ]
Cinderela (f)	Askepot	['askəˌpʌt]
sereia (f)	havfrue (f)	['hawˌfʁuːə]
Neptuno (m)	Neptun	[nɛp'tuˀn]

mago (m)	troldmand (f)	['tʁʌlˌманˀ]
fada (f)	fe (f)	['feˀ]
mágico	trylle-	['tʁylə-]
varinha (f) mágica	tryllestav (f)	['tʁyləˌstæˀw]

conto (m) de fadas	eventyr (i)	['ɛːvənˌtyɐ̯ˀ]
milagre (m)	mirakel (i)	[mi'ʁakəl]

| anão (m) | dværg (f) | ['dvæɐ̯'w] |
| transformar-se em ... | at forvandle sig til ... | [ʌ fʌ'van'lə saj tel ...] |

fantasma (m)	fantom (i)	[fan'to'm]
espetro (m)	spøgelse (i)	['spø:jəlsə]
monstro (m)	monster (i)	['mʌn'stʌ]
dragão (m)	drage (f)	['dʁɑ:wə]
gigante (m)	gigant, kæmpe (f)	[gi'gan't], ['kɛmpə]

148. Signos do Zodíaco

Carneiro	Vædderen	['vɛð'ʌən]
Touro	Tyren	['tyɐ̯'ən]
Gémeos	Tvillingerne	['tvileŋʌnə]
Caranguejo	Krebsen	['kʁabsən]
Leão	Løven	['lø:vən]
Virgem (f)	Jomfruen	['jʌmfʁu:ən]

Balança	Vægten	['vɛgtən]
Escorpião	Skorpionen	[skɒpi'o'nən]
Sagitário	Skytten	['skøtən]
Capricórnio	Stenbukken	['ste:n,bɒkn]
Aquário	Vandmanden	['van,manən]
Peixes	Fiskene	['feskənə]

caráter (m)	karakter (f)	[kɑɑk'te'ɐ̯]
traços (m pl) do caráter	karaktertræk (i pl)	[kɑɑk'teɐ̯,tʁak]
comportamento (m)	opførsel (f)	['ʌp,føɐ̯'səl]
predizer (vt)	at spå	[ʌ 'spɔ']
adivinha (f)	spåkone (f)	['spʌ,ko:nə]
horóscopo (m)	horoskop (i)	[hoo'sko'p]

Artes

149. Teatro

teatro (m)	teater (i)	[te'æ'tʌ]
ópera (f)	opera (f)	['o'pɐʁɑ]
opereta (f)	operette (f)	[opə'ʁatə]
balé (m)	ballet (f)	[ba'lɛt]
cartaz (m)	teaterplakat (f)	[te'ætʌ pla'kæ't]
companhia (f) teatral	teatertrup (f)	[te'ætʌ‚tʁup]
turné (digressão)	turne, turné (f)	[toɡ'ne]
estar em turné	at være på turné	[ʌ 'vɛːʌ pɔ' toɡ'ne]
ensaiar (vt)	at repetere	[ʌ ʁɛpə'te'ʌ]
ensaio (m)	repetition (f)	[ʁɛpəti'ɕo'n]
repertório (m)	repertoire (i)	[ʁɛpæɡto'ɑː]
apresentação (f)	forestilling (f)	['fɒːɒ‚stel'eŋ]
espetáculo (m)	teaterstykke (i)	[te'ætʌ‚støkə]
peça (f)	skuespil (i)	['sku:ə‚spel]
bilhete (m)	billet (f)	[bi'lɛt]
bilheteira (f)	billetsalg (i)	[bi'lɛt‚sal']
hall (m)	lobby, foyer (f)	['lʌbi], [fwa'je]
guarda-roupa (m)	garderobe (f)	[gadə'ʁoːbə]
senha (f) numerada	mærke (i)	['mæɡkə]
binóculo (m)	kikkert (f)	['kikʌt]
lanterninha (m)	kontrollør (f)	[kʌntʁo'lø'ɡ]
plateia (f)	parket (i)	[pa'kɛt]
balcão (m)	balkon (f)	[bal'kʌŋ]
primeiro balcão (m)	første række (f)	['fœɡstə‚ʁakə]
camarote (m)	loge (f)	['loːɕə]
fila (f)	række (f)	['ʁakə]
assento (m)	plads (f)	['plas]
público (m)	publikum (i)	['publikɔm]
espetador (m)	tilskuer (f)	['tel‚sku'ʌ]
aplaudir (vt)	at applaudere	[ʌ 'klapə]
aplausos (m pl)	applaus (f)	[a'plaw's]
ovação (f)	bifald (i)	['bi‚fal']
palco (m)	scene (f)	['seːnə]
pano (m) de boca	tæppe (i)	['tɛpə]
cenário (m)	dekoration (f)	[dekoʁa'ɕo'n]
bastidores (m pl)	kulisser (f pl)	[ku'lisʌ]
cena (f)	scene (f)	['seːnə]
ato (m)	akt (f)	['akt]
entreato (m)	pause, mellemakt (f)	['pawsə], ['mɛləm‚akt]

150. Cinema

ator (m)	skuespiller (f)	['skuːəˌspelʌ]
atriz (f)	skuespillerinde (f)	['skuːəˌspelʌ'enə]
cinema (m)	filmindustri (f)	['film endu'stʁi']
filme (m)	film (f)	['fil'm]
episódio (m)	del (f)	['de'l]
filme (m) policial	kriminalfilm (f)	[kʁimi'næ'lˌfil'm]
filme (m) de ação	actionfilm (f)	['akɕənˌfil'm]
filme (m) de aventuras	eventyrfilm (f)	['ɛːvənˌtyɡ 'fil'm]
filme (m) de ficção científica	science fiction film (f)	[sajəns'fekɕən 'fil'm]
filme (m) de terror	skrækfilm (f)	['sgʁakˌfil'm]
comédia (f)	komedie (f), lystspil (i)	[ko'með'jə], ['løstˌspel]
melodrama (m)	melodrama (i)	[melo'dʁaːma]
drama (m)	drama (i)	['dʁaːma]
filme (m) ficcional	spillefilm (f)	['speləˌfil'm]
documentário (m)	dokumentarfilm (f)	[dokumɛn'ta' 'fil'm]
desenho (m) animado	tegnefilm (f)	['tajnəˌfil'm]
cinema (m) mudo	stumfilm (f)	['stɔmˌfil'm]
papel (m)	rolle (f)	['ʁʌlə]
papel (m) principal	hovedrolle (f)	['hoːəðˌʁʌlə]
representar (vt)	at spille	[ʌ 'spelə]
estrela (f) de cinema	filmstjerne (f)	['filmˌstjæɡnə]
conhecido	kendt, berømt	['kɛn't], [be'ʁœm't]
famoso	berømt	[be'ʁœm't]
popular	populær	[popu'lɛ'ɡ]
argumento (m)	manuskript (i)	[manu'skʁɛpt]
argumentista (m)	manuskriptforfatter (f)	[manu'skʁɛpt fʌ'fatʌ]
realizador (m)	filminstruktør (f)	['film enstʁuk'tø'ɡ]
produtor (m)	producer (f)	[pʁo'djuːsʌ]
assistente (m)	assistent (f)	[asi'stɛn't]
diretor (m) de fotografia	kameramand (f)	['kæ'məʁaˌman']
duplo (m)	stuntmand (f)	['stʌntˌman']
duplo (m) de corpo	dubleant (f)	[duble'an't]
filmar (vt)	at indspille en film	[ʌ 'enˌspel'ə ən fil'm]
audição (f)	prøve (f)	['pʁœːwə]
filmagem (f)	filmoptagelse (f)	['film ʌpˌtæ'jəlsə]
equipe (f) de filmagem	filmhold (i)	['filmˌhʌl']
set (m) de filmagem	optagelsessted (i)	['ʌpˌtæ'jəlsəˌstɛð]
câmara (f)	filmkamera (i)	['filmˌkæ'məʁa]
cinema (m)	biograf (f)	[bio'gʁɑ'f]
ecrã (m), tela (f)	filmlærred (i)	['filmˌlæɡʌð]
exibir um filme	at vise en film	[ʌ 'viːsə en fil'm]
pista (f) sonora	lydspor (i)	['lyðˌspo'ɡ]
efeitos (m pl) especiais	specialeffekter (f pl)	['spɛɕəl e'fɛktʌ]

legendas (f pl)	undertekster (f pl)	['ɔnʌˌtɛkstʌ]
crédito (m)	rulletekst (f)	['ʁuləˌtɛkst]
tradução (f)	oversættelse (f)	['ɒwʌˌsɛtəlsə]

151. Pintura

arte (f)	kunst (f)	['kɔnˀst]
belas-artes (f pl)	de skønne kunster	[di 'skœnə 'kɔnˀstʌ]
galeria (f) de arte	kunstgalleri (i)	['kɔnˀst galʌ'ʁiˀ]
exposição (f) de arte	kunstudstilling (f)	['kɔnst uðˌstelˀeŋ]

pintura (f)	maleri (i)	[ˌmæːlʌ'ʁiˀ]
arte (f) gráfica	grafik (f)	[gʁɑ'fik]
arte (f) abstrata	abstrakt kunst (f)	[ab'stʁakt 'kɔnˀst]
impressionismo (m)	impressionisme (f)	[empʁɛɕo'nismə]

pintura (f), quadro (m)	maleri (i)	[ˌmæːlʌ'ʁiˀ]
desenho (m)	tegning (f)	['tajneŋ]
cartaz, póster (m)	poster (f)	['pɔwstʌ]

ilustração (f)	illustration (f)	[ilustʁɑ'ɕoˀn]
miniatura (f)	miniature (f)	[minja'tyːʌ]
cópia (f)	kopi (f)	[ko'piˀ]
reprodução (f)	reproduktion (f)	[ʁepʁoduk'ɕoˀn]

mosaico (m)	mosaik (f)	[mosa'ik]
vitral (m)	glasmaleri (i)	['glas ˌmæːlʌ'ʁiˀ]
fresco (m)	fresko (f)	['fʁasko]
gravura (f)	gravure (f)	[gʁɑ'vyːʌ]

busto (m)	buste (f)	['bystə]
escultura (f)	skulptur (f)	[skulp'tuɡ̊ˀ]
estátua (f)	statue (f)	['stæˀtuə]
gesso (m)	gips (f)	['gips]
em gesso	gips-	['gips-]

retrato (m)	portræt (i)	[pɔ'tʁat]
autorretrato (m)	selvportræt (i)	['sɛlˌpɔtʁat]
paisagem (f)	landskabsmaleri (i)	['lanˌskæbsˌmæːlʌ'ʁiˀ]
natureza (f) morta	stilleben (i)	['stelˌleːbən]
caricatura (f)	karikatur (f)	[kɑika'tuɡ̊ˀ]
esboço (m)	skitse (f)	['skitsə]

tinta (f)	maling (f)	['mæːleŋ]
aguarela (f)	akvarel (f)	[akvɑ'ʁalˀ]
óleo (m)	olie (f)	['oljə]
lápis (m)	blyant (f)	['blyːˌanˀt]
tinta da China (f)	tusch (f)	['tuɕ]
carvão (m)	kul (i)	['kɔl]

desenhar (vt)	at tegne	[ʌ 'tajnə]
pintar (vt)	at male	[ʌ 'mæːlə]
posar (vi)	at posere	[ʌ po'seˀʌ]
modelo (m)	model (f)	[mo'dɛlˀ]

modelo (f)	model (f)	[mo'dɛl']
pintor (m)	kunstner (f)	['kɔnstnʌ]
obra (f)	kunstværk (i)	['kɔnst͵væɐ̯k]
obra-prima (f)	mesterværk (i)	['mɛstʌ͵væɐ̯k]
estúdio (m)	atelier (i)	[atəl'je]

tela (f)	kanvas (i, f), lærred (i)	['kanvas], ['læɐ̯ʌð]
cavalete (m)	staffeli (i)	[stɑfə'li']
paleta (f)	palet (f)	[pa'lɛt]

moldura (f)	ramme (f)	['ʁɑmə]
restauração (f)	restaurering (f)	[ʁɛstɑw'ʁɛ'ɐ̯en]
restaurar (vt)	at restaurere	[ʌ ʁɛstɑw'ʁɛ'ʌ]

152. Literatura & Poesia

literatura (f)	litteratur (f)	[litɐʁɑ'tuɐ̯']
autor (m)	forfatter (f)	[fʌ'fatʌ]
pseudónimo (m)	pseudonym (i)	[sœwdo'ny'm]

livro (m)	bog (f)	['bɔ'w]
volume (m)	bind (i)	['ben']
índice (m)	indholdsfortegnelse (f)	['enhʌls fʌ'tɑj'nəlsə]
página (f)	side (f)	['si:ðə]
protagonista (m)	hovedperson (f)	['ho:əð pæɐ̯'so'n]
autógrafo (m)	autograf (f)	[awto'gʁɑ'f]

conto (m)	novelle (f)	[no'vɛlə]
novela (f)	kortroman (f)	['kɔ:d ʁo'mæ'n]
romance (m)	roman (f)	[ʁo'mæ'n]
obra (f)	værk (i)	['væɐ̯k]
fábula (m)	fabel (f)	['fæ'bəl]
romance (m) policial	kriminalroman (f)	[kʁimi'næl ʁo'mæ'n]

poesia (obra)	digt (i)	['degt]
poesia (arte)	poesi (f)	[poə'si']
poema (m)	epos (i)	[po'e'm]
poeta (m)	poet (f), digter (f)	[po'e't], ['degtʌ]

ficção (f) científica	science fiktion (f)	[sɑjəns'fekɕən]
aventuras (f pl)	eventyr (i pl)	['ɛ:vən͵tyɐ̯']
literatura (f) didática	undervisningslitteratur (f)	['ɔnʌ͵vi'snenjs litɐʁɑ'tuɐ̯']
literatura (f) infantil	børnelitteratur (f)	['bœɐ̯nə litɐʁɑ'tuɐ̯']

153. Circo

circo (m)	cirkus (i)	['siɐ̯kus]
circo (m) ambulante	omrejsende cirkus (i)	['ʌm͵ʁɑj'sənə 'siɐ̯kus]
programa (m)	program (i)	[pʁo'gʁɑm']
apresentação (f)	forestilling (f)	['fɔ:ɒ͵stel'en]
número (m)	nummer (i)	['nɔm'ʌ]
arena (f)	arena (f)	[ɑ'ʁɛ:na]

pantomima (f)	**pantomime** (f)	[panto'mi:mə]
palhaço (m)	**klovn** (f)	['klɒwˀn]
acrobata (m)	**akrobat** (f)	[akʀo'bæˀt]
acrobacia (f)	**akrobatik** (f)	[akʀoba'tik]
ginasta (m)	**gymnast** (f)	[gym'nast]
ginástica (f)	**gymnastik** (f)	[gymna'stik]
salto (m) mortal	**salto** (f)	['salto]
homem forte (m)	**atlet** (f)	[at'leˀt]
domador (m)	**dyretæmmer** (f)	['dyɐ̯ˌtɛmʌ]
cavaleiro (m) equilibrista	**rytter** (f)	['ʀytʌ]
assistente (m)	**assistent** (f)	[asi'stɛnˀt]
truque (m)	**trick** (i)	['tʀɛk]
truque (m) de mágica	**trylletrick** (i)	['tʀylǝˌtʀɛk]
mágico (m)	**tryllekunstner** (f)	['tʀylǝˌkɔnˀstnʌ]
malabarista (m)	**jonglør** (f)	[ɕʌŋ'løˀɐ̯]
fazer malabarismos	**at jonglere**	[ʌ ɕʌŋ'leˀʌ]
domador (m)	**dressør** (f)	[dʀɛ'søˀɐ̯]
adestramento (m)	**dressur** (f)	[dʀɛ'suɐ̯ˀ]
adestrar (vt)	**at dressere**	[ʌ dʀɛ'seˀʌ]

154. Música. Música popular

música (f)	**musik** (f)	[mu'sik]
músico (m)	**musiker** (f)	['mu'sikʌ]
instrumento (m) musical	**musikinstrument** (i)	[mu'sik ɛnstʀu'mɛnˀt]
tocar ...	**at spille ...**	[ʌ 'spelǝ ...]
guitarra (f)	**guitar** (f)	['giˌtɑˀ]
violino (m)	**violin** (f)	[vio'liˀn]
violoncelo (m)	**cello** (f)	['sɛlo]
contrabaixo (m)	**kontrabas** (f)	['kʌntʀɑˌbas]
harpa (f)	**harpe** (f)	['hɑːpǝ]
piano (m)	**piano** (i)	[pi'æ:no]
piano (m) de cauda	**flygel** (i)	['flyˀǝl]
órgão (m)	**orgel** (i)	['ɒˀwɛl]
instrumentos (m pl) de sopro	**blæseinstrumenter** (i pl)	['blɛˀsˌɛnstʀu'mɛnˀtʌ]
oboé (m)	**obo** (f)	[o'boˀ]
saxofone (m)	**saxofon** (f)	[sakso'foˀn]
clarinete (m)	**klarinet** (f)	[klɑi'nɛt]
flauta (f)	**fløjte** (f)	['flʌjtǝ]
trompete (m)	**trompet** (f)	[tʀɔm'peˀt]
acordeão (m)	**akkordeon** (i)	[a'kɒˀdjʌn]
tambor (m)	**tromme** (f)	['tʀɔmǝ]
duo, dueto (m)	**duet** (f)	[du'ɛt]
trio (m)	**trio** (f)	['tʀiːo]
quarteto (m)	**kvartet** (f)	[kvɑ'tɛt]

| coro (m) | kor (i) | ['koˀɐ] |
| orquestra (f) | orkester (i) | [ɒˈkɛstʌ] |

música (f) pop	popmusik (f)	['pʌp muˈsik]
música (f) rock	rockmusik (f)	['ʁʌk muˈsik]
grupo (m) de rock	rockgruppe (f)	['ʁʌk ˌgʁupə]
jazz (m)	jazz (f)	['djas]

| ídolo (m) | idol (i) | [iˈdoˀl] |
| fã, admirador (m) | beundrer (f) | [beˈɔnˀdʁʌ] |

concerto (m)	koncert (f)	[kɔnˈsæɐ̯t]
sinfonia (f)	symfoni (f)	[symfoˈniˀ]
composição (f)	komposition (f)	[kɔmposiˈɕoˀn]
compor (vt)	at komponere	[ʌ kɔmpoˈneˀʌ]

canto (m)	sang (f)	['sɑŋˀ]
canção (f)	sang (f)	['sɑŋˀ]
melodia (f)	melodi (f)	[meloˈdiˀ]
ritmo (m)	rytme (f)	['ʁytmə]
blues (m)	blues (f)	['bluːs]

notas (f pl)	noder (pl)	['noːðʌ]
batuta (f)	taktstok (f)	['tɑktˌstʌk]
arco (m)	bue (f)	['buːə]
corda (f)	streng (f)	['stʁaŋˀ]
estojo (m)	kasse (f)	['kasə]

Descanso. Entretenimento. Viagens

155. Viagens

turismo (m)	turisme (f)	[tuˈʁismə]
turista (m)	turist (f)	[tuˈʁist]
viagem (f)	rejse (f)	[ˈʁɑjsə]
aventura (f)	eventyr (i)	[ˈɛːvənˌtyʁˀ]
viagem (f)	rejse (f)	[ˈʁɑjsə]
férias (f pl)	ferie (f)	[ˈfeʁˀiə]
estar de férias	at holde ferie	[ʌ ˈhʌlə ˈfeʁˀiə]
descanso (m)	ophold (i), hvile (f)	[ˈʌpˌhʌlˀ], [ˈviːlə]
comboio (m)	tog (i)	[ˈtɔˀw]
de comboio (chegar ~)	med tog	[mɛ ˈtɔˀw]
avião (m)	fly (i)	[ˈflyˀ]
de avião	med fly	[mɛ ˈflyˀ]
de carro	med bil	[mɛ ˈbiˀl]
de navio	med skib	[mɛ ˈskiˀb]
bagagem (f)	bagage (f)	[baˈgæːɕə]
mala (f)	kuffert (f)	[ˈkɔfʌt]
carrinho (m)	bagagevogn (f)	[baˈgæːɕəˌvɒwˀn]
passaporte (m)	pas (i)	[ˈpas]
visto (m)	visum (i)	[ˈviːsɔm]
bilhete (m)	billet (f)	[biˈlɛt]
bilhete (m) de avião	flybillet (f)	[ˈfly biˈlɛt]
guia (m) de viagem	rejsehåndbog (f)	[ˈʁɑjsəˌhʌnbɔˀw]
mapa (m)	kort (i)	[ˈkɒːt]
local (m), area (f)	område (i)	[ˈʌmˌʁɔːðə]
lugar, sítio (m)	sted (i)	[ˈstɛð]
exótico	eksotisk	[ɛkˈsoˀtisk]
surpreendente	forunderlig	[fʌˈɔnˀˌʌli]
grupo (m)	gruppe (f)	[ˈgʁupə]
excursão (f)	udflugt (f)	[ˈuðˌflɔgt]
guia (m)	guide (f)	[ˈgɑjd]

156. Hotel

hotel (m)	hotel (i)	[hoˈtɛlˀ]
motel (m)	motel (i)	[moˈtɛlˀ]
três estrelas	trestjernet	[ˈtʁɛˌstjæɐ̯ˀnəð]
cinco estrelas	femstjernet	[ˈfɛmˌstjæɐ̯ˀnəð]

ficar (~ num hotel)	at bo	[ʌ 'boʔ]
quarto (m)	værelse (i)	['væɐ̯ʌlsə]
quarto (m) individual	enkeltværelse (i)	['ɛŋʔkəltˌvæɐ̯ʌlsə]
quarto (m) duplo	dobbeltværelse (i)	['dʌbəltˌvæɐ̯ʌlsə]
reservar um quarto	at booke et værelse	[ʌ 'bukə et 'væɐ̯ʌlsə]

| meia pensão (f) | halvpension (f) | ['halʔ paŋ'ɕoʔn] |
| pensão (f) completa | helpension (f) | ['heʔl paŋ'ɕoʔn] |

com banheira	med badekar	[mɛ 'bæːðəˌkɑ]
com duche	med brusebad	[mɛ 'bʁuːsəˌbað]
televisão (m) satélite	satellit-tv (i)	[satə'lit 'teʔˌveʔ]
ar (m) condicionado	klimaanlæg (i)	['kliːma'anˌlɛʔg]
toalha (f)	håndklæde (i)	['hʌnˌklɛːðə]
chave (f)	nøgle (f)	['nʌjlə]

administrador (m)	administrator (f)	[aðmini'stʁɑːtʌ]
camareira (f)	stuepige (f)	['stuəˌpiːə]
bagageiro (m)	drager (f)	['dʁɑːwʌ]
porteiro (m)	portier (f)	[pɒ'tje]

restaurante (m)	restaurant (f)	[ʁɛsto'ʁɑŋ]
bar (m)	bar (f)	['bɑʔ]
pequeno-almoço (m)	morgenmad (f)	['mɒːɒnˌmað]
jantar (m)	aftensmad (f)	['ɑftənsˌmað]
buffet (m)	buffet (f)	[by'fe]

| hall (m) de entrada | hall, lobby (f) | ['hɒːl], ['lʌbi] |
| elevador (m) | elevator (f) | [elə'væːtʌ] |

| NÃO PERTURBE | VIL IKKE FORSTYRRES | ['vel 'ekə fʌ'styɡ̊ʔʌs] |
| PROIBIDO FUMAR! | RYGNING FORBUDT | ['ʁyːneŋ fʌ'byʔð] |

157. Livros. Leitura

livro (m)	bog (f)	['bɔʔw]
autor (m)	forfatter (f)	[fʌ'fatʌ]
escritor (m)	forfatter (f)	[fʌ'fatʌ]
escrever (vt)	at skrive	[ʌ 'skʁiːvə]

leitor (m)	læser (f)	['lɛːsʌ]
ler (vt)	at læse	[ʌ 'lɛːsə]
leitura (f)	læsning (f)	['lɛːsneŋ]

| para si | for sig selv | [fʌ sɑj 'sɛlʔv] |
| em voz alta | højt | ['hɒjʔt] |

publicar (vt)	at publicere	[ʌ publi'seʔʌ]
publicação (f)	publicering (f)	[publi'seʁeŋ]
editor (m)	forlægger (f)	['fɒːˌlɛgʌ]
editora (f)	forlag (i)	['fɒːˌlæʔj]

| sair (vi) | at udkomme | [ʌ 'uðˌkʌmə] |
| lançamento (m) | udgivelse (f) | ['uðˌgiʔwəlsə] |

tiragem (f)	oplag (i)	['ʌpˌlæʔj]
livraria (f)	boghandel (f)	['bɔwˌhanʔəl]
biblioteca (f)	bibliotek (i)	[biblio'teʔk]

novela (f)	kortroman (f)	['kɒːd ʁo'mæ'n]
conto (m)	novelle (f)	[no'vɛlə]
romance (m)	roman (f)	[ʁo'mæʔn]
romance (m) policial	kriminalroman (f)	[kʁimi'næl ʁo'mæʔn]

memórias (f pl)	memoirer (pl)	[memo'ɑːɑ]
lenda (f)	legende (f), sagn (i)	[le'gɛndə], ['sɑwʔn]
mito (m)	myte (f)	['myːtə]

poesia (f)	digte (i pl)	['degtə]
autobiografia (f)	selvbiografi (f)	[ˌsɛlbiogʁɑ'fiʔ]
obras (f pl) escolhidas	udvalgte værker (i pl)	['uðˌval'tə 'væʁ̞kʌ]
ficção (f) científica	science fiction (f)	[sajəns'fekɕən]
título (m)	titel (f)	['titəl]
introdução (f)	indledning (f)	['enˌleðʔnen]
folha (f) de rosto	titelblad (i)	['titəlˌblað]

capítulo (m)	kapitel (i)	[ka'pitəl]
excerto (m)	uddrag (i)	['uðˌdʁɑ'w]
episódio (m)	episode (f)	[epi'soːðə]

tema (m)	handling (f)	['hanlen]
conteúdo (m)	indhold (i)	['enˌhʌlʔ]
índice (m)	indholdsfortegnelse (f)	['enhʌls fʌ'tajʔnəlsə]
protagonista (m)	hovedperson (f)	['hoːəð pæg̞'soʔn]

tomo, volume (m)	bind (i)	['benʔ]
capa (f)	omslag (i)	['ʌmˌslæʔj]
encadernação (f)	bogbind (i)	['bɔwˌbenʔ]
marcador (m) de livro	bogmærke (i)	['bɔwˌmæg̞kə]

página (f)	side (f)	['siːðə]
folhear (vt)	at bladre	[ʌ 'blaðʁʌ]
margem (f)	marginer (f pl)	['mɑʔginʌ]
anotação (f)	annotation (f)	[anota'ɕoʔn]
nota (f) de rodapé	anmærkning (f)	['anˌmæg̞knen]

texto (m)	tekst (f)	['tɛkst]
fonte (f)	skrifttype (f)	['skʁɛftˌtyːpə]
gralha (f)	trykfejl (f)	['tʁœkˌfajʔl]

tradução (f)	oversættelse (f)	['ɒwʌˌsɛtəlsə]
traduzir (vt)	at oversætte	[ʌ 'ɒwʌˌsɛtə]
original (m)	original (f)	[ɒigi'næʔl]

famoso	berømt	[be'ʁœmʔt]
desconhecido	ukendt	['uˌkɛnʔt]
interessante	interessant	[entʁə'sanʔt]
best-seller (m)	bestseller (f)	['bɛstˌsɛlʌ]
dicionário (m)	ordbog (f)	['og̞ˌbɔ'w]
manual (m) escolar	lærebog (f)	['lɛːʌˌbɔ'w]
enciclopédia (f)	encyklopædi (f)	[ɛnsyklopə'diʔ]

158. Caça. Pesca

caça (f)	jagt (f)	['jɑgt]
caçar (vi)	at jage	[ʌ 'jæːjə]
caçador (m)	jæger (f)	['jɛːjʌ]

atirar (vi)	at skyde	[ʌ 'skyːðə]
caçadeira (f)	gevær (i)	[ge'vɛ'g̊]
cartucho (m)	patron (f)	[pa'tʁoˀn]
chumbo (m) de caça	hagl (i)	['hɑwˀl]

armadilha (f)	saks (f), fælde (f)	['sɑks], ['fɛlə]
armadilha (com corda)	fælde (f)	['fɛlə]
cair na armadilha	at gå i fælden	[ʌ gɔˀ i 'fɛlən]
pôr a armadilha	at sætte en fælde	[ʌ 'sɛtə en 'fɛlə]

caçador (m) furtivo	krybskytte (f)	['kʁybˌskøtə]
caça (f)	vildt (i)	['vilˀt]
cão (m) de caça	jagthund (f)	['jɑgtˌhunˀ]
safári (m)	safari (f)	[sa'faːi]
animal (m) empalhado	udstoppet dyr (i)	['uðˌstʌpəð ˌdyg̊ˀ]

pescador (m)	fisker (f)	['feskʌ]
pesca (f)	fiskeri (i)	[feskʌ'ʁiˀ]
pescar (vt)	at fiske	[ʌ 'feskə]

cana (f) de pesca	fiskestang (f)	['feskəˌstɑŋˀ]
linha (f) de pesca	fiskesnøre (f)	['feskəˌsnœːʌ]
anzol (m)	krog (f)	['kʁɔˀw]
boia (f)	flyder (f)	['flyːðʌ]
isca (f)	agn (f)	['ɑwˀn]

lançar a linha	at kaste ud	[ʌ 'kastə uðˀ]
morder (vt)	at bide (på)	[ʌ 'biːðə pɔˀ]
pesca (f)	fangst (f)	['fɑŋˀst]
buraco (m) no gelo	hul (i) i isen	['hɔl i ˌisən]

rede (f)	net (i)	['nɛt]
barco (m)	båd (f)	['bɔˀð]
pescar com·rede	at fiske med net	[ʌ 'feskə 'mɛ nɛt]
lançar a rede	at kaste nettet	[ʌ 'kastə 'nɛtəð]
puxar a rede	at hale nettet ind	[ʌ 'hæːlə 'nɛtəð enˀ]
cair nas malhas	at blive fanget i nettet	[ʌ 'bliːə 'fɑŋəð i 'nɛtəð]

baleeiro (m)	hvalfanger (f)	['væːlˌfɑŋʌ]
baleeira (f)	hvalfangerbåd (f)	['væːlfɑŋʌˌbɔˀð]
arpão (m)	harpun (f)	[ha'puˀn]

159. Jogos. Bilhar

bilhar (m)	billard (i, f)	['biliˌɑˀd]
sala (f) de bilhar	billard salon (f)	['biliˌɑˀd sa'lʌŋ]
bola (f) de bilhar	billardkugle (f)	['biliˌɑˀd 'kuːlə]

embolsar uma bola	at skyde en bal	[ʌ 'sky:ðə en bal]
taco (m)	kø (f), billardkø (f)	['køˀ], ['biliˌɑˀd 'køˀ]
caçapa (f)	hul (i)	['hɔl]

160. Jogos. Jogar cartas

ouros (m pl)	ruder (f)	['ʁu:ðʌ]
espadas (f pl)	spar (f)	['spɑˀ]
copas (f pl)	hjerter (f)	['jæɐ̯tʌ]
paus (m pl)	klør (f)	['kløˀɐ̯]

ás (m)	es (i)	['ɛs]
rei (m)	konge (f)	['kʌŋə]
dama (f)	dame (f)	['dæ:mə]
valete (m)	knægt (f)	['knɛgt]

carta (f) de jogar	kort, spillekort (i)	['kɒ:t], ['speləˌkɒ:t]
cartas (f pl)	kort (i pl)	['kɒ:t]
trunfo (m)	trumf (f)	['tʁɔmˀf]
baralho (m)	sæt (i) spillekort	['sɛt 'speləˌkɒ:t]

ponto (m)	point (i)	[po'ɛŋ]
dar, distribuir (vt)	at give, at dele ud	[ʌ 'giˀ], [ʌ 'de:lə uðˀ]
embaralhar (vt)	at blande	[ʌ 'blanə]
vez, jogada (f)	træk (i)	['tʁak]
batoteiro (m)	falskspiller (f)	['falˀskˌspelʌ]

161. Casino. Roleta

casino (m)	kasino (i)	[ka'si:no]
roleta (f)	roulette (f)	[ʁu'lɛtə]
aposta (f)	indsats (f)	['enˌsats]
apostar (vt)	at satse	[ʌ 'satsə]

vermelho (m)	rød (f)	['ʁœd]
preto (m)	sort (f)	['soɐ̯t]
apostar no vermelho	at satse på rød	[ʌ 'satsə pɔˀ 'ʁœðˀ}
apostar no preto	at satse på sort	[ʌ 'satsə pɔˀ 'soɐ̯t]

crupiê (m, f)	croupier (f)	[kʁu'pje]
girar a roda	at snurre hjulet	[ʌ 'snoɐ̯ʌ 'ju:ləð]
regras (f pl) do jogo	spilleregler (f pl)	['speləˌʁɛjˀlʌ]
ficha (f)	chip, jeton (f)	['tjip], [ɕe'tʌŋ]

| ganhar (vi, vt) | at vinde | [ʌ 'venə] |
| ganho (m) | gevinst (f) | [ge'venˀst] |

| perder (dinheiro) | at tabe | [ʌ 'tæ:bə] |
| perda (f) | tab (i) | ['tæˀb] |

| jogador (m) | spiller (f) | ['spelʌ] |
| blackjack (m) | blackjack (f) | ['blakˌdjak] |

jogo (m) de dados	terningspil (i)	['tæɐ̯neŋˌspel]
dados (m pl)	terninger (f pl)	['tæɐ̯neŋʌ]
máquina (f) de jogo	spilleautomat (f)	['speleˌɑwto'mæʔt]

162. Descanso. Jogos. Diversos

passear (vi)	at spadsere	[ʌ spa'seʔʌ]
passeio (m)	spadseretur (f)	[spa'seʌˌtuɐ̯ʔ]
viagem (f) de carro	køretur (f)	['kø:ʌˌtuɐ̯ʔ]
aventura (f)	eventyr (i)	['ɛ:vənˌtyɐ̯ʔ]
piquenique (m)	picnic (f)	['piknik]
jogo (m)	spil (i)	['spel]
jogador (m)	spiller (f)	['spelʌ]
partida (f)	parti (i)	[pɑ'tiʔ]
colecionador (m)	samler (f)	['samlʌ]
colecionar (vt)	at samle på	[ʌ 'samle 'pɔʔ]
coleção (f)	samling (f)	['samleŋ]
palavras (f pl) cruzadas	krydsord (i, f)	['kʁysˌoʔɐ̯]
hipódromo (m)	galopbane (f)	[ga'lʌpˌbæ:ne]
discoteca (f)	diskotek (i)	[disko'teʔk]
sauna (f)	sauna (f)	['sɑwna]
lotaria (f)	lotteri (i)	[lʌtʌ'ʁiʔ]
campismo (m)	campingtur (f)	['kæ:mpeŋˌtuɐ̯ʔ]
acampamento (m)	lejr (f)	['lɑjʔʌ]
tenda (f)	telt (i)	['tɛlʔt]
bússola (f)	kompas (i)	[kɔm'pas]
campista (m)	campist (f)	[kɑm'pist]
ver (vt), assistir à ...	at se	[ʌ 'seʔ]
telespectador (m)	tv-seer (f)	['teˌve 'seʔʌ]
programa (m) de TV	tv-show (i)	['teˌve 'ɕɔ:w]

163. Fotografia

máquina (f) fotográfica	kamera (i)	['kæʔmeʁa]
foto, fotografia (f)	foto (i), fotografi (i, f)	['foto], [fotoʁɑ'fiʔ]
fotógrafo (m)	fotograf (f)	[foto'gʁɑʔf]
estúdio (m) fotográfico	fotoatelier (i)	['foto atəl'je]
álbum (m) de fotografias	fotoalbum (i)	['fotoˌalbɔm]
objetiva (f)	objektiv (i)	[ʌbjək'tiwʔ]
teleobjetiva (f)	teleobjektiv (i)	['te:le ʌbjək'tiwʔ]
filtro (m)	filter (i)	['filʔtʌ]
lente (f)	linse (f)	['lense]
ótica (f)	optik (f)	[ʌp'tik]
abertura (f)	blænder (f)	['blɛnʌ]

exposição (f)	eksponeringstid (f)	[ɛkspo'neɐ̯'eŋsˌtiðˀ]
visor (m)	søger (f)	['søːjʌ]

câmara (f) digital	digitalkamera (i)	[digi'tæˀl ˌkæˀmɐʁɑ]
tripé (m)	stativ (i)	[sta'tiwˀ]
flash (m)	blitz (f)	['blits]

fotografar (vt)	at fotografere	[ʌ fotogʁɑ'feˀʌ]
tirar fotos	at tage billeder	[ʌ 'tæˀ 'beləðə]
fotografar-se	at blive fotograferet	[ʌ 'bliːə fotogʁɑːˈfeˀʌð]

foco (m)	fokus (i, f)	['foːkus]
focar (vt)	at stille skarpt	[ʌ 'stelə 'skɑːpt]
nítido	skarp	['skɑːp]
nitidez (f)	skarphed (f)	['skɑːpˌheðˀ]

contraste (m)	kontrast (f)	[kʌn'tʁɑst]
contrastante	kontrast-	[kʌn'tʁɑst-]

retrato (m)	billede (i)	['beləðə]
negativo (m)	negativ (i)	['negaˌtiwˀ]
filme (m)	film (f)	['filˀm]
fotograma (m)	billede (i)	['beləðə]
imprimir (vt)	at skrive ud	[ʌ 'skʁiːvə uðˀ]

164. Praia. Natação

praia (f)	badestrand (f)	['bæːðəˌsdʁɑnˀ]
areia (f)	sand (i)	['sanˀ]
deserto	øde	['øːðə]

bronzeado (m)	solbrændthed (f)	['soːlˌbʁɑntheðˀ]
bronzear-se (vr)	at sole sig	[ʌ 'soːlə saj]
bronzeado	solbrændt	['soːlˌbʁɑnˀt]
protetor (m) solar	solcreme (f)	['soːlˌkʁɛˀm]

biquíni (m)	bikini (f)	[bi'kini]
fato (m) de banho	badedragt (f)	['bæːðəˌdʁɑgt]
calção (m) de banho	badebukser (pl)	['bæːðəˌbʊksʌ]

piscina (f)	svømmebassin (i)	['svœməbaˌsɛŋ]
nadar (vi)	at svømme	[ʌ 'svœmə]
duche (m)	brusebad (i)	['bʁuːsəˌbað]
mudar de roupa	at klæde sig om	[ʌ 'klɛːðə saj ˌʌmˀ]
toalha (f)	håndklæde (i)	['hʌnˌklɛːðə]

barco (m)	båd (f)	['bɔˀð]
lancha (f)	motorbåd (f)	['moːtʌˌbɔˀð]

esqui (m) aquático	vandski (f pl)	['vanˌskiˀ]
barco (m) de pedais	vandcykel (f)	['vanˌsykəl]
surf (m)	surfing (f)	['sœːfeŋ]
surfista (m)	surfer (f)	['sœːfʌ]
equipamento (m) de mergulho	SCUBA-sæt (i)	['skuːbəˈsɛt]

barbatanas (f pl)	svømmefødder (f pl)	['svœmə,føð'ʌ]
máscara (f)	maske (f)	['maskə]
mergulhador (m)	dykker (f)	['døkʌ]
mergulhar (vi)	at dykke	[ʌ 'døkə]
debaixo d'água	under vandet	['ɔnʌ 'vanəð]
guarda-sol (m)	parasol (f)	[paa'sʌl']
espreguiçadeira (f)	liggestol (f)	['legə,sto'l]
óculos (m pl) de sol	solbriller (pl)	['so:l,bʁɛlʌ]
colchão (m) de ar	luftmadras (f)	['lɔftma'dʁas]
brincar (vi)	at lege	[ʌ 'lɑjə]
ir nadar	at bade	[ʌ 'bæ'ðə]
bola (f) de praia	bold (f)	['bʌl'd]
encher (vt)	at puste op	[ʌ 'pu:stə ʌp]
inflável, de ar	oppustelig	[ʌp'pu'stəli]
onda (f)	bølge (f)	['bøljə]
boia (f)	bøje (f)	['bʌjə]
afogar-se (pessoa)	at drukne	[ʌ 'dʁɔknə]
salvar (vt)	at redde	[ʌ 'ʁɛðə]
colete (m) salva-vidas	redningsvest (f)	['ʁɛðneŋs,vɛst]
observar (vt)	at observere	[ʌ ʌbsæɐ̯'ve'ʌ]
nadador-salvador (m)	livredder (f)	['liw,ʁɛðʌ]

EQUIPAMENTO TÉCNICO. TRANSPORTES

Equipamento técnico. Transportes

165. Computador

computador (m)	computer (f)	[kʌm'pju:tʌ]
portátil (m)	bærbar, laptop (f)	['bɛɡ̊ˌbɑ'], ['lapˌtʌp]
ligar (vt)	at tænde	[ʌ 'tɛnə]
desligar (vt)	at slukke	[ʌ 'slɔkə]
teclado (m)	tastatur (i)	[tasta'tuɡ̊']
tecla (f)	tast (f)	['tast]
rato (m)	mus (f)	['muˀs]
tapete (m) de rato	musemåtte (f)	['mu:səˌmʌtə]
botão (m)	knap (f)	['knɑp]
cursor (m)	markør (f)	[mɑ'kø'ɡ̊]
monitor (m)	monitor, skærm (f)	['mʌnitʌ], ['skæɡ̊'m]
ecrã (m)	skærm (f)	['skæɡ̊'m]
disco (m) rígido	harddisk (f)	['hɑ:dˌdesk]
capacidade (f) do disco rígido	harddisk kapacitet (f)	['hɑ:dˌdesk kapasi'teˀt]
memória (f)	hukommelse (f)	[hu'kʌmˀəlsə]
memória RAM (f)	RAM, arbejdslager (i)	['ʁamˀ], ['ɑ:bɑjdsˌlæˀjʌ]
ficheiro (m)	fil (f)	['fiˀl]
pasta (f)	mappe (f)	['mɑpə]
abrir (vt)	at åbne	[ʌ 'ɔ:bnə]
fechar (vt)	at lukke	[ʌ 'lɔkə]
guardar (vt)	at bevare	[ʌ be'vɑˀɑ]
apagar, eliminar (vt)	at slette, at fjerne	[ʌ 'slɛtə], [ʌ 'fjæɡ̊nə]
copiar (vt)	at kopiere	[ʌ ko'pjeˀʌ]
ordenar (vt)	at sortere	[ʌ sɒ'teˀʌ]
copiar (vt)	at overføre	[ʌ 'ɒwʌˌføˀʌ]
programa (m)	program (i)	[pʁo'gʁamˀ]
software (m)	programmel (i)	[pʁogʁɑ'mɛlˀ]
programador (m)	programmør (f)	[pʁogʁɑ'møˀɡ̊]
programar (vt)	at programmere	[ʌ pʁogʁɑ'meˀʌ]
hacker (m)	hacker (f)	['hakʌ]
senha (f)	adgangskode (f)	['ɑðgɑŋsˌko:ðə]
vírus (m)	virus (i, f)	['vi:ʁus]
detetar (vt)	at opdage	[ʌ ʌpˌdæˀjə]
byte (m)	byte (f)	['bɑjt]

megabyte (m)	megabyte (f)	['me:ga͵bɑjt]
dados (m pl)	data (i pl)	['dæ:ta]
base (f) de dados	database (f)	['dæ:ta͵bæ:sə]

cabo (m)	kabel (i)	['kæˀbəl]
desconectar (vt)	at koble fra	[ʌ 'kʌblə fʁɑˀ]
conetar (vt)	at koble	[ʌ 'kʌblə 'te]

166. Internet. E-mail

internet (f)	internet (i)	['entʌ͵nɛt]
browser (m)	browser (f)	['bʁɑwsʌ]
motor (m) de busca	søgemaskine (f)	['sø:ma͵ski:nə]
provedor (m)	leverandør (f)	[levəʁɑn'døˀɐ̯]

webmaster (m)	webmaster (f)	['wɛb͵mɑːstʌ]
website, sítio web (m)	website (i, f)	['wɛb͵sɑjt]
página (f) web	webside (f)	['wɛb͵si:ðə]

endereço (m)	adresse (f)	[a'dʁasə]
livro (m) de endereços	adressebog (f)	[a'dʁasə͵bɔˀw]

caixa (f) de correio	postkasse (f)	['pʌst͵kasə]
correio (m)	post (f)	['pʌst]
cheia (caixa de correio)	fuld	['fulˀ]

mensagem (f)	meddelelse (f)	['mɛð͵deˀləlsə]
mensagens (f pl) recebidas	indgående meddelelser (f pl)	['en͵gɔˀənə 'mɛð͵deˀləlsʌ]
mensagens (f pl) enviadas	udgående meddelelser (f pl)	['uð͵gɔːənə 'mɛð͵deˀləlsʌ]

remetente (m)	afsender (f)	['ɑw͵sɛnˀʌ]
enviar (vt)	at sende	[ʌ 'sɛnə]
envio (m)	afsendelse (f)	['ɑw͵sɛnˀəlsə]

destinatário (m)	modtager (f)	['moð͵tæˀjʌ]
receber (vt)	at modtage	[ʌ 'moð͵tæˀ]

correspondência (f)	korrespondance (f)	[kɒɒspʌn'daŋsə]
corresponder-se (vr)	at brevveksle	[ʌ 'bʁɛw͵vɛkslə]

ficheiro (m)	fil (f)	['fiˀl]
fazer download, baixar	at downloade	[ʌ 'dɑwn͵lɔwdə]
criar (vt)	at oprette, at skabe	[ʌ 'ʌb͵ʁatə], [ʌ 'skæ:bə]
apagar, eliminar (vt)	at slette, at fjerne	[ʌ 'slɛtə], [ʌ 'fjæɐ̯nə]
eliminado	slettet	['slɛtəð]

conexão (f)	forbindelse (f)	[fʌ'benˀəlsə]
velocidade (f)	hastighed (f)	['hasti͵heðˀ]
modem (m)	modem (i)	['mo:dɛm]
acesso (m)	adgang (f)	['að͵gɑŋˀ]
porta (f)	port (f)	['poɐ̯ˀt]

conexão (f)	tilkobling (f)	['tel͵kʌbleŋ]
conetar (vi)	at koblet op til …	[ʌ 'kʌblə 'ʌp tel …]

escolher (vt)	at vælge	[ʌ 'vɛljə]
buscar (vt)	at søge efter ...	[ʌ 'sø:ə 'ɛftʌ ...]

167. Eletricidade

eletricidade (f)	elektricitet (f)	[elɛktʁisi'te'̍t]
elétrico	elektrisk	[e'lɛktʁisk]
central (f) elétrica	elværk (i)	['ɛlˌvæ̞ɐ̯k]
energia (f)	energi (f)	[enæɡ'gi']
energia (f) elétrica	elkraft (f)	['ɛlˌkʁɑft]

lâmpada (f)	elpære (f)	['ɛlˌpɛ'ʌ]
lanterna (f)	lommelygte (f)	['lʌməˌløgtə]
poste (m) de iluminação	gadelygte (f)	['gæ:ðəˌløgtə]

luz (f)	lys (i)	['ly'̍s]
ligar (vt)	at tænde	[ʌ 'tɛnə]
desligar (vt)	at slukke	[ʌ 'slɔkə]
apagar a luz	at slukke lyset	[ʌ 'slɔkə 'ly'̍səð]

fundir (vi)	at brænde ud	[ʌ 'bʁanə uð']
curto-circuito (m)	kortslutning (f)	['kɒːtˌslutneŋ]
rutura (f)	kabelbrud (i)	['kæ'bəlˌbʁuð]
contacto (m)	kontakt (f)	[kɔn'takt]

interruptor (m)	afbryder (f)	['awˌbʁyð'ʌ]
tomada (f)	stikkontakt (f)	['stek kɔn'takt]
ficha (f)	stik (i)	['stek]
extensão (f)	stikdåse (f)	['stekˌdɔ:sə]

fusível (m)	sikring (f)	['sekʁɛŋ]
fio, cabo (m)	ledning (f)	['leðneŋ]
instalação (f) elétrica	ledningsnet (i)	['leðneŋsˌnɛt]

ampere (m)	ampere (f)	[am'pɛ:ɐ̯]
amperagem (f)	strømstyrke (f)	['stʁœmˌstyɐ̯kə]
volt (m)	volt (f)	['vʌl'̍t]
voltagem (f)	spænding (f)	['spɛneŋ]

aparelho (m) elétrico	elektrisk apparat (i)	[e'lɛktʁisk apa'ʁɑ'̍t]
indicador (m)	indikator (f)	[endi'kæ:tʌ]

eletricista (m)	elektriker (f)	[e'lɛktʁikʌ]
soldar (vt)	at lodde	[ʌ 'lʌðə]
ferro (m) de soldar	loddekolbe (f)	['lʌðəˌkʌlbə]
corrente (f) elétrica	strøm (f)	['stʁœm']

168. Ferramentas

ferramenta (f)	værktøj (i)	['væ̞ɐ̯kˌtʌj]
ferramentas (f pl)	værktøjer (i pl)	['væ̞ɐ̯kˌtʌjʌ]
equipamento (m)	udstyr (i)	['uðˌstyɐ̯']

martelo (m)	hammer (f)	['hamʌ]
chave (f) de fendas	skruetrækker (f)	['skʁuːəˌtʁakʌ]
machado (m)	økse (f)	['øksə]

serra (f)	sav (f)	['sæˀv]
serrar (vt)	at save	[ʌ 'sæːvə]
plaina (f)	høvl (f)	['hœwˀl]
aplainar (vt)	at høvle	[ʌ 'hœwlə]
ferro (m) de soldar	loddekolbe (f)	['lʌðəˌkʌlbə]
soldar (vt)	at lodde	[ʌ 'lʌðə]

lima (f)	fil (f)	['fiˀl]
tenaz (f)	knibtang (f)	['kniwˌtaŋˀ]
alicate (m)	fladtang (f)	['flaðˌtaŋˀ]
formão (m)	stemmejern (i)	['stɛməˌjæɡˀn]

broca (f)	bor (i)	['boˀɡ]
berbequim (f)	boremaskine (f)	['boːʌ ma'skiːnə]
furar (vt)	at bore	[ʌ 'boːʌ]

faca (f)	kniv (f)	['kniwˀ]
lâmina (f)	blad (i)	['blað]

afiado	skarp	['skɑːp]
cego	sløv	['sløwˀ]
embotar-se (vr)	at blive sløv	[ʌ 'bliːə 'sløwˀ]
afiar, amolar (vt)	at skærpe, at hvæsse	[ʌ 'skæɡpə], [ʌ 'vɛsə]

parafuso (m)	bolt (f)	['bʌlˀt]
porca (f)	møtrik (f)	['møtʁɛk]
rosca (f)	gevind (i)	[ge'venˀ]
parafuso (m) para madeira	skrue (f)	['skʁuːə]

prego (m)	søm (i)	['sœmˀ]
cabeça (f) do prego	sømhoved (i)	['sœmˌhoːəð]

régua (f)	lineal (f)	[line'æˀl]
fita (f) métrica	målebånd (i)	['mɔːləˌbʌnˀ]
nível (m)	vaterpas (i)	['vatʌˌpas]
lupa (f)	lup (f)	['lup]

medidor (m)	måleinstrument (i)	['mɔːlə enstʁu'mɛnˀt]
medir (vt)	at måle	[ʌ 'mɔːlə]
escala (f)	skala (f)	['skæːla]
indicação (f), registo (m)	aflæsninger (f pl)	['awˌlɛˀsneŋʌ]

compressor (m)	kompressor (f)	[kʌm'pʁasʌ]
microscópio (m)	mikroskop (i)	[mikʁo'skoˀp]

bomba (f)	pumpe (f)	['pɔmpə]
robô (m)	robot (f)	[ʁo'bʌt]
laser (m)	laser (f)	['lɛjsʌ], ['læːsʌ]

chave (f) de boca	skruenøgle (f)	['skʁuːəˌnʌjlə]
fita (f) adesiva	klisterbånd (i), tape (f)	['klistʌˌbʌnˀ], ['tɛjp]
cola (f)	lim (f)	['liˀm]

lixa (f)	**sandpapir** (i)	['sanpaˌpiɐ̯ˀ]
mola (f)	**fjeder** (f)	['fjeðˀʌ]
íman (m)	**magnet** (f)	[mɑw'neˀt]
luvas (f pl)	**handsker** (f pl)	['hanskʌ]

corda (f)	**reb** (i)	['ʁɛˀb]
cordel (m)	**snor** (f)	['snoˀɐ̯]
fio (m)	**ledning** (f)	['leðneŋ]
cabo (m)	**kabel** (i)	['kæˀbəl]

marreta (f)	**mukkert** (f)	['mɔkʌt]
pé de cabra (m)	**brækstang** (f)	['bʁakˌjæɐ̯ˀn]
escada (f) de mão	**stige** (f)	['stiːə]
escadote (m)	**trappestige** (f)	['tʁɑpəˌstiːə]

enroscar (vt)	**at skrue fast**	[ʌ 'skʁuːə 'fast]
desenroscar (vt)	**at skrue af**	[ʌ 'skʁuːə 'æˀ]
apertar (vt)	**at klemme**	[ʌ 'klɛmə]
colar (vt)	**at klæbe, at lime**	[ʌ 'klɛːbə], [ʌ 'liːmə]
cortar (vt)	**at skære**	[ʌ 'skɛːʌ]

falha (mau funcionamento)	**funktionsfejl** (f)	[fɔŋ'ɕoˀnsˌfɑjˀl]
conserto (m)	**reparation** (f)	[ʁɛpʁɑ'ɕoˀn]
consertar, reparar (vt)	**at reparere**	[ʌ ʁɛpə'ʁɛˀʌ]
regular, ajustar (vt)	**at justere**	[ʌ ju'steˀʌ]

verificar (vt)	**at tjekke**	[ʌ 'tjɛkə]
verificação (f)	**kontrol** (f)	[kɔn'tʁʌlˀ]
indicação (f), registo (m)	**aflæsninger** (f pl)	['awˌlɛˀsneŋʌ]

seguro	**pålidelig**	[pʌ'liðˀəli]
complicado	**kompleks**	[kʌm'plɛks]

enferrujar (vi)	**at ruste**	[ʌ 'ʁɔstə]
enferrujado	**rusten**	['ʁɔstən]
ferrugem (f)	**rust** (f)	['ʁɔst]

Transportes

169. Avião

avião (m)	fly (i)	['fly']
bilhete (m) de avião	flybillet (f)	['fly bi'lɛt]
companhia (f) aérea	flyselskab (i)	['fly'sɛl,skæə'b]
aeroporto (m)	lufthavn (f)	['lɔft,hɑw'n]
supersónico	overlyds-	['ɒwʌ,lyðs-]
comandante (m) do avião	kaptajn (f)	[kɑp'tɑj'n]
tripulação (f)	besætning (f)	[be'sɛtnɛŋ]
piloto (m)	pilot (f)	[pi'lo't]
hospedeira (f) de bordo	stewardesse (f)	[stjuɑ'dɛsə]
copiloto (m)	styrmand (f)	['styɐ̯,man']
asas (f pl)	vinger (f pl)	['veŋʌ]
cauda (f)	hale (f)	['hæ:lə]
cabine (f) de pilotagem	cockpit (i)	['kʌk,pit]
motor (m)	motor (f)	['mo:tʌ]
trem (m) de aterragem	landingshjul (i)	['laneŋs,ju'l]
turbina (f)	turbine (f)	[tuɐ̯'bi:nə]
hélice (f)	propel (f)	[pʁo'pɛl']
caixa-preta (f)	sort boks (f)	['soɐ̯t 'bʌks]
coluna (f) de controlo	rat (i)	['ʁɑt]
combustível (m)	brændstof (i)	['bʁan,stʌf]
instruções (f pl) de segurança	sikkerhedsinstruks (f)	['sekʌ,heð' en'stʁuks]
máscara (f) de oxigénio	iltmaske (f)	['ilt,maskə]
uniforme (m)	uniform (f)	[uni'fɒ'm]
colete (m) salva-vidas	redningsvest (f)	['ʁɛðneŋs,vɛst]
paraquedas (m)	faldskærm (f)	['fal,skæɐ̯'m]
descolagem (f)	start (f)	['stɑ't]
descolar (vi)	at lette	[ʌ 'lɛtə]
pista (f) de descolagem	startbane (f)	['stɑ:t,bæ:nə]
visibilidade (f)	sigtbarhed (f)	['segtbɑ,heð']
voo (m)	flyvning (f)	['flywneŋ]
altura (f)	højde (f)	['hʌj'də]
poço (m) de ar	lufthul (i)	['lɔft,hɔl]
assento (m)	plads (f)	['plas]
auscultadores (m pl)	hovedtelefoner (f pl)	['ho:əð telə'fo'nʌ]
mesa (f) rebatível	klapbord (i)	['klɑp,bo'ɐ̯]
vigia (f)	vindue (i)	['vendu]
passagem (f)	midtergang (f)	['metʌ,gaŋ']

170. Comboio

comboio (m)	tog (i)	['tɔˀw]
comboio (m) suburbano	lokaltog (i)	[lo'kæˀl,tɔˀw]
comboio (m) rápido	lyntog, eksprestog (i)	['ly:n,tɔˀw], [ɛks'pʁas,tɔˀw]
locomotiva (f) diesel	diesellokomotiv (i)	['diˀsəl lokomo'tiwˀ]
locomotiva (f) a vapor	damplokomotiv (i)	['damp lokomo'tiwˀ]

carruagem (f)	vogn (f)	['vɒwˀn]
carruagem restaurante (f)	spisevogn (f)	['spi:se,vɒwˀn]

carris (m pl)	skinner (f pl)	['skenʌ]
caminho de ferro (m)	jernbane (f)	['jæɐˀn,bæ:nə]
travessa (f)	svelle (f)	['svɛlə]

plataforma (f)	perron (f)	[pa'ʁʌn]
linha (f)	spor (i)	['spoˀɐ]
semáforo (m)	semafor (f)	[sema'foˀɐ]
estação (f)	station (f)	[sta'ɕoˀn]

maquinista (m)	togfører (f)	['tɒw,fø:ʌ]
bagageiro (m)	drager (f)	['dʁɑ:wʌ]
hospedeiro, -a (da carruagem)	togbetjent (f)	['tɒw be'tjɛnˀt]

passageiro (m)	passager (f)	[pasa'ɕeˀɐ]
revisor (m)	kontrollør (f)	[kʌntʁo'løˀɐ]

corredor (m)	korridor (f)	[kɒi'doˀɐ]
freio (m) de emergência	nødbremse (f)	['nøð,bʁamsə]
compartimento (m)	kupe, kupé (f)	[ku'peˀ]
cama (f)	køje (f)	['kʌjə]
cama (f) de cima	overkøje (f)	['ɒwʌ,kʌjə]
cama (f) de baixo	underkøje (f)	['ɔnʌ,kʌjə]
roupa (f) de cama	sengetøj (i)	['sɛŋə,tʌj]

bilhete (m)	billet (f)	[bi'lɛt]
horário (m)	køreplan (f)	['kø:ʌ,plæˀn]
painel (m) de informação	informationstavle (f)	[enfɒma'ɕons ,tawlə]

partir (vt)	at afgå	[ʌ 'aw,gɔˀ]
partida (f)	afgang (f)	['aw,gaŋˀ]
chegar (vi)	at ankomme	[ʌ 'an,kʌmˀə]
chegada (f)	ankomst (f)	['an,kʌmˀst]

chegar de comboio	at ankomme med toget	[ʌ 'an,kʌmˀə mɛ 'tɔˀwəð]
apanhar o comboio	at stå på toget	[ʌ 'sti:ə pɔ 'tɔˀwəð]
sair do comboio	at stå af toget	[ʌ 'sti:ə a 'tɔˀwəð]

acidente (m) ferroviário	togulykke (f)	['tɒw u,løkə]
descarrilar (vi)	at afspore	[ʌ 'aw,spoˀʌ]

locomotiva (f) a vapor	damplokomotiv (i)	['damp lokomo'tiwˀ]
fogueiro (m)	fyrbøder (f)	['fyɐ,bøðʌ]
fornalha (f)	fyrrum (i)	['fyɐ,ʁɔmˀ]
carvão (m)	kul (i)	['kɔl]

171. Barco

| navio (m) | skib (i) | ['ski'b] |
| embarcação (f) | fartøj (i) | ['fɑːˌtʌj] |

vapor (m)	dampskib (i)	['dɑmpˌski'b]
navio (m)	flodbåd (f)	['floðˌbɔ'ð]
transatlântico (m)	cruiseskib (i)	['kʁuːsˌski'b]
cruzador (m)	krydser (f)	['kʁysʌ]

iate (m)	yacht (f)	['jɑgt]
rebocador (m)	bugserbåd (f)	[bug'seɡˌbɔ'ð]
barcaça (f)	pram (f)	['pʁɑm']
ferry (m)	færge (f)	['fæɡwə]

| veleiro (m) | sejlbåd (f) | ['sɑjlˌbɔ'ð] |
| bergantim (m) | brigantine (f) | [bʁigan'tiːnə] |

| quebra-gelo (m) | isbryder (f) | ['isˌbʁyðʌ] |
| submarino (m) | u-båd (f) | ['u'ˌbɔð] |

bote, barco (m)	båd (f)	['bɔ'ð]
bote, dingue (m)	jolle (f)	['jʌlə]
bote (m) salva-vidas	redningsbåd (f)	['ʁɛðneŋsˌbɔ'ð]
lancha (f)	motorbåd (f)	['moːtʌˌbɔ'ð]

capitão (m)	kaptajn (f)	[kɑp'tɑj'n]
marinheiro (m)	matros (f)	[ma'tʁo's]
marujo (m)	sømand (f)	['søˌman']
tripulação (f)	besætning (f)	[be'sɛtneŋ]

contramestre (m)	bådsmand (f)	['bɔðsˌman']
grumete (m)	skibsdreng, jungmand (f)	['skibsˌdʁaŋ'], ['jɔŋˌman']
cozinheiro (m) de bordo	kok (f)	['kʌk]
médico (m) de bordo	skibslæge (f)	['skibsˌlɛːjə]

convés (m)	dæk (i)	['dɛk]
mastro (m)	mast (f)	['mast]
vela (f)	sejl (i)	['sɑj'l]

porão (m)	lastrum (i)	['lastˌʁɔm']
proa (f)	bov (f)	['bɒw']
popa (f)	agterende (f)	['ɑgtʌˌʁanə]
remo (m)	åre (f)	['ɒːɒ]
hélice (f)	propel (f)	[pʁo'pɛl']

camarote (m)	kahyt (f)	[ka'hyt]
sala (f) dos oficiais	officersmesse (f)	[ʌfi'seɡs ˌmɛsə]
sala (f) das máquinas	maskinrum (i)	[ma'skiːnˌʁɔm']
ponte (m) de comando	kommandobro (f)	[kʌ'mandoˌbʁo']
sala (f) de comunicações	radiorum (i)	['ʁadjoˌʁɔm']
onda (f) de rádio	bølge (f)	['bøljə]
diário (m) de bordo	logbog (f)	['lʌgˌbɔ'w]
luneta (f)	kikkert (f)	['kikʌt]
sino (m)	klokke (f)	['klʌkə]

bandeira (f)	flag (i)	['flæ'j]
cabo (m)	trosse (f)	['tʁʌsə]
nó (m)	knob (i)	['kno'b]
corrimão (m)	håndlister (pl)	['hʌnˌlestʌ]
prancha (f) de embarque	landgang (f)	['lanˌgaŋ']
âncora (f)	anker (i)	['aŋkʌ]
recolher a âncora	at lette anker	[ʌ 'lɛtə 'aŋkʌ]
lançar a âncora	at kaste anker	[ʌ 'kastə 'aŋkʌ]
amarra (f)	ankerkæde (f)	['aŋkʌˌkɛ:ðə]
porto (m)	havn (f)	['hɑw'n]
cais, amarradouro (m)	kaj (f)	['kɑj']
atracar (vi)	at fortøje	[ʌ fʌ'tʌj'ə]
desatracar (vi)	at kaste los	[ʌ 'kastə 'lʌs]
viagem (f)	rejse (f)	['ʁɑjsə]
cruzeiro (m)	krydstogt (i)	['kʁysˌtʌgt]
rumo (m), rota (f)	kurs (f)	['kuɡ's]
itinerário (m)	rute (f)	['ʁu:tə]
canal (m) navegável	sejlrende (f)	['sɑjlˌʁanə]
banco (m) de areia	grund (f)	['gʁɔn']
encalhar (vt)	at gå på grund	[ʌ 'gɔ' pɔ 'gʁɔn']
tempestade (f)	storm (f)	['stɒ'm]
sinal (m)	signal (i)	[si'næ'l]
afundar-se (vr)	at synke	[ʌ 'søŋkə]
Homem ao mar!	Mand over bord!	['man'ˌ 'ɒwʌ ˌbo'ɡ̊]
SOS	SOS	[ɛso'ɛs]
boia (f) salva-vidas	redningskrans (f)	['ʁɛðneŋsˌkʁan's]

172. Aeroporto

aeroporto (m)	lufthavn (f)	['lɔftˌhɑw'n]
avião (m)	fly (i)	['fly']
companhia (f) aérea	flyselskab (i)	['fly'sɛlˌskæ'b]
controlador (m) de tráfego aéreo	flyveleder (f)	['fly:vəˌle:ðʌ]
partida (f)	afgang (f)	['awˌgaŋ']
chegada (f)	ankomst (f)	['anˌkʌm'st]
chegar (~ de avião)	at ankomme	[ʌ 'anˌkʌm'ə]
hora (f) de partida	afgangstid (f)	['awgaŋsˌtið']
hora (f) de chegada	ankomsttid (f)	['ankʌm'stˌtið]
estar atrasado	at blive forsinke	[ʌ 'bli:ə fʌ'sen'kə]
atraso (m) de voo	afgangsforsinkelse (f)	['awˌgaŋs fʌ'senkəlsə]
painel (m) de informação	informationstavle (f)	[enfɒma'ɕɔns ˌtɑwlə]
informação (f)	information (f)	[enfɒma'ɕo'n]
anunciar (vt)	at meddele	[ʌ 'mɛðˌde'lə]

voo (m)	flight (f)	['flɑjt]
alfândega (f)	told (f)	['tʌlˀ]
funcionário (m) da alfândega	toldbetjent (f)	['tʌl be'tjɛnˀt]

declaração (f) alfandegária	tolddeklaration (f)	['tʌl deklɑɑˌɕoˀn]
preencher (vt)	at udfylde	[ʌ 'uðˌfylˀə]
preencher a declaração	at udfylde	[ʌ 'uðˌfylˀə
	en tolddeklaration	en 'tʌlˀdeklɑɑ'ɕoˀn]
controlo (m) de passaportes	paskontrol (f)	['paskɔnˌtʁʌlˀ]

bagagem (f)	bagage (f)	[ba'gæːɕə]
bagagem (f) de mão	håndbagage (f)	['hʌn ba'gæːɕə]
carrinho (m)	bagagevogn (f)	[ba'gæːɕəˌvɒwˀn]

aterragem (f)	landing (f)	['lanɛŋ]
pista (f) de aterragem	landingsbane (f)	['lanɛŋsˌbæːnə]
aterrar (vi)	at lande	[ʌ 'lanə]
escada (f) de avião	trappe (f)	['tʁapə]

check-in (m)	check-in (f)	[tjɛk'en]
balcão (m) do check-in	check-in-skranke (f)	[tjɛk'enˌskʁaŋkə]
fazer o check-in	at tjekke ind	[ʌ 'tjɛkə 'enˀ]
cartão (m) de embarque	boardingkort (i)	['bɒːdeŋˌkɒːt]
porta (f) de embarque	gate (f)	['gɛjt]

trânsito (m)	transit (f)	[tʁɑn'sit]
esperar (vi, vt)	at vente	[ʌ 'vɛntə]
sala (f) de espera	ventesal (f)	['vɛntəˌsæˀl]
despedir-se de ...	at vinke farvel	[ʌ 'veŋkə fɑ'vɛl]
despedir-se (vr)	at sige farvel	[ʌ 'siː fɑ'vɛl]

173. Bicicleta. Motocicleta

bicicleta (f)	cykel (f)	['sykəl]
scotter, lambreta (f)	scooter (f)	['skuːtʌ]
mota (f)	motorcykel (f)	['moːtʌˌsykəl]

ir de bicicleta	at cykle	[ʌ 'syklə]
guiador (m)	styr (i)	['styɐˀ]
pedal (m)	pedal (f)	[pe'dæˀl]
travões (m pl)	bremser (f pl)	['bʁamsʌ]
selim (m)	sadel (f)	['saðəl]

bomba (f) de ar	pumpe (f)	['pɔmpə]
porta-bagagens (m)	bagagebærer (f)	[ba'gæːɕəˌbɛːʌ]
lanterna (f)	lygte (f)	['løgtə]
capacete (m)	hjelm (f)	['jɛlˀm]

roda (f)	hjul (i)	['juˀl]
guarda-lamas (m)	skærm (f)	['skæɐ̯ˀm]
aro (m)	fælg (f)	['fɛlˀj]
raio (m)	eger (f)	['ejˀʌ]

Carros

174. Tipos de carros

carro, automóvel (m)	**bil** (f)	['bi'l]
carro (m) desportivo	**sportsbil** (f)	['spɒːtsˌbi'l]
limusine (f)	**limousine** (f)	[limu'siːnə]
todo o terreno (m)	**terrænbil** (f)	[taˈʁaŋˌbi'l]
descapotável (m)	**cabriolet** (f)	[kabʁio'lɛ]
minibus (m)	**minibus** (f)	['miniˌbus]
ambulância (f)	**ambulance** (f)	[ambuˈlaŋsə]
limpa-neve (m)	**sneplov** (f)	['sneˌplɒw']
camião (m)	**lastbil** (f)	['lastˌbi'l]
camião-cisterna (m)	**tankbil** (f)	['taŋkˌbi'l]
carrinha (f)	**varevogn** (f)	['vaːɑˌvɒw'n]
camião-trator (m)	**trækker** (f)	['tʁakʌ]
atrelado (m)	**påhængsvogn** (f)	['pʌhɛŋsˌvɒw'n]
confortável	**komfortabel**	[kʌmfɒ'tæ'bəl]
usado	**brugt**	['bʁɔgt]

175. Carros. Carroçaria

capô (m)	**motorhjelm** (f)	['moːtʌˌjɛl'm]
guarda-lamas (m)	**skærm** (f)	['skæɐ̯'m]
tejadilho (m)	**tag** (i)	['tæ'j]
para-brisa (m)	**forrude** (f)	['fɒːʁuːðə]
espelho (m) retrovisor	**bakspejl** (i)	['bakˌspaj'l]
lavador (m)	**sprinkler** (f)	['spʁeŋklʌ]
limpa-para-brisas (m)	**viskere** (f pl)	['veskʌə]
vidro (m) lateral	**siderude** (f)	['siːðəˌʁuːðə]
elevador (m) do vidro	**rudeoptræk** (i)	['ʁuːðə 'ʌpˌtʁak]
antena (f)	**antenne** (f)	[an'tɛnə]
teto solar (m)	**soltag** (i)	['soːlˌtæ'j]
para-choques (m pl)	**kofanger** (f)	[ko'faŋʌ]
bagageira (f)	**bagagerum** (i)	[ba'gæːɕəˌʁɔm]
bagageira (f) de tejadilho	**tagbagagebærer** (f)	['taw ba'gæːɕə 'bɛːʌ]
porta (f)	**dør** (f)	['dœ'ɐ̯]
maçaneta (f)	**dørhåndtag** (i)	['dœɐ̯ˌhʌn'ˌtæ'j]
fechadura (f)	**dørlås** (f)	['dœɐ̯ˌlo's]
matrícula (f)	**nummerplade** (f)	['nɔmʌˌplæːðə]
silenciador (m)	**lyddæmper** (f)	['lyðˌdɛmpʌ]

tanque (m) de gasolina	benzintank (f)	[bɛn'sin̩ˌtaŋˀk]
tubo (m) de escape	udstødningsrør (i)	['uðˌstøðˀneŋs ˌʁœˀɐ̯]

acelerador (m)	gas (f)	['gas]
pedal (m)	pedal (f)	[pe'dæˀl]
pedal (m) do acelerador	gaspedal (f)	['gas pe'dæˀl]

travão (m)	bremse (f)	['bʁamsə]
pedal (m) do travão	bremsepedal (f)	['bʁamsə pe'dæˀl]
travar (vt)	at bremse	[ʌ 'bʁamsə]
travão (m) de mão	håndbremse (f)	['hʌn̩ˌbʁamsə]

embraiagem (f)	kobling (f)	['kʌbleŋ]
pedal (m) da embraiagem	koblingspedal (f)	['kʌbleŋsˌpe'dæˀl]
disco (m) de embraiagem	koblingsplade (f)	['kʌbleŋsˌplæːðə]
amortecedor (m)	støddæmper (f)	['støðˌdɛmpʌ]

roda (f)	hjul (i)	['juˀl]
pneu (m) sobresselente	reservehjul (i)	[ʁɛ'sæɐ̯və juˀl]
pneu (m)	dæk (i)	['dɛk]
tampão (m) de roda	hjulkapsel (f)	['juːlˌkapsəl]

rodas (f pl) motrizes	drivhjul (i pl)	['dʁiwˌjuˀl]
de tração dianteira	forhjulstrukket	['foːjulsˌtʁɔkəð]
de tração traseira	baghjulstrukket	['bawjulsˌtʁɔkəð]
de tração às 4 rodas	firehjulstrukket	['fiɐ̯julsˌtʁɔkəð]

caixa (f) de mudanças	gearkasse (f)	['giɐ̯ˌkasə]
automático	automatisk	[awto'mæˀtisk]
mecânico	mekanisk	[me'kæˀnisk]
alavanca (f) das mudanças	gearstang (f)	['giɐ̯ˌstaŋˀ]

farol (m)	forlygte (f)	['fɔːˌløgtə]
faróis, luzes	forlygter (f pl)	['fɔːˌløgtʌ]

médios (m pl)	nærlys (i)	['nɛɐ̯ˌlyˀs]
máximos (m pl)	fjernlys (i)	['fjæɐ̯ˀnˌlyˀs]
luzes (f pl) de stop	stoplys (i)	['stʌpˌlyˀs]

mínimos (m pl)	positionslys (i)	[posi'ɕonsˌlyˀs]
luzes (f pl) de emergência	havariblink (i pl)	[hava'ʁiˌbleŋˀk]
faróis (m pl) antinevoeiro	tågelygter (f pl)	['tɔːwəˌløgtʌ]
pisca-pisca (m)	blinklys (i)	['bleŋkˌlyˀs]
luz (f) de marcha atrás	baklys (i)	['bakˌlyˀs]

176. Carros. Habitáculo

interior (m) do carro	interiør (i), indretning (f)	[entæɐ̯i'œːɐ̯], ['en̩ˌʁatneŋ]
de couro, de pele	læder-	['lɛðʌ-]
de veludo	velour-	[ve'luːɐ̯-]
estofos (m pl)	betræk (i)	[be'tʁak]

indicador (m)	instrument (i)	[enstʁu'mɛnˀt]
painel (m) de instrumentos	instrumentpanel (i)	[enstʁu'mɛnˀt pa'neːl]

| velocímetro (m) | speedometer (i) | [spido'me'tʌ] |
| ponteiro (m) | viser (f) | ['vi:sʌ] |

conta-quilómetros (m)	kilometertæller (f)	[kilo'me'tʌˌtɛlʌ]
sensor (m)	indikator (f)	[endi'kæ:tʌ]
nível (m)	niveau (i)	[ni'vo]
luz (f) avisadora	advarselslampe (f)	['aðˌva:səlsˌlampə]

volante (m)	rat (i)	['ʁat]
buzina (f)	horn (i)	['hoɡ'n]
botão (m)	knap (f)	['knap]
interruptor (m)	omskifter (f)	['ʌmˌskiftʌ]

assento (m)	sæde (i)	['sɛ:ðə]
costas (f pl) do assento	ryglæn (i)	['ʁœɡˌlɛ'n]
cabeceira (f)	nakkestøtte (f)	['nakəˌstøtə]
cinto (m) de segurança	sikkerhedssele (f)	['sekʌˌheðs 'se:lə]
apertar o cinto	at spænde sikkerhedsselen	[ʌ 'spɛnə 'sekʌheð'ˌselən]
regulação (f)	justering (f)	[ju'ste'ɡ̊eŋ]

| airbag (m) | airbag (f) | ['ɛɡ̊ˌbæ:g] |
| ar (m) condicionado | klimaanlæg (i) | ['kli:ma'anˌlɛ'g] |

rádio (m)	radio (f)	['ʁa'djo]
leitor (m) de CD	cd-afspiller (f)	[se'de 'awˌspel'ʌ]
ligar (vt)	at tænde	[ʌ 'tɛnə]
antena (f)	antenne (f)	[an'tɛnə]
porta-luvas (m)	handskerum (i)	['hanskəˌʁɔm']
cinzeiro (m)	askebæger (i)	['askəˌbɛ:jʌ]

177. Carros. Motor

motor (m)	motor (f)	['mo:tʌ]
diesel	diesel-	['disəl-]
a gasolina	benzin-	[bɛn'sin-]

cilindrada (f)	motorvolumen (i, f)	['mo:tʌ vo'lu:mən]
potência (f)	styrke (f)	['styɡ̊kə]
cavalo-vapor (m)	hestekraft (f)	['hɛstəˌkʁaft]
pistão (m)	stempel (i)	['stɛm'ˌpəl]
cilindro (m)	cylinder (f)	[sy'len'dʌ]
válvula (f)	ventil (f)	[vɛn'ti'l]

injetor (m)	injektor (f)	[en'jɛktʌ]
gerador (m)	generator (f)	[genə'ʁa:tʌ]
carburador (m)	karburator (f)	[kabu'ʁa:tʌ]
óleo (m) para motor	motorolie (f)	['mo:tʌˌoljə]

radiador (m)	radiator (f)	[ʁadi'æ:tʌ]
refrigerante (m)	kølervæske (f)	['kø:lʌˌvɛskə]
ventilador (m)	ventilator (f)	[vɛnti'læ:tʌ]

| bateria (f) | batteri (i) | [batʌ'ʁi'] |
| dispositivo (m) de arranque | starter (f) | ['sta:tʌ] |

ignição (f)	tænding (f)	['tɛneŋ]
vela (f) de ignição	tændrør (i)	['tɛn‚ʁœˀɐ̯]

borne (m)	klemme (f)	['klɛmə]
borne (m) positivo	plusklemme (f)	['plus‚klɛmə]
borne (m) negativo	minusklemme (f)	['miːnus‚klɛmə]
fusível (m)	sikring (f)	['sekʁɛŋ]

filtro (m) de ar	luftfilter (i)	['lɔft‚filˀtʌ]
filtro (m) de óleo	oliefilter (i)	['oljə‚filˀtʌ]
filtro (m) de combustível	brændselsfilter (i)	['bʁan'səl‚filˀtʌ]

178. Carros. Batidas. Reparação

acidente (m) de carro	bilulykke (f)	['bil 'u‚løkə]
acidente (m) rodoviário	færdselsuheld (i)	['fæɐ̯səls‚uhɛlˀ]
ir contra ...	at køre ind i ...	[ʌ 'køːʌ en i ...]
sofrer um acidente	at havarere	[ʌ hava'ʁɛˀʌ]
danos (m pl)	skade (f)	['skæːðə]
intato	uskadt	['u‚skat]

avaria (no motor, etc.)	havari (i)	[hava'ʁiˀ]
avariar (vi)	at bryde sammen	[ʌ 'bʁyːðə 'sɑmˀən]
cabo (m) de reboque	slæbetov (i)	['slɛːbə‚tɒw]

furo (m)	punktering (f)	[pɔŋ'teˀʁeŋ]
estar furado	at være punkteret	[ʌ 'vɛːʌ pɔŋ'teˀʌð]
encher (vt)	at pumpe op	[ʌ 'pompə ʌp]
pressão (f)	tryk (i)	['tʁɒek]
verificar (vt)	at tjekke	[ʌ 'tjɛkə]

reparação (f)	reparation (f)	[ʁepʁa'ɕoˀn]
oficina (f)	bilværksted (i)	['bil 'væɐ̯k‚stɛð]
de reparação de carros		
peça (f) sobresselente	reservedel (f)	[ʁɛ'sæɐ̯və‚deˀl]
peça (f)	del (f)	['deˀl]

parafuso (m)	bolt (f)	['bʌlˀt]
parafuso (m)	skrue (f)	['skʁuːə]
porca (f)	møtrik (f)	['møtʁɛk]
anilha (f)	spændskive (f)	['sbɛn‚skiːvə]
rolamento (m)	leje (i)	['lɑjə]

tubo (m)	rør (i)	['ʁœˀɐ̯]
junta (f)	pakning (f)	['paknəŋ]
fio, cabo (m)	ledning (f)	['leðnəŋ]

macaco (m)	donkraft (f)	['dɔn‚kʁɑft]
chave (f) de boca	skruenøgle (f)	['skʁuːə‚nʌjlə]
martelo (m)	hammer (f)	['hɑmʌ]
bomba (f)	pumpe (f)	['pompə]
chave (f) de fendas	skruetrækker (f)	['skʁuːə‚tʁakʌ]
extintor (m)	brandslukker (f)	['bʁan‚slɔkʌ]
triângulo (m) de emergência	advarselstrekant (f)	['að‚vaːsəls 'tʁɛ‚kanˀt]

parar (vi) (motor)	at gå i stå	[ʌ gɔˀ i 'stɔˀ]
paragem (f)	stå (f), stop (i)	['stɔˀ], ['stʌp]
estar quebrado	at være ødelagt	[ʌ 'vɛːʌ 'øːðəˌlagt]

superaquecer-se (vr)	at blive overophedet	[ʌ 'bliːə 'ɒwʌ 'ʌbˌheˀðət]
entupir-se (vr)	at blive tilstoppet	[ʌ 'bliːə tel'stʌpəð]
congelar-se (vr)	at fryse	[ʌ 'fʁyːsə]
rebentar (vi)	at sprække, at briste	[ʌ 'spʁakə], [ʌ 'bʁɛstə]

pressão (f)	tryk (i)	['tʁœk]
nível (m)	niveau (i)	[ni'vo]
frouxo	slap	['slɑp]

mossa (f)	bule (f)	['buːlə]
ruído (m)	bankelyd (f)	['baŋkəˌlyð']
fissura (f)	sprække (f)	['spʁakə]
arranhão (m)	ridse (f)	['ʁisə]

179. Carros. Estrada

estrada (f)	vej (f)	['vajˀ]
autoestrada (f)	hovedvej (f)	['hoːəðˌvajˀ]
rodovia (f)	motorvej (f)	['moːtʌˌvajˀ]
direção (f)	retning (f)	['ʁatneŋ]
distância (f)	afstand (f)	['awˌstanˀ]

ponte (f)	bro (f)	['bʁoˀ]
parque (m) de estacionamento	parkeringsplads (f)	[paˈkeˀɡeŋsˌplas]
praça (f)	torv (f)	['tɔˀw]
nó (m) rodoviário	motorvejskryds (i)	['moːtʌvajˌkʁys]
túnel (m)	tunnel (f)	['tɔnˀəl]

posto (m) de gasolina	tankstation (f)	['taŋk staˈɕˀon]
parque (m) de estacionamento	parkeringsplads (f)	[paˈkeˀɡeŋsˌplas]
bomba (f) de gasolina	benzinpumpe (f)	[bɛn'sinˌpɔmpə]
oficina (f) de reparação de carros	bilværksted (i)	['bil 'væɡkˌstɛð]

abastecer (vt)	at tanke op	[ʌ 'taŋkə ʌp]
combustível (m)	brændstof (i)	['bʁanˌstʌf]
bidão (m) de gasolina	dunk (f)	['dɔŋˀk]

asfalto (m)	asfalt (f)	['asˌfalˀt]
marcação (f) de estradas	vejafmærkning (f)	['vaj 'awˌmæɡkneŋ]
lancil (m)	fortovskant (f)	['fɒːtowsˌkanˀt]
proteção (f) guard-rail	autoværn (i)	['awtoˌvæɡˀn]
valeta (f)	vejgrøft (f)	['vajˌgʁœft]
berma (f) da estrada	vejkant (f)	['vajˌkanˀt]
poste (m) de luz	lygtepæl (f)	['løgtəˌpɛˀl]

conduzir, guiar (vt)	at køre	[ʌ 'køːʌ]
virar (ex. ~ à direita)	at svinge	[ʌ 'sveŋə]
dar retorno	at lave en U-vending	[ʌ 'læːvə en 'uˀˌvɛneŋ]
marcha-atrás (f)	bakgear (i)	['bakˌgiɐ̯]
buzinar (vi)	at dytte	[ʌ 'dytə]

buzina (f)	dyt (i)	['dyt]
atolar-se (vr)	at køre fast	[ʌ 'køːʌ 'fast]
patinar (na lama)	at spinne, at spinde	[ʌ 'spenə]
desligar (vt)	at standse	[ʌ 'stansə]

velocidade (f)	hastighed (f)	['hasti,heð']
exceder a velocidade	at overskride fartgrænsen	[ʌ 'ɒwʌˌskʁiðˀə 'fatˌgʁansən]
multar (vt)	at give en bøde	[ʌ 'giˀ en 'bøːðə]
semáforo (m)	trafiklys (i)	[tʁa'fikˌlyˀs]
carta (f) de condução	kørekort (i)	['køːʌˌkɒːt]

passagem (f) de nível	overskæring (f)	['ɒwʌˌskɛˀɡ̊en]
cruzamento (m)	kryds (i, f)	['kʁys]
passadeira (f)	fodgængerovergang (f)	['foðgɛnʌ 'ɒwʌˌgɑŋˀ]
curva (f)	kurve (f)	['kuɡ̊wə]
zona (f) pedonal	gågade (f)	['gɔːˌgæːðə]

180. Sinais de trânsito

código (m) da estrada	færdselsregler (f pl)	['fæɡ̊səlsˌʁɛjˀlʌ]
sinal (m) de trânsito	trafikskilt (i)	[tʁa'fikˌskelˀt]
ultrapassagem (f)	overhaling (f)	['ɒwʌˌhæˀleŋ]
curva (f)	vejsving (i)	['vɑjˌsveŋˀ]
inversão (f) de marcha	u-vending (f)	['uˀˌvɛnen]
rotunda (f)	rundkørsel (f)	['ʁɒnˌkøɡ̊səl]

sentido proibido	Indkørsel forbudt	[en'køɡ̊səl fʌ'byˀð]
trânsito proibido	Al kørsel forbudt	[al 'køɡ̊səl fʌ'byˀð]
proibição de ultrapassar	Overhaling forbudt	['ɒwʌˌhæˀleŋ fʌ'byˀð]
estacionamento proibido	Parkering forbudt	[pɑ'keˀɡ̊en fʌ'byˀð]
paragem proibida	Standsning forbudt	['stansneŋ fʌ'byˀt]

curva (f) perigosa	Farligt sving	['fɑːlit sveŋˀ]
descida (f) perigosa	Stejl nedkørsel	['stɑjl 'neðˌkøɡ̊səl]
trânsito de sentido único	Ensrettet	['ensʁatəð]
passadeira (f)	fodgængerovergang (f)	['foðgɛnʌ 'ɒwʌˌgɑŋˀ]
pavimento (m) escorregadio	Glat vej	['glat ˌvɑjˀ]
cedência de passagem	Vigepligt	['viˀəˌplegt]

PESSOAS. EVENTOS

Eventos

181. Férias. Evento

festa (f)	fest (f)	['fɛst]
festa (f) nacional	nationaldag (f)	[naҫo'næˀlˌdæˀ]
feriado (m)	festdag (f)	['fɛstˌdæˀ]
festejar (vt)	at fejre	[ʌ 'fajʁʌ]
evento (festa, etc.)	begivenhed (f)	[be'giˀvənˌheðˀ]
evento (banquete, etc.)	arrangement (i)	[aaŋҫe'maŋ]
banquete (m)	banket (f)	[baŋ'kɛt]
receção (f)	reception (f)	[ʁɛsəp'ҫoˀn]
festim (m)	fest (f)	['fɛst]
aniversário (m)	årsdag (f)	['ɒˀsˌdæˀ]
jubileu (m)	jubilæum (i)	[jubi'lɛ:ɔm]
celebrar (vt)	at fejre	[ʌ 'fajʁʌ]
Ano (m) Novo	nytår (i)	['nytˌɒˀ]
Feliz Ano Novo!	Godt nytår!	['gʌt 'nytˌɒˀ]
Pai (m) Natal	Julemanden	['ju:ləˌmanˀ]
Natal (m)	jul (f)	['juˀl]
Feliz Natal!	Glædelig Jul!, God Jul!	['glɛːðəli 'juˀl], [goð 'juˀl]
árvore (f) de Natal	juletræ (i)	['ju:ləˌtʁɛˀ]
fogo (m) de artifício	fyrværkeri (i)	[fyɐ̯væɐ̯kʌ'ʁiˀ]
boda (f)	bryllup (i)	['bʁœlʌp]
noivo (m)	brudgom (f)	['bʁuðˌgʌmˀ]
noiva (f)	brud (f)	['bʁuð]
convidar (vt)	at indbyde, at invitere	[ʌ 'enˌbyˀðə], [ʌ envi'teˀʌ]
convite (m)	indbydelse (f)	[en'byˀðəlsə]
convidado (m)	gæst (f)	['gɛst]
visitar (vt)	at besøge	[ʌ be'søˀjə]
receber os hóspedes	at hilse på gæsterne	[ʌ 'hilsə pɔ 'gɛstɐnə]
presente (m)	gave (f)	['gæːvə]
oferecer (vt)	at give	[ʌ 'giˀ]
receber presentes	at få gaver	[ʌ 'fɔˀ 'gæːvə]
ramo (m) de flores	buket (f)	[bu'kɛt]
felicitações (f pl)	lykønskning (f)	['løkˌønˀsknen]
felicitar (dar os parabéns)	at gratulere	[ʌ gʁatu'leˀʌ]
cartão (m) de parabéns	lykønskningskort (i)	['løkˌønˀsknens 'kɒːt]

enviar um postal	at sende et postkort	[ʌ 'sɛnə et 'pʌstˌkɒːt]
receber um postal	at få et postkort	[ʌ 'fɔʔ et 'pʌstˌkɒːt]

brinde (m)	skål (f)	['skɔʔl]
oferecer (vt)	at byde på	[ʌ 'byːðə pɔʔ]
champanhe (m)	champagne (f)	[ɕam'panjə]

divertir-se (vr)	at more sig	[ʌ 'moːʌ saj]
diversão (f)	munterhed (f)	['mɔntʌˌheðʔ]
alegria (f)	glæde (f)	['glɛːðə]

dança (f)	dans (f)	['danʔs]
dançar (vi)	at danse	[ʌ 'dansə]

valsa (f)	vals (f)	['valʔs]
tango (m)	tango (f)	['taŋgo]

182. Funerais. Enterro

cemitério (m)	kirkegård (f)	['kiɐkəˌgɒʔ]
sepultura (f), túmulo (m)	grav (f)	['gʁaʔw]
cruz (f)	kors (i)	['kɒːs]
lápide (f)	gravsten (f)	['gʁawˌsteʔn]
cerca (f)	hegn (i)	['hajʔn]
capela (f)	kapel (i)	[ka'pɛlʔ]

morte (f)	død (f)	['døðʔ]
morrer (vi)	at dø	[ʌ 'døʔ]
defunto (m)	den afdøde	[dən aw'døːðə]
luto (m)	sorg (f)	['sɒʔw]

enterrar, sepultar (vt)	at begrave	[ʌ be'gʁaʔvə]
agência (f) funerária	begravelseskontor (i)	[be'gʁaʔwəlsəs kɒn'toʔɐ]
funeral (m)	begravelse (f)	[be'gʁaʔwəlsə]

coroa (f) de flores	krans (f)	['kʁanʔs]
caixão (m)	ligkiste (f)	['liːˌkiːstə]
carro (m) funerário	rustvogn (f)	['ʁɔstˌvɒwʔn]
mortalha (f)	ligklæde (i)	['liːˌklɛːðə]

procissão (f) funerária	sørgetog (i)	['sœɐwəˌtɔʔw]
urna (f) funerária	urne (f)	['uɐnə]
crematório (m)	krematorium (i)	[kʁɛma'toʔɟiɔm]

obituário (m), necrologia (f)	nekrolog (f)	[nekʁo'loʔ]
chorar (vi)	at græde	[ʌ 'gʁaːðə]
soluçar (vi)	at hulke	[ʌ 'hulkə]

183. Guerra. Soldados

pelotão (m)	deling (f)	['deːleŋ]
companhia (f)	kompagni (i)	[kɔmpa'niʔ]

regimento (m)	regiment (i)	[ʁɛgi'mɛn' t]
exército (m)	hær (f)	['hɛ' g̊]
divisão (f)	division (f)	[divi'ɕo'n]

destacamento (m)	trop (f), afdeling (f)	['tʁʌp], ['aw̥ˌde'len]
hoste (f)	hær (f)	['hɛ' g̊]

soldado (m)	soldat (f)	[sol'dæ' t]
oficial (m)	officer (f)	[ʌfi'se' g̊]

soldado (m) raso	menig (f)	['me:ni]
sargento (m)	sergent (f)	[sæg̊'ɕan' t]
tenente (m)	løjtnant (f)	['lʌjtˌnan' t]
capitão (m)	kaptajn (f)	[kap'taj'n]
major (m)	major (f)	[ma'jo' g̊]
coronel (m)	oberst (f)	['o' bʌst]
general (m)	general (f)	[genə'ʁa'l]

marujo (m)	sømand (f)	['søˌman']
capitão (m)	kaptajn (f)	[kap'taj'n]
contramestre (m)	bådsmand (f)	['bɔðsˌman']

artilheiro (m)	artillerist (f)	[ˌɑːtelʌ'ʁist]
soldado (m) paraquedista	faldskærmsjæger (f)	['falˌskæg̊'msˌjɛːjʌ]
piloto (m)	flyver (f)	['fly:vʌ]
navegador (m)	styrmand (f)	['styg̊ˌman']
mecânico (m)	mekaniker (f)	[me'kæ'nikʌ]

sapador (m)	pioner (f)	[pio'ne' g̊]
paraquedista (m)	faldskærmsudspringer (f)	['falˌskæg̊'ms 'uðˌspʁɛnʌ]
explorador (m)	opklaringssoldat (f)	['ʌpˌklɑ'ens sol'dæ' t]
franco-atirador (m)	snigskytte (f)	['sniːˌskøtə]

patrulha (f)	patrulje (f)	[pa'tʁuljə]
patrulhar (vt)	at patruljere	[ʌ patʁul'je' ʌ]
sentinela (f)	vagt (f)	['vagt]

guerreiro (m)	kriger (f)	['kʁi' ʌ]
patriota (m)	patriot (f)	[patʁi'o' t]

herói (m)	helt (f)	['hɛl' t]
heroína (f)	heltinde (f)	[hɛlt'enə]

traidor (m)	forræder (f)	[fʌ'ʁað' ʌ]
trair (vt)	at forråde	[ʌ fʌ'ʁɔ' ðə]

desertor (m)	desertør (f)	[desæg̊'tø' g̊]
desertar (vt)	at desertere	[ʌ desæg̊'te' ʌ]

mercenário (m)	lejesoldat (f)	['lɑjə sol'dæ' t]
recruta (m)	rekrut (f)	[ʁɛ'kʁut]
voluntário (m)	frivillig (f)	['fʁiˌvil'i]

morto (m)	dræbt (f)	['dʁabt]
ferido (m)	såret (f)	['sɒːʌð]
prisioneiro (m) de guerra	fange (f)	['faŋə]

184. Guerra. Ações militares. Parte 1

guerra (f)	krig (f)	['kʁi']
guerrear (vt)	at være i krig	[ʌ 'vɛːʌ i kʁi']
guerra (f) civil	borgerkrig (f)	['bɒːwʌˌkʁi']

perfidamente	troløst, forræderisk	['tʁoˌløˀs], [fʌ'ʁaðˀʌʁisk]
declaração (f) de guerra	krigserklæring (f)	[ˌkʁis æɐ̯'klɛˀɐ̯eŋ]
declarar (vt) guerra	at erklære	[ʌ æɐ̯'klɛˀʌ]
agressão (f)	aggression (f)	[ɑgʁɐ'ɕoˀn]
atacar (vt)	at angribe	[ʌ 'anˌgʁiˀbə]

invadir (vt)	at invadere	[ʌ enva'deˀʌ]
invasor (m)	angriber (f)	['anˌgʁiˀbʌ]
conquistador (m)	erobrer (f)	[e'ʁoˀbʁʌ]

defesa (f)	forsvar (i)	['fɒːˌsvɑˀ]
defender (vt)	at forsvare	[ʌ fʌ'svɑˀɑ]
defender-se (vr)	at forsvare sig	[ʌ fʌ'svɑˀɑ saj]

inimigo (m)	fjende (f)	['fjɛnə]
adversário (m)	modstander (f)	['moðˌstanˀʌ]
inimigo	fjendtlig	['fjɛntli]

estratégia (f)	strategi (f)	[stʁɑtə'giˀ]
tática (f)	taktik (f)	[tɑk'tik]

ordem (f)	ordre (f)	['ɒˀdʁʌ]
comando (m)	ordre (f), kommando (i, f)	['ɒˀdʁʌ], [ko'mando]
ordenar (vt)	at beordre	[ʌ be'ɒˀdʁʌ]
missão (f)	mission (f)	[mi'ɕoˀn]
secreto	hemmelig	['hɛməli]

batalha (f)	batalje (f)	[ba'taljə]
batalha (f)	slag (i)	['slæˀj]
combate (m)	kamp (f)	['kɑmˀp]

ataque (m)	angreb (i)	['anˌgʁɛˀb]
assalto (m)	storm (f)	['stɒˀm]
assaltar (vt)	at storme	[ʌ 'stɒːmə]
assédio, sítio (m)	belejring (f)	[be'lɑjˀʁeŋ]

ofensiva (f)	offensiv (f), angreb (i)	['ʌfənˌsiwˀ], ['anˌgʁɛˀb]
passar à ofensiva	at angribe	[ʌ 'anˌgʁiˀbə]

retirada (f)	retræte (f)	[ʁɛ'tʁɛːtə]
retirar-se (vr)	at retirere	[ʌ ʁɛti'ʁɛˀʌ]

cerco (m)	omringning (f)	['ʌmˌʁɛŋneŋ]
cercar (vt)	at omringe	[ʌ 'ʌmˌʁɛŋˀə]

bombardeio (m)	bombning (f)	['bɒmbneŋ]
lançar uma bomba	at droppe en bombe	[ʌ 'dʁʌpə en 'bɒmbə]
bombardear (vt)	at bombardere	[ʌ bɒmba'deˀʌ]
explosão (f)	eksplosion (f)	[ɛksplo'ɕoˀn]

tiro (m)	skud (i)	['skuð]
disparar um tiro	at skyde	[ʌ 'sky:ðə]
tiroteio (m)	skydning (f)	['skyðneŋ]

apontar para ...	at sigte på ...	[ʌ 'segtə pɔˀ ...]
apontar (vt)	at rette ind	[ʌ 'ʁatə enˀ]
acertar (vt)	at træffe	[ʌ 'tʁafə]

afundar (um navio)	at sænke	[ʌ 'sɛŋkə]
brecha (f)	hul (i)	['hɔl]
afundar-se (vr)	at synke	[ʌ 'søŋkə]

frente (m)	front (f)	['fʁʌnˀt]
evacuação (f)	evakuering (f)	[evaku'eˀʁeŋ]
evacuar (vt)	at evakuere	[ʌ evaku'eˀʌ]

trincheira (f)	skyttegrav (f)	['skøtə,gʁaˀw]
arame (m) farpado	pigtråd (f)	['pig,tʁɔˀð]
obstáculo (m) anticarro	afspærring (f)	['aw,spæg̊ˀeŋ]
torre (f) de vigia	vagttårn (i)	['vagt,tɒˀn]

hospital (m)	militærsygehus (i)	[mili'tɛg̊ 'sy:ə,huˀs]
ferir (vt)	at såre	[ʌ 'sɒːɒ]
ferida (f)	sår (i)	['sɒˀ]
ferido (m)	såret (f)	['sɒ:ʌð]
ficar ferido	at blive såret	[ʌ 'bli:ə 'sɒ:ʌð]
grave (ferida ~)	alvorlig	[al'vɒˀli]

185. Guerra. Ações militares. Parte 2

cativeiro (m)	fangenskab (i)	['faŋən,skæˀb]
capturar (vt)	at tage til fange	[ʌ 'tæˀ tel 'faŋə]
estar em cativeiro	at være i fangenskab	[ʌ 'vɛ:ʌ i 'faŋən,skæˀb]
ser aprisionado	at blive taget til fange	[ʌ 'bli:ə 'tæəð tel 'faŋə]

campo (m) de concentração	koncentrationslejr (f)	[kʌnsəntʁa'ɕoˀns,laj'ʌ]
prisioneiro (m) de guerra	fange (f)	['faŋə]
escapar (vi)	at flygte	[ʌ 'fløgtə]

trair (vt)	at forråde	[ʌ fʌ'ʁɔˀðə]
traidor (m)	forræder (f)	[fʌ'ʁaðˀʌ]
traição (f)	forræderi (i)	[fʌʁaðʌ'ʁiˀ]

| fuzilar, executar (vt) | at henrette ved skydning | [ʌ 'hɛn,ʁatə ve 'skyðneŋ] |
| fuzilamento (m) | skydning (f) | ['skyðneŋ] |

equipamento (m)	mundering (f)	[mɔn'de'g̊eŋ]
platina (f)	skulderstrop (f)	['skulʌ,stʁʌp]
máscara (f) antigás	gasmaske (f)	['gas,maskə]

rádio (m)	feltradio (f)	['fɛlˀt,ʁaˀdjo]
cifra (f), código (m)	chiffer (i)	['ɕifʌ]
conspiração (f)	hemmelgholdelse (f)	['hɛmli,hʌlˀəlsə]
senha (f)	adgangskode (f)	['aðgaŋs,ko:ðə]

mina (f)	mine (f)	['mi:nə]
minar (vt)	at minere	[ʌ mi'ne'ʌ]
campo (m) minado	minefelt (i)	['mi:nə‚fɛl' t]

alarme (m) aéreo	luftalarm (f)	['lɔft a'lɑ'm]
alarme (m)	alarm (f)	[a'lɑ'm]
sinal (m)	signal (i)	[si'næ'l]
sinalizador (m)	signalraket (f)	[si'næl ʁɑ'kɛt]

estado-maior (m)	stab (f)	['stæ'b]
reconhecimento (m)	opklaring (f)	['ʌp‚klɑ'eŋ]
situação (f)	situation (f)	[sitwa'ɕo'n]
relatório (m)	rapport (f)	[ʁɑ'pɒ:t]
emboscada (f)	baghold (i)	['bɑw‚hʌl']
reforço (m)	forstærkning (f)	[fʌ'stæɐ̯kneŋ]

alvo (m)	mål (i)	['mɔ'l]
campo (m) de tiro	skydebane (f)	['sky:ðə‚bæ:nə]
manobras (f pl)	manøvrer (f pl)	[ma'nøwʁʌ]

pânico (m)	panik (f)	[pa'nik]
devastação (f)	ødelæggelse (f)	['ø:ðə‚lɛgəlsə]
ruínas (f pl)	ruiner (f pl)	[ʁu'i'nʌ]
destruir (vt)	at ødelægge	[ʌ 'ø:ðə‚lɛgə]

sobreviver (vi)	at overleve	[ʌ 'ɒwʌ‚le'və]
desarmar (vt)	at afvæbne	[ʌ 'ɑw‚vɛ'bnə]
manusear (vt)	at håndtere	[ʌ hʌn'te'ʌ]

Firmes!	Ret!	['ʁat]
Descansar!	Rør!	['ʁœ'ɐ̯]

façanha (f)	bedrift (f)	[be'dʁɛft]
juramento (m)	ed (f)	['eð']
jurar (vi)	at sværge	[ʌ 'svæɐ̯wə]

condecoração (f)	belønning (f)	[be'lœn'eŋ]
condecorar (vt)	at belønne	[ʌ be'lœn'ə]
medalha (f)	medalje (f)	[me'daljə]
ordem (f)	orden (f)	['ɒ'dən]

vitória (f)	sejr (f)	['sɑj'ʌ]
derrota (f)	nederlag (i)	['neðʌ‚læ'j]
armistício (m)	våbenhvile (f)	['vɔ'bən‚vi:lə]

bandeira (f)	fane (f)	['fæ:nə]
glória (f)	berømmelse (f)	[be'ʁœm'əlsə]
desfile (m) militar	parade (f)	[pɑ'ʁɑ:ðə]
marchar (vi)	at marchere	[ʌ mɑ'ɕe'ʌ]

186. Armas

arma (f)	våben (i)	['vɔ'bən]
arma (f) de fogo	skydevåben (i)	['sky:ðə‚vɔ'bən]

arma (f) branca	blankvåben (i)	['blaŋkə‚vɔˀbən]
arma (f) química	kemisk våben (i)	['keˀmisk ‚vɔˀbən]
nuclear	kerne-, atom-	['kæɐ̯nə-], [a'tom-]
arma (f) nuclear	kernevåben (i)	['kæɐ̯nə‚vɔˀbən]

bomba (f)	bombe (f)	['bombə]
bomba (f) atómica	atombombe (f)	[a'toˀm‚bombə]

pistola (f)	pistol (f)	[pi'stoˀl]
caçadeira (f)	gevær (i)	[ge'vɛˀɐ̯]
pistola-metralhadora (f)	maskinpistol (f)	[ma'ski:n pi'stoˀl]
metralhadora (f)	maskingevær (i)	[ma'ski:n ge'vɛˀɐ̯]

boca (f)	munding (f)	['monen̩]
cano (m)	løb (i)	['løˀb]
calibre (m)	kaliber (i, f)	[ka'liˀbʌ]

gatilho (m)	aftrækker (f)	['aw‚tʁakʌ]
mira (f)	sigte (i)	['segtə]
carregador (m)	magasin (i)	[maga'siˀn]
coronha (f)	kolbe (f)	['kʌlbə]

granada (f) de mão	håndgranat (f)	['hʌn gʁa'næˀt]
explosivo (m)	sprængstof (i)	['spʁaŋ‚stʌf]

bala (f)	kugle (f)	['ku:lə]
cartucho (m)	patron (f)	[pa'tʁoˀn]
carga (f)	ladning (f)	['laðnen̩]
munições (f pl)	ammunition (f)	[amuni'ɕoˀn]

bombardeiro (m)	bombefly (i)	['bombə‚flyˀ]
avião (m) de caça	jagerfly (i)	['jɛ:jɐ‚flyˀ]
helicóptero (m)	helikopter (f)	[hɛli'kʌptʌ]

canhão (m) antiaéreo	luftværnskanon (f)	['lɔftvæɐ̯ns ka'noˀn]
tanque (m)	kampvogn (f)	['kamp‚vɔˀwn]
canhão (de um tanque)	kanon (f)	[ka'noˀn]

artilharia (f)	artilleri (i)	[‚ɑ:telʌ'ʁiˀ]
canhão (m)	kanon (f)	[ka'noˀn]
fazer a pontaria	at rette ind	[ʌ 'ʁatə enˀ]

obus (m)	projektil (i)	[pʁoɕɛk'tiˀl]
granada (f) de morteiro	mortergranat (f)	[mɒ'teɡ gʁa'næˀt]
morteiro (m)	morter (f)	[mɒ'teˀɡ]
estilhaço (m)	splint (f)	['splenˀt]

submarino (m)	u-båd (f)	['uˀ‚bɔð]
torpedo (m)	torpedo (f)	[tɒ'pe:do]
míssil (m)	missil (i)	[mi'siˀl]

carregar (uma arma)	at lade	[ʌ 'læ:ðə]
atirar, disparar (vi)	at skyde	[ʌ 'sky:ðə]
apontar para ...	at sigte på ...	[ʌ 'segtə pɔˀ ...]
baioneta (f)	bajonet (f)	[bajo'nɛt]
espada (f)	kårde (f)	['kɒˀʌ]

sabre (m)	sabel (f)	['sæˀbəl]
lança (f)	spyd (i)	['spyð]
arco (m)	bue (f)	['bu:ə]
flecha (f)	pil (f)	['piˀl]
mosquete (m)	musket (f)	[mu'skɛt]
besta (f)	armbrøst (f)	['ɑˀmˌbʁœst]

187. Povos da antiguidade

primitivo	fortids-	['fɒ:tiðs-]
pré-histórico	forhistorisk	['fɒ:hi'stoˀʁisk]
antigo	oldtids-, antik	['ʌlˌtiðs-], [an'tik]
Idade (f) da Pedra	Stenalderen	['ste:nˌalˀʌən]
Idade (f) do Bronze	Bronzealder (f)	['bʁʌŋsəˌalˀʌ]
período (m) glacial	istid (f), glacialtid (f)	['isˌtiðˀ], [gla'ɕælˌtiðˀ]
tribo (f)	stamme (f)	['stɑmə]
canibal (m)	kannibal (f)	[kani'bæˀl]
caçador (m)	jæger (f)	['jɛ:jʌ]
caçar (vi)	at jage	[ʌ 'jæ:jə]
mamute (m)	mammut (f)	['mɑmut]
caverna (f)	grotte (f)	['gʁʌtə]
fogo (m)	ild (f)	['ilˀ]
fogueira (f)	bål (i)	['bɔˀl]
pintura (f) rupestre	helleristning (f)	['hɛləˌʁɛstnen]
ferramenta (f)	redskab (i)	['ʁɛðˌskæˀb]
lança (f)	spyd (i)	['spyð]
machado (m) de pedra	stenøkse (f)	['ste:nˌøksə]
guerrear (vt)	at være i krig	[ʌ 'vɛ:ʌ i kʁiˀ]
domesticar (vt)	at tæmme	[ʌ 'tɛmə]
ídolo (m)	idol (i)	[i'doˀl]
adorar, venerar (vt)	at dyrke	[ʌ 'dyʁkə]
superstição (f)	overtro (f)	['ɒwʌˌtʁoˀ]
ritual (m)	ritus (f), rite (f)	['ʁitus], ['ʁitə]
evolução (f)	evolution (f)	[evolu'ɕoˀn]
desenvolvimento (m)	udvikling (f)	['uðˌveklen]
desaparecimento (m)	forsvinden (f)	[fʌ'svenən]
adaptar-se (vr)	at tilpasse sig	[ʌ 'telˌpasə saj]
arqueologia (f)	arkæologi (f)	[ˌɑ:kɛolo'giˀ]
arqueólogo (m)	arkæolog (f)	[ˌɑ:kɛo'loˀ]
arqueológico	arkæologisk	[ˌɑ:kɛo'loˀisk]
local (m) das escavações	udgravningssted (i)	['uðˌgʁɑwˀnens ˌstɛð]
escavações (f pl)	udgravninger (f pl)	['uðˌgʁɑwˀnenʌ]
achado (m)	fund (i)	['fonˀ]
fragmento (m)	fragment (i)	[fʁɑg'mɛnˀt]

188. Idade média

povo (m)	folk (i)	['fʌl'k]
povos (m pl)	folk (i pl)	['fʌl'k]
tribo (f)	stamme (f)	['stamə]
tribos (f pl)	stammer (f pl)	['stamʌ]
bárbaros (m pl)	barbarer (pl)	[ba'ba'ʌ]
gauleses (m pl)	gallere (pl)	['galɒ'ʌ]
godos (m pl)	gotere (pl)	['go'tɒ'ʌ]
eslavos (m pl)	slaver (pl)	['slæ'vʌ]
víquingues (m pl)	vikinger (pl)	['vikeŋʌ]
romanos (m pl)	romere (pl)	['ʁo:me'ʌ]
romano	romersk	['ʁo'mʌsk]
bizantinos (m pl)	byzantinere (pl)	[bysan'ti'neʌ]
Bizâncio	Byzans	[by'sans]
bizantino	byzantinsk	[bysan'ti'nsk]
imperador (m)	kejser (f)	['kajsʌ]
líder (m)	høvding (f)	['hœwdeŋ]
poderoso	mægtig, magtfuld	['mɛgti], ['magt͵ful']
rei (m)	konge (f)	['kʌŋə]
governante (m)	hersker (f)	['hæɡskʌ]
cavaleiro (m)	ridder (f)	['ʁið'ʌ]
senhor feudal (m)	feudalherre (f)	[fœw'dæl͵hæ'ʌ]
feudal	feudal	[fœw'dæ'l]
vassalo (m)	vasal (f)	[va'sal']
duque (m)	hertug (f)	['hæɡtu]
conde (m)	greve (f)	['gʁɛ:və]
barão (m)	baron (f)	[ba'ʁo'n]
bispo (m)	biskop (f)	['biskʌp]
armadura (f)	rustning (f)	['ʁɔstneŋ]
escudo (m)	skjold (i, f)	['skjʌl']
espada (f)	sværd (i)	['svɛ'ɡ]
viseira (f)	visir (i)	[vi'siɡ']
cota (f) de malha	ringbrynje (f)	['ʁɛŋ͵bʁynjə]
cruzada (f)	korstog (i)	['kɒ:s͵tɔ'w]
cruzado (m)	korsfarer (f)	['kɒ:s͵fa:a]
território (m)	territorium (i)	[tæɡi'toɡ'jom]
atacar (vt)	at angribe	[ʌ 'an͵gʁi'bə]
conquistar (vt)	at erobre	[ʌ e'ʁo'bʁʌ]
ocupar, invadir (vt)	at okkupere	[ʌ oku'pe'ʌ]
assédio, sítio (m)	belejring (f)	[be'laj'ʁeŋ]
sitiado	belejret	[be'laj'ʁʌð]
assediar, sitiar (vt)	at belejre	[ʌ be'laj'ʁʌ]
inquisição (f)	inkvisition (f)	[enkvisi'ɕo'n]
inquisidor (m)	inkvisitor (f)	[enkvi'sitʌ]

tortura (f)	tortur (f)	[tɒ'tuɐ̯ˀ]
cruel	brutal	[bʁu'tæˀl]
herege (m)	kætter (f)	['kɛtʌ]
heresia (f)	kætteri (i)	[kɛtʌ'ʁiˀ]

navegação (f) marítima	søfart (f)	['sø‚faˀt]
pirata (m)	pirat, sørøver (f)	[pi'ʁaˀt], ['sø‚ʁœ:vʌ]
pirataria (f)	sørøveri (i)	['sø ʁœwʌ'ʁiˀ]
abordagem (f)	entring (f)	['ɑŋtʁɛŋ]
presa (f), butim (m)	bytte (i), fangst (f)	['bytə], ['faŋˀst]
tesouros (m pl)	skatte (f pl)	['skatə]

descobrimento (m)	opdagelse (f)	['ʌp‚dæˀjəlsə]
descobrir (novas terras)	at opdage	[ʌ 'ʌp‚dæˀjə]
expedição (f)	ekspedition (f)	[ɛkspedi'ɕoˀn]

mosqueteiro (m)	musketer (f)	[muskə'teˀɐ̯]
cardeal (m)	kardinal (f)	[kɑdi'næˀl]
heráldica (f)	heraldik (f)	[heal'dik]
heráldico	heraldisk	[he'ʁaldisk]

189. Líder. Chefe. Autoridades

rei (m)	konge (f)	['kʌŋə]
rainha (f)	dronning (f)	['dʁʌneŋ]
real	kongelig	['kʌŋəli]
reino (m)	kongerige (i)	['kʌŋə‚ʁi:ə]

príncipe (m)	prins (f)	['pʁɛnˀs]
princesa (f)	prinsesse (f)	[pʁɛn'sɛsə]

presidente (m)	præsident (f)	[pʁɛsi'dɛnˀt]
vice-presidente (m)	vicepræsident (f)	['vi:sə pʁɛsi'dɛnˀt]
senador (m)	senator (f)	[se'næ:tʌ]

monarca (m)	monark (f)	[mo'nɑ:k]
governante (m)	hersker (f)	['hæɐ̯skʌ]
ditador (m)	diktator (f)	[dik'tæ:tʌ]
tirano (m)	tyran (f)	[ty'ʁanˀ]
magnata (m)	magnat (f)	[mɑw'næˀt]

diretor (m)	direktør (f)	[diʁək'tøˀɐ̯]
chefe (m)	chef (f)	['ɕɛˀf]
dirigente (m)	forretningsfører (f)	[fʌ'ʁatneŋs‚føːʌ]
patrão (m)	boss (f)	['bʌs]
dono (m)	ejer (f)	['ɑjʌ]

líder, chefe (m)	leder (f)	['le:ðʌ]
chefe (~ de delegação)	leder (f)	['le:ðʌ]
autoridades (f pl)	myndigheder (f pl)	['møndi‚heðˀʌ]
superiores (m pl)	overordnede (pl)	['ɒwʌ‚ɒˀdnəðə]

governador (m)	guvernør (f)	[guvʌ'nøˀɐ̯]
cônsul (m)	konsul (f)	['kʌn‚suˀl]

diplomata (m)	diplomat (f)	[diplo'mæˀt]
Presidente (m) da Câmara	borgmester (f)	[bɒw'mɛstʌ]
xerife (m)	sherif (f)	[ɕe'ʁif]

imperador (m)	kejser (f)	['kɑjsʌ]
czar (m)	tsar (f)	['saˀ]
faraó (m)	farao (f)	['faːʁɑo]
cã (m)	khan (f)	['kæˀn]

190. Estrada. Caminho. Direções

estrada (f)	vej (f)	['vɑjˀ]
caminho (m)	vej (f)	['vɑjˀ]

rodovia (f)	motorvej (f)	['moːtʌˌvɑjˀ]
autoestrada (f)	hovedvej (f)	['hoːəðˌvɑjˀ]
estrada (f) nacional	primærrute (f)	['pʁiˌmɛˀ ̞ 'ʁuːtə]

estrada (f) principal	hovedvej (f)	['hoːəðˌvɑjˀ]
caminho (m) de terra batida	bivej (f)	['biˌvɑjˀ]

trilha (f)	sti (f)	['stiˀ]
vereda (f)	sti (f)	['stiˀ]

Onde?	Hvor?	['vɒˀ]
Para onde?	Hvorhen?	['vɒˀˌhɛn]
De onde?	Hvorfra?	['vɒˀˌfʁɑˀ]

direção (f)	retning (f)	['ʁatneŋ]
indicar (orientar)	at pege	[ʌ 'pɑjə]

para esquerda	til venstre	[te 'vɛnstʁʌ]
para direita	til højre	[te 'hʌjʁʌ]
em frente	lige frem	['liːə 'fʁamˀ]
para trás	tilbage	[te'bæːjə]

curva (f)	kurve (f)	['kuɐ̯wə]
virar (ex. ~ à direita)	at svinge	[ʌ 'sveŋə]
dar retorno	at lave en U-vending	[ʌ 'læːvə en 'uˀˌvɛneŋ]

estar visível	at være synlig	[ʌ 'vɛːʌ 'syːnli]
aparecer (vi)	at vise sig	[ʌ 'viːsə sɑj]

paragem (pausa)	ophold (i)	['ʌpˌhʌlˀ]
descansar (vi)	at hvile	[ʌ 'viːlə]
descanso (m)	hvile (f)	['viːlə]

perder-se (vr)	at fare vild	[ʌ 'faːɑ 'vilˀ]
conduzir (caminho)	at føre til ...	[ʌ 'føːʌ tel ...]
chegar a ...	at komme ud ...	[ʌ 'kʌmə 'uðˀ ...]
trecho (m)	strækning (f)	['stʁakneŋ]

asfalto (m)	asfalt (f)	['asˌfalˀt]
lancil (m)	fortovskant (f)	['fɒːtowsˌkanˀt]

valeta (f)	vejgrøft (f)	['vɑj,gʁœft]
tampa (f) de esgoto	mandehul (i), kloak (f)	['manə,hɔl], [klo'ɑk]
berma (f) da estrada	vejkant (f)	['vɑj,kanˀt]
buraco (m)	hul (i) i vejen	['hɔl i 'vɑjən]

ir (a pé)	at gå	[ʌ 'gɔˀ]
ultrapassar (vt)	at passere	[ʌ pa'seˀʌ]

passo (m)	skridt (i)	['skʁit]
a pé	til fods	[tel 'foˀðs]

bloquear (vt)	at spærre	[ʌ 'spæɐ̯ʌ]
cancela (f)	bom (f)	['bɔmˀ]
beco (m) sem saída	blindgyde (f)	['blenˀ,gy:ðə]

191. Viloação da lei. Criminosos. Parte 1

bandido (m)	bandit (f)	[ban'dit]
crime (m)	forbrydelse (f)	[fʌ'bʁyðˀəlsə]
criminoso (m)	forbryder (f)	[fʌ'bʁyðˀʌ]

ladrão (m)	tyv (f)	['tywˀ]
roubar (vt)	at stjæle	[ʌ 'stjɛ:lə]
furto, roubo (m)	tyveri (i)	[tywʌ'ʁiˀ]

raptar (ex. ~ uma criança)	at kidnappe	[ʌ 'kid,napə]
rapto (m)	kidnapning (f)	['kid,napnen]
raptor (m)	kidnapper (f)	['kid,napʌ]

resgate (m)	løsepenge (pl)	['lø:sə,pɛŋə]
pedir resgate	at kræve løsepenge	[ʌ 'kʁɛ:və 'lø:sə,pɛŋə]

roubar (vt)	at røve	[ʌ 'ʁœ:və]
assalto, roubo (m)	røveri (i)	[ʁœwʌ'ʁiˀ]
assaltante (m)	røver (f)	['ʁœ:vʌ]

extorquir (vt)	at afpresse	[ʌ 'aw,pʁasə]
extorsionário (m)	afpresser (f)	['aw,pʁasʌ]
extorsão (f)	afpresning (f)	['aw,pʁasnen]

matar, assassinar (vt)	at myrde	[ʌ 'myɐ̯də]
homicídio (m)	mord (i)	['moˀɐ̯]
homicida, assassino (m)	morder (f)	['moɐ̯dʌ]

tiro (m)	skud (i)	['skuð]
dar um tiro	at skyde	[ʌ 'sky:ðə]
matar a tiro	at skyde ned	[ʌ 'sky:ðə 'neðˀ]
atirar, disparar (vi)	at skyde	[ʌ 'sky:ðə]
tiroteio (m)	skydning (f)	['skyðnen]

incidente (m)	hændelse (f)	['hɛnəlsə]
briga (~ de rua)	slagsmål (i)	['slaws,mɔˀl]
Socorro!	Hjælp!	['jɛlˀp]
vítima (f)	offer (i)	['ʌfʌ]

danificar (vt)	at skade	[ʌ 'skæːðə]
dano (m)	skade (f)	['skæːðə]
cadáver (m)	lig (i)	['liʔ]
grave	alvorlig	[al'vɒʔli]

atacar (vt)	at anfalde	[ʌ 'ɒwʌˌfalʔə]
bater (espancar)	at slå	[ʌ 'slɔʔ]
espancar (vt)	at tæske, at prygle	[ʌ 'tɛskə], [ʌ 'pʁyːlə]
tirar, roubar (dinheiro)	at berøve	[ʌ be'ʁœʔvə]
esfaquear (vt)	at stikke ihjel	[ʌ 'stekə i'jɛl]
mutilar (vt)	at lemlæste	[ʌ 'lɛmˌlɛstə]
ferir (vt)	at såre	[ʌ 'sɒːɒ]

chantagem (f)	afpresning (f)	['awˌpʁasnen]
chantagear (vt)	at afpresse	[ʌ 'awˌpʁasə]
chantagista (m)	afpresser (f)	['awˌpʁasʌ]

extorsão (em troca de proteção)	afpresning (f)	['awˌpʁasnen]
extorsionário (m)	afpresser (f)	['awˌpʁasʌ]
gângster (m)	gangster (f)	['gæːŋstʌ]
máfia (f)	mafia (f)	['mɑfja]

carteirista (m)	lommetyv (f)	['lʌməˌtywʔ]
assaltante, ladrão (m)	indbrudstyv (f)	['enbʁuðsˌtywʔ]
contrabando (m)	smugleri (i)	[ˌsmuːlʌ'ʁiʔ]
contrabandista (m)	smugler (f)	['smuːlʌ]

falsificação (f)	forfalskning (f)	[fʌ'falʔsknen]
falsificar (vt)	at forfalske	[ʌ fʌ'falʔskə]
falsificado	falsk	['falʔsk]

192. Viloação da lei. Criminosos. Parte 2

violação (f)	voldtægt (f)	['vʌlˌtɛgt]
violar (vt)	at voldtage	[ʌ 'vʌlˌtæʔ]
violador (m)	voldtægtsforbryder (f)	['vʌlˌtɛgts fʌ'bʁyðʔʌ]
maníaco (m)	maniker (f)	['manikʌ]

prostituta (f)	prostitueret (f)	[pʁostitu'eʔʌð]
prostituição (f)	prostitution (f)	[pʁostitu'ɕoʔn]
chulo (m)	alfons (f)	[al'fʌŋs]

| toxicodependente (m) | narkoman (f) | [nɑko'mæʔn] |
| traficante (m) | narkohandler (f) | ['nɑːkoˌhanlʌ] |

explodir (vt)	at sprænge	[ʌ 'spʁaŋə]
explosão (f)	eksplosion (f)	[ɛksplo'ɕoʔn]
incendiar (vt)	at sætte ild	[ʌ 'sɛtə ilʔ]
incendiário (m)	brandstifter (f)	['bʁanˌsteftʌ]

terrorismo (m)	terrorisme (f)	[tæɐo'ʁismə]
terrorista (m)	terrorist (f)	[tæɐo'ʁist]
refém (m)	gidsel (i)	['gisəl]

enganar (vt)	at bedrage	[ʌ be'dʁɑ'wə]
engano (m)	bedrag (i)	[be'dʁɑ'w]
vigarista (m)	bedrager (f)	[be'dʁɑ'wʌ]

subornar (vt)	at bestikke	[ʌ be'stekə]
suborno (atividade)	bestikkelse (f)	[be'stekəlsə]
suborno (dinheiro)	bestikkelse (f)	[be'stekəlsə]

veneno (m)	gift (f)	['gift]
envenenar (vt)	at forgifte	[ʌ fʌ'giftə]
envenenar-se (vr)	at forgifte sig selv	[ʌ fʌ'giftə sɑj 'sɛl'v]

suicídio (m)	selvmord (i)	['sɛlˌmo'ɐ̯]
suicida (m)	selvmorder (f)	['sɛlˌmoɐ̯dʌ]

ameaçar (vt)	at true	[ʌ 'tʁuːə]
ameaça (f)	trussel (f)	['tʁusəl]
atentar contra a vida de ...	at begå mordforsøg	[ʌ be'gɔ' 'moɐ̯fʌˌsø'j]
atentado (m)	mordforsøg (i)	['moɐ̯fʌˌsø'j]

roubar (o carro)	at stjæle	[ʌ 'stjɛːlə]
desviar (o avião)	at kapre	[ʌ 'kæːpʁʌ]

vingança (f)	hævn (f)	['hɛw'n]
vingar (vt)	at hævne	[ʌ 'hɛwnə]

torturar (vt)	at torturere	[ʌ tɒtu'ʁɛ'ʌ]
tortura (f)	tortur (f)	[tɒ'tuɐ̯']
atormentar (vt)	at plage	[ʌ 'plæːjə]

pirata (m)	pirat, sørøver (f)	[pi'ʁɑ't], ['søˌʁœːvʌ]
desordeiro (m)	bølle (f)	['bølə]
armado	bevæbnet	[be'vɛ'bnəð]
violência (f)	vold (f)	['vʌl']
ilegal	illegal, ulovlig	['iləˌgæ'l], [u'lɒw'li]

espionagem (f)	spionage (f)	[spio'næːɕə]
espionar (vi)	at spionere	[ʌ spio'ne'ʌ]

193. Polícia. Lei. Parte 1

justiça (f)	justits, retspleje (f)	[ju'stits], ['ʁadsˌplɑjə]
tribunal (m)	retssal (f)	['ʁatˌsæ'l]

juiz (m)	dommer (f)	['dʌmʌ]
jurados (m pl)	nævninger (pl)	['nɛwneŋʌ]
tribunal (m) do júri	nævningeting (i)	['nɛwneŋəteŋ']
julgar (vt)	at dømme	[ʌ 'dœmə]

advogado (m)	advokat (f)	[aðvo'kæ't]
réu (m)	anklagede (f)	['anˌklæ'jəðə]
banco (m) dos réus	anklagebænk (f)	['anˌklæjəˌbɛŋ'k]
acusação (f)	anklage (f)	['anˌklæ'jə]
acusado (m)	den anklagede	[dən 'anˌklæ'jədə]

175

| sentença (f) | dom (f) | ['dʌmˀ] |
| sentenciar (vt) | at dømme | [ʌ 'dœmə] |

culpado (m)	skyldige (f)	['skyldiə]
punir (vt)	at straffe	[ʌ 'stʁafə]
punição (f)	straf (f), afstraffelse (f)	['stʁaf], ['awˌstʁafəlsə]

multa (f)	bøde (f)	['bø:ðə]
prisão (f) perpétua	livsvarigt fængsel (i)	['liwsˌvaˀigt 'fɛŋˀsəl]
pena (f) de morte	dødsstraf (f)	['døðsˌstʁaf]
cadeira (f) elétrica	elektrisk stol (f)	[e'lɛktʁisk 'stoˀl]
forca (f)	galge (f)	['galjə]

| executar (vt) | at henrette | [ʌ 'hɛnˌʁatə] |
| execução (f) | henrettelse (f) | ['hɛnˌʁatəlsə] |

| prisão (f) | fængsel (i) | ['fɛŋˀsəl] |
| cela (f) de prisão | celle (f) | ['sɛlə] |

escolta (f)	eskorte (f), konvoj (f)	[ɛs'kɔ:tə], [kʌn'vʌjˀ]
guarda (m) prisional	fangevogter (f)	['faŋəˌvʌgtʌ]
preso (m)	fange (f)	['faŋə]

| algemas (f pl) | håndjern (i pl) | ['hʌnˌjæɡ̊ˀn] |
| algemar (vt) | at sætte håndjern | [ʌ 'sɛtə 'hʌnˌjæɡ̊ˀn] |

fuga, evasão (f)	flugt (f)	['flɔgt]
fugir (vi)	at flygte	[ʌ 'fløgtə]
desaparecer (vi)	at forsvinde	[ʌ fʌ'svenˀə]
soltar, libertar (vt)	at løslade	[ʌ 'løsˌlæ:ðə]
amnistia (f)	amnesti (i, f)	[amnə'stiˀ]

polícia (instituição)	politi (i)	[poli'tiˀ]
polícia (m)	politibetjent (f)	[poli'ti be'tjɛnˀt]
esquadra (f) de polícia	politistation (f)	[poli'ti sta'ɕoˀn]
cassetete (m)	gummiknippel (f)	['gomiˌknepəl]
megafone (m)	megafon (f)	[mega'foˀn]

carro (m) de patrulha	patruljebil (f)	[pa'tʁuljəˌbiˀl]
sirene (f)	sirene (f)	[si'ʁɛ:nə]
ligar a sirene	at tænde for sirenen	[ʌ 'tɛnə fʌ si'ʁɛ:nən]
toque (m) da sirene	sirene hyl (i)	[si'ʁɛ:nə 'hyˀl]

cena (f) do crime	åsted, gerningssted (i)	['ɔˀˌstɛð], ['gæɡneŋsˌstɛð]
testemunha (f)	vidne (i)	['viðnə]
liberdade (f)	frihed (f)	['fʁiˌheð]
cúmplice (m)	medskyldig (f)	['mɛðˌskyldi]
escapar (vi)	at flygte	[ʌ 'fløgtə]
traço (não deixar ~s)	spor (i)	['spoˀɡ]

194. Polícia. Lei. Parte 2

| procura (f) | eftersøgning (f) | ['ɛftʌˌsøjnen] |
| procurar (vt) | at eftersøge ... | [ʌ 'ɛftʌˌsøˀjə ...] |

suspeita (f)	mistanke (f)	['mis‚taŋkə]
suspeito	mistænkelig	[mis'tɛŋ'kəli]
parar (vt)	at standse	[ʌ 'stansə]
deter (vt)	at anholde	[ʌ 'an‚hʌl'ə]

caso (criminal)	sag (f)	['sæ'j]
investigação (f)	efterforskning (f)	['ɛftʌ‚fɒ:sknɐŋ]
detetive (m)	detektiv, opdager (f)	[detek'tiw'], ['ʌp‚dæ'jʌ]
investigador (m)	efterforsker (f)	['ɛftʌ‚fɒ:skʌ]
versão (f)	version (f)	[væɐ̯'ɕo'n]

motivo (m)	motiv (i)	[mo'tiw']
interrogatório (m)	forhør (i)	[fʌ'hø'ɐ̯]
interrogar (vt)	at forhøre	[ʌ fʌ'hø'ʌ]
questionar (vt)	at afhøre	[ʌ 'aw‚hø'ʌ]
verificação (f)	kontrol (f)	[kɔn'tʀʌl']

batida (f) policial	razzia (f)	['ʀadɕa]
busca (f)	ransagning (f)	['ʀɑn‚sæj'nɐŋ]
perseguição (f)	jagt (f)	['jagt]
perseguir (vt)	at forfølge	[ʌ fʌ'føl'jə]
seguir (vt)	at spore	[ʌ 'spo:ʌ]

prisão (f)	arrestation (f)	[ɑɑsta'ɕo'n]
prender (vt)	at arrestere	[ʌ ɑɑ'ste'ʌ]
pegar, capturar (vt)	at fange	[ʌ 'faŋə]
captura (f)	pågribelse (f)	['pʌ‚gʀi'bəlsə]

documento (m)	dokument (i)	[doku'mɛn't]
prova (f)	bevis (i)	[be'vi's]
provar (vt)	at bevise	[ʌ be'vi'sə]
pegada (f)	fodspor (i)	['foð‚spo'ɐ̯]
impressões (f pl) digitais	fingeraftryk (i pl)	['feŋ'ʌ‚awtʀœk]
prova (f)	bevis (i)	[be'vi's]

álibi (m)	alibi (i)	[ali'bi']
inocente	uskyldig	[u'skyl'di]
injustiça (f)	uretfærdighed (f)	[uʀat'fæɐ̯'di‚heð']
injusto	uretfærdig	[uʀat'fæɐ̯'di]

criminal	kriminel	[kʀimi'nɛl']
confiscar (vt)	at konfiskere	[ʌ kʌnfi'ske'ʌ]
droga (f)	narkotikum (i)	[na'ko'tikɔm]
arma (f)	våben (i)	['vɔ'bən]
desarmar (vt)	at afvæbne	[ʌ 'aw‚vɛ'bnə]
ordenar (vt)	at befale	[ʌ be'fæ'lə]
desaparecer (vi)	at forsvinde	[ʌ fʌ'sven'ə]

lei (f)	lov (f)	['lɒw]
legal	lovlig	['lɒwli]
ilegal	ulovlig	[u'lɒw'li]

| responsabilidade (f) | ansvar (i) | ['an‚svɑ'] |
| responsável | ansvarlig | [an'svɑ'li] |

177

NATUREZA

A Terra. Parte 1

195. Espaço sideral

cosmos (m)	rummet, kosmos (i)	['ʁɔmet], ['kʌsmʌs]
cósmico	rum-	['ʁɔm-]
espaço (m) cósmico	ydre rum (i)	['yðʁʌ ʁɔmˀ]
mundo (m)	verden (f)	['væɡdən]
universo (m)	univers (i)	[uni'væɡs]
galáxia (f)	galakse (f)	[ga'lɑksə]
estrela (f)	stjerne (f)	['stjæɡnə]
constelação (f)	stjernebillede (i)	['stjæɡnəˌbeləðə]
planeta (m)	planet (f)	[pla'neˀt]
satélite (m)	satellit (f)	[satə'lit]
meteorito (m)	meteorit (f)	[meteo'ʁit]
cometa (m)	komet (f)	[ko'meˀt]
asteroide (m)	asteroide (f)	[astəʁo'i:ðə]
órbita (f)	bane (f)	['bæ:nə]
girar (vi)	at rotere	[ʌ ʁo'teˀʌ]
atmosfera (f)	atmosfære (f)	[atmo'sfɛ:ʌ]
Sol (m)	Solen	['so:lən]
Sistema (m) Solar	solsystem (i)	['so:l sy'steˀm]
eclipse (m) solar	solformørkelse (f)	['so:l fʌ'mœɡkəlsə]
Terra (f)	Jorden	['joˀɡən]
Lua (f)	Månen	['mɔ:nən]
Marte (m)	Mars	['mɑˀs]
Vénus (f)	Venus	['ve:nus]
Júpiter (m)	Jupiter	['jupitʌ]
Saturno (m)	Saturn	['sæˌtuɡn]
Mercúrio (m)	Merkur	[mæɡ'kuɡˀ]
Urano (m)	Uranus	[u'ʁanus]
Neptuno (m)	Neptun	[nɛp'tuˀn]
Plutão (m)	Pluto	['pluto]
Via Láctea (f)	Mælkevejen	['mɛlkəˌvajən]
Ursa Maior (f)	Store Bjørn	['stoɡ ˌbjœɡˀn]
Estrela Polar (f)	Polarstjernen	[po'lɑˌstjæɡnən]
marciano (m)	marsboer (f)	['mɑˀsˌboˀʌ]
extraterrestre (m)	ikkejordisk væsen (i)	[ˌekə'joɡdisk ˌvɛˀsən]

alienígena (m)	rumvæsen (i)	['ʁɔmˌvɛˀsən]
disco (m) voador	flyvende tallerken (f)	['fly:vənə taˈlæɡkən]

nave (f) espacial	rumskib (i)	['ʁɔmˌskiˀb]
estação (f) orbital	rumstation (f)	['ʁɔm staˈɕoˀn]
lançamento (m)	start (f)	['stɑˀt]

motor (m)	motor (f)	['moːtʌ]
bocal (m)	dyse (f)	['dysə]
combustível (m)	brændsel (i)	['bʁanˀsəl]

cabine (f)	cockpit (i)	['kʌkˌpit]
antena (f)	antenne (f)	[anˈtɛnə]
vigia (f)	koøje (i)	['koˌʌjə]
bateria (f) solar	solbatteri (i)	['soːlbatʌˈʁiˀ]
traje (m) espacial	rumdragt (f)	['ʁɔmˌdʁagt]

imponderabilidade (f)	vægtløshed (f)	['vɛgtløːsˌheðˀ]
oxigénio (m)	ilt (f), oxygen (i)	['ilˀt], [ʌgsyˈgeˀn]

acoplagem (f)	dokning (f)	['dʌknen]
fazer uma acoplagem	at dokke	[ʌ 'dʌkə]

observatório (m)	observatorium (i)	[ʌbsæɡvaˈtoɡˀjɔm]
telescópio (m)	teleskop (i)	[teləˈskoˀp]
observar (vt)	at observere	[ʌ ʌbsæɡˈveˀʌ]
explorar (vt)	at udforske	[ʌ 'uðˌfɔːskə]

196. A Terra

Terra (f)	Jorden	['joˀɡən]
globo terrestre (Terra)	jordklode (f)	['joɡˌkloːðə]
planeta (m)	planet (f)	[plaˈneˀt]

atmosfera (f)	atmosfære (f)	[atmoˈsfɛːʌ]
geografia (f)	geografi (f)	[geogʁɑˈfiˀ]
natureza (f)	natur (f)	[naˈtuɡˀ]

globo (mapa esférico)	globus (f)	['gloːbus]
mapa (m)	kort (i)	['kɒːt]
atlas (m)	atlas (i)	['atlas]

Europa (f)	Europa	[œwˈʁoːpa]
Ásia (f)	Asien	['æˀɕən]

África (f)	Afrika	['ɑfʁika]
Austrália (f)	Australien	[ɑwˈstʁɑˀljən]

América (f)	Amerika	[ɑˈmeʁika]
América (f) do Norte	Nordamerika	['noɡ ɑˈmeʁika]
América (f) do Sul	Sydamerika	['syð ɑˈmeʁika]

Antártida (f)	Antarktis	[anˈtɑˀktis]
Ártico (m)	Arktis	['ɑˀktis]

197. Pontos cardeais

norte (m)	**nord** (i)	['noˀɡ]
para norte	**mod nord**	[moð 'noˀɡ]
no norte	**i nord**	[i 'noˀɡ]
do norte	**nordlig**	['noɡli]
sul (m)	**syd** (f)	['syð]
para sul	**mod syd**	[moð 'syð]
no sul	**i syd**	[i 'syð]
do sul	**sydlig**	['syðli]
oeste, ocidente (m)	**vest** (f)	['vɛst]
para oeste	**mod vest**	[moð 'vɛst]
no oeste	**i vest**	[i 'vɛst]
ocidental	**vestlig**	['vɛstli]
leste, oriente (m)	**øst** (f)	['øst]
para leste	**mod øst**	[moð 'øst]
no leste	**i øst**	[i 'øst]
oriental	**østlig**	['østli]

198. Mar. Oceano

mar (m)	**hav** (i)	['hɑw]
oceano (m)	**ocean** (i)	[ose'æˀn]
golfo (m)	**bugt** (f)	['bɔgt]
estreito (m)	**stræde** (i), **sund** (i)	['stʁɛːðə], ['sɔnˀ]
terra (f) firme	**land** (i)	['lanˀ]
continente (m)	**fastland, kontinent** (i)	['fastˌlanˀ], [kʌnti'nɛnˀt]
ilha (f)	**ø** (f)	['øˀ]
península (f)	**halvø** (f)	['halˌøˀ]
arquipélago (m)	**øhav, arkipelag** (i)	['øˌhɑw], [ɑkipe'læˀj]
baía (f)	**bugt** (f)	['bɔgt]
porto (m)	**havn** (f)	['hɑwˀn]
lagoa (f)	**lagune** (f)	[la'gu:nə]
cabo (m)	**kap** (i)	['kɑp]
atol (m)	**atol** (f)	[a'tʌlˀ]
recife (m)	**rev** (i)	['ʁɛw]
coral (m)	**koral** (f)	[ko'ʁalˀ]
recife (m) de coral	**koralrev** (i)	[ko'ʁalˌʁɛw]
profundo	**dyb**	['dyˀb]
profundidade (f)	**dybde** (f)	['dybdə]
abismo (m)	**afgrund** (f), **dyb** (i)	['awˌgʁɔnˀ], ['dyˀb]
fossa (f) oceânica	**oceangrav** (f)	[oseˌæn 'gʁɑˀw]
corrente (f)	**strøm** (f)	['stʁœmˀ]
banhar (vt)	**at omgive**	[ʌ 'ʌmˌgiˀ]
litoral (m)	**kyst** (f)	['køst]

costa (f)	kyst (f)	['køst]
maré (f) alta	flod (f)	['flo'ð]
refluxo (m), maré (f) baixa	ebbe (i)	['ɛbə]
restinga (f)	sandbanke (f)	['san‚baŋkə]
fundo (m)	bund (f)	['bɔn']

onda (f)	bølge (f)	['bøljə]
crista (f) da onda	bølgekam (f)	['bøljə‚kam']
espuma (f)	skum (i)	['skɔm']

tempestade (f)	storm (f)	['stɒ'm]
furacão (m)	orkan (f)	[ɒ'kæ'n]
tsunami (m)	tsunami (f)	[tsu'nɑːmi]
calmaria (f)	stille (i)	['stelə]
calmo	stille	['stelə]

polo (m)	pol (f)	['po'l]
polar	polar-	[po'lɑ-]

latitude (f)	bredde (f)	['bʁɛ'də]
longitude (f)	længde (f)	['lɛŋ'də]
paralela (f)	breddegrad (f)	['bʁɛ'də‚gʁɑ'ð]
equador (m)	ækvator (f)	[ɛ'kvæːtʌ]

céu (m)	himmel (f)	['heməl]
horizonte (m)	horisont (f)	[hɒi'sʌn't]
ar (m)	luft (f)	['lɔft]

farol (m)	fyr (i)	['fyɐ̯']
mergulhar (vi)	at dykke	[ʌ 'døkə]
afundar-se (vr)	at synke	[ʌ 'søŋkə]
tesouros (m pl)	skatte (f pl)	['skatə]

199. Nomes de Mares e Oceanos

Oceano (m) Atlântico	Atlanterhavet	[at'lan'tʌ‚hæ'vəð]
Oceano (m) Índico	Det Indiske Ocean	[de 'en'diskə osə'æ'n]
Oceano (m) Pacífico	Stillehavet	['stelə‚hæ'vəð]
Oceano (m) Ártico	Polarhavet	[po'lɑ‚hæ'vəð]

Mar (m) Negro	Sortehavet	['soɐ̯tə‚hæ'vəð]
Mar (m) Vermelho	Rødehavet	['ʁœːðə‚hæ'vəð]
Mar (m) Amarelo	Det Gule hav	[de 'gulə 'haw]
Mar (m) Branco	Hvidehavet	['viːðə‚hæ'vəð]

Mar (m) Cáspio	Det Kaspiske Hav	[de 'kaspiːskə 'haw]
Mar (m) Morto	Dødehavet	['døːðə‚hæ'vəð]
Mar (m) Mediterrâneo	Middelhavet	['miðəl‚hæ'vəð]

Mar (m) Egeu	Ægæerhavet	[ɛ'gɛ'ɛʌ 'hæ'vəð]
Mar (m) Adriático	Adriaterhavet	[æ'dʁi'æ'tʌ 'hæ'vəð]

Mar (m) Arábico	Arabiahavet	[ɑ'ʁɑ'bia 'hæ'vəð]
Mar (m) do Japão	Det Japanske Hav	[de ja'pæ'nskə 'haw]

| Mar (m) de Bering | Beringshavet | ['beːʁeŋsˌhæˀveð] |
| Mar (m) da China Meridional | Det Sydkinesiske Hav | [de 'syðkiˌneːsiskə 'haw] |

Mar (m) de Coral	Koralhavet	[koˈʁalˌhæˀveð]
Mar (m) de Tasman	Det Tasmanske hav	[de tas'manskə 'haw]
Mar (m) do Caribe	Det Caribiske Hav	[de kaˈʁibiskə ˌhaw]

| Mar (m) de Barents | Barentshavet | ['baːæntsˌhæˀveð] |
| Mar (m) de Kara | Karahavet | ['kaaˌhæˀveð] |

Mar (m) do Norte	Nordsøen	['noɡˌsøˀən]
Mar (m) Báltico	Østersøen	['østʌˌsøˀən]
Mar (m) da Noruega	Norskehavet	['noːskəˌhæˀveð]

200. Montanhas

montanha (f)	bjerg (i)	['bjæɡˀw]
cordilheira (f)	bjergkæde (f)	['bjæɡwˌkɛːðə]
serra (f)	bjergryg (f)	['bjæɡwˌʁɑɡ]

cume (m)	top (f), bjergtop (f)	['tʌp], ['bjæɡwˌtʌp]
pico (m)	tinde (f)	['tenə]
sopé (m)	fod (f)	['foˀð]
declive (m)	skråning (f)	['skʁɔˀneŋ]

vulcão (m)	vulkan (f)	[vul'kæˀn]
vulcão (m) ativo	aktiv vulkan (f)	['akˌtiwˀ vul'kæˀn]
vulcão (m) extinto	udslukt vulkan (f)	['uðˌslɔkt vul'kæˀn]

erupção (f)	udbrud (i)	['uðˌbʁuð]
cratera (f)	krater (i)	['kʁɑˀtʌ]
magma (m)	magma (i, f)	['mawma]
lava (f)	lava (f)	['læːva]
fundido (lava ~a)	glødende	['gløːðənə]

desfiladeiro (m)	canyon (f)	['kanjʌn]
garganta (f)	kløft (f)	['kløft]
fenda (f)	revne (f)	['ʁawnə]
precipício (m)	afgrund (f)	['awˌgʁɔnˀ]

passo, colo (m)	pas (i)	['pas]
planalto (m)	plateau (i)	[pla'to]
falésia (f)	klippe (f)	['klepə]
colina (f)	bakke (f)	['bakə]

glaciar (m)	gletsjer (f)	['glɛtɕʌ]
queda (f) d'água	vandfald (i)	['vanˌfalˀ]
géiser (m)	gejser (f)	['gajˀsʌ]
lago (m)	sø (f)	['søˀ]

planície (f)	slette (f)	['slɛtə]
paisagem (f)	landskab (i)	['lanˌskæˀb]
eco (m)	ekko (i)	['ɛko]
alpinista (m)	alpinist (f)	[alpi'nist]

escalador (m)	bjergbestiger (f)	['bjæɡwbe'sti'ə]
conquistar (vt)	at erobre	[ʌ e'ʁo'bʁʌ]
subida, escalada (f)	bestigning (f)	[be'sti'neŋ]

201. Nomes de montanhas

Alpes (m pl)	Alperne	['alpɒnə]
monte Branco (m)	Mont Blanc	[ˌmɒn'blʌn]
Pirineus (m pl)	Pyrenæerne	[pyɡ'nɛ:ɡnə]

Cárpatos (m pl)	Karpaterne	[kɑ:'pætɒnə]
montes (m pl) Urais	Uralbjergene	[u:'ʁæ'l 'bjæɡ'wənə]
Cáucaso (m)	Kaukasus	['kɑukasus]
Elbrus (m)	Elbrus	[ɛl'bʁu:s]

Altai (m)	Altaj	[al'tɑj]
Tian Shan (m)	Tien-Shan	[ti'enˌɕæn]
Pamir (m)	Pamir	[pæ'miɡ']
Himalaias (m pl)	Himalaya	[hima'lɑja]
monte (m) Everest	Everest	['ɛ:vʁɛst]

| Cordilheira (f) dos Andes | Andesbjergene | ['anəs 'bjæɡ'wənə] |
| Kilimanjaro (m) | Kilimanjaro | [kiliman'dʒaʁo:] |

202. Rios

rio (m)	flod (f)	['flo'ð]
fonte, nascente (f)	kilde (f)	['kilə]
leito (m) do rio	flodseng (f)	['floðˌsɛŋ']
bacia (f)	flodbassin (i)	['floð ba'sɛŋ]
desaguar no …	at munde ud …	[ʌ 'mɒnə uð' …]

| afluente (m) | biflod (f) | ['biˌflo'ð] |
| margem (do rio) | bred (f) | ['bʁɛð'] |

corrente (f)	strøm (f)	['stʁœm']
rio abaixo	nedstrøms	['neðˌstʁœm's]
rio acima	opstrøms	['ʌpˌstʁœm's]

inundação (f)	oversvømmelse (f)	['ɒvʌˌsvœm'əlsə]
cheia (f)	flom (f)	['flʌm']
transbordar (vi)	at flyde over	[ʌ 'fly:ðə 'ɒw'ʌ]
inundar (vt)	at oversvømme	[ʌ 'ɒvʌˌsvœm'ə]

| banco (m) de areia | grund (f) | ['gʁɔn'] |
| rápidos (m pl) | strømfald (i) | ['stʁœmˌfal'] |

barragem (f)	dæmning (f)	['dɛmneŋ]
canal (m)	kanal (f)	[ka'næ'l]
reservatório (m) de água	reservoir (i)	[ʁɛsæɡvo'ɑ:]
eclusa (f)	sluse (f)	['slu:sə]
corpo (m) de água	vandområde (i)	['van 'ʌmˌʁɔ:ðə]

pântano (m)	sump, mose (f)	['sɔmˀp], ['moːsə]
tremedal (m)	hængesæk (f)	['hɛŋəˌsɛk]
remoinho (m)	strømhvirvel (f)	['stʁœmˌviɐ̯ˀwəl]
arroio, regato (m)	bæk (f)	['bɛk]
potável	drikke-	['dʁɛkə-]
doce (água)	ferske	['fæɐ̯skə]
gelo (m)	is (f)	['iˀs]
congelar-se (vr)	at fryse til	[ʌ 'fʁyːsə tel]

203. Nomes de rios

rio Sena (m)	Seinen	['sɛːnən]
rio Loire (m)	Loire	[luˈɒːʁ]
rio Tamisa (m)	Themsen	['tɛmsən]
rio Reno (m)	Rhinen	['ʁiːnən]
rio Danúbio (m)	Donau	[doˈnɑu]
rio Volga (m)	Volga	['vɔlga]
rio Don (m)	Don	['dɔn]
rio Lena (m)	Lena	['leːna]
rio Amarelo (m)	Huang He	[huˌɑŋˈheː]
rio Yangtzé (m)	Yangtze	['jɑŋtsə]
rio Mekong (m)	Mekong	[meˈkɒŋ]
rio Ganges (m)	Ganges	['gɑːŋəs]
rio Nilo (m)	Nilen	['niːlən]
rio Congo (m)	Congo	['kʌngo]
rio Cubango (m)	Okavango	[ɔkaˈvango]
rio Zambeze (m)	Zambezi	[samˈbɛsi]
rio Limpopo (m)	Limpopo	[liːmpopo]
rio Mississípi (m)	Mississippi	['misisiːpi]

204. Floresta

floresta (f), bosque (m)	skov (f)	['skɒwˀ]
florestal	skov-	['skɒw-]
mata (f) cerrada	tæt skov (f)	['tɛt ˌskɒwˀ]
arvoredo (m)	lund (f)	['lɔnˀ]
clareira (f)	lysning (f)	['lysneŋ]
matagal (m)	tæt krat (i)	['tɛt 'kʁat]
mato (m)	buskads (i)	[buˈskæˀs]
vereda (f)	sti (f)	['stiˀ]
ravina (f)	ravine (f)	[ʁaˈviːnə]
árvore (f)	træ (i)	['tʁɛˀ]
folha (f)	blad (i)	['blað]

folhagem (f)	løv (i)	['lø²w]
queda (f) das folhas	løvfald (i)	['løw‚fal²]
cair (vi)	at falde	[ʌ 'falə]
topo (m)	trætop (f)	['tʁɛ‚tʌp]

ramo (m)	kvist (f)	['kvest]
galho (m)	gren (f)	['gʁɛ²n]
botão, rebento (m)	knop (f)	['knɔp]
agulha (f)	nål (f)	['nɔ²l]
pinha (f)	kogle (f)	['kɒwlə]

buraco (m) de árvore	træhul (i)	['tʁɛ‚hɔl]
ninho (m)	rede (f)	['ʁɛ:ðə]
toca (f)	hule (f)	['hu:lə]

tronco (m)	stamme (f)	['stɑmə]
raiz (f)	rod (f)	['ʁo²ð]
casca (f) de árvore	bark (f)	['bɑ:k]
musgo (m)	mos (i)	['mɔs]

arrancar pela raiz	at rykke op med rode	[ʌ 'ʁœkə ʌp mɛ 'ʁo:ðə]
cortar (vt)	at fælde	[ʌ 'fɛlə]
desflorestar (vt)	at hugge ned	[ʌ 'hɔgə 'neð²]
toco, cepo (m)	træstub (f)	['tʁɛ‚stub]

fogueira (f)	bål (i)	['bɔ²l]
incêndio (m) florestal	skovbrand (f)	['skɒw‚bʁɑn²]
apagar (vt)	at slukke	[ʌ 'slɔkə]

guarda-florestal (m)	skovløber (f)	['skɒw‚lø:bʌ]
proteção (f)	værn (i), beskyttelse (f)	['væɐ̯²n], [be'skøtəlsə]
proteger (a natureza)	at beskytte	[ʌ be'skøtə]
caçador (m) furtivo	krybskytte (f)	['kʁyb‚skøtə]
armadilha (f)	saks (f), fælde (f)	['sɑks], ['fɛlə]

| colher (cogumelos, bagas) | at plukke | [ʌ 'plɔkə] |
| perder-se (vr) | at fare vild | [ʌ 'fa:ɑ 'vil²] |

205. Recursos naturais

recursos (m pl) naturais	naturressourcer (f pl)	[na'tuɐ̯ ʁɛ'suɐ̯sʌ]
minerais (m pl)	mineraler (i pl)	[minə'ʁɑ²lʌ]
depósitos (m pl)	forekomster (f pl)	['fɒ:ɒ‚kʌm²stʌ]
jazida (f)	felt (i)	['fɛl²t]

extrair (vt)	at udvinde	[ʌ 'uð‚ven²ə]
extração (f)	udvinding (f)	['uð‚venen]
minério (m)	malm (f)	['mal²m]
mina (f)	mine (f)	['mi:nə]
poço (m) de mina	mineskakt (f)	['minə‚skɑkt]
mineiro (m)	minearbejder (f)	['mi:nə'ɑ:‚bɑj²dʌ]

| gás (m) | gas (f) | ['gas] |
| gasoduto (m) | gasledning (f) | ['gas‚leðnen] |

petróleo (m)	**olie** (f)	['oljə]
oleoduto (m)	**olieledning** (f)	['oljə‚leðnɛn]
poço (m) de petróleo	**oliebrønd** (f)	['oljə‚bʁɶnʔ]
torre (f) petrolífera	**boretårn** (i)	['bo:ʌ‚tɒʔn]
petroleiro (m)	**tankskib** (i)	['taŋk‚skiʔb]
areia (f)	**sand** (i)	['sanʔ]
calcário (m)	**kalksten** (f)	['kalk‚steʔn]
cascalho (m)	**grus** (i)	['gʁuʔs]
turfa (f)	**tørv** (f)	['tɶɐ̯ʔw]
argila (f)	**ler** (i)	['leʔɐ̯]
carvão (m)	**kul** (i)	['kɔl]
ferro (m)	**jern** (i)	['jæɐ̯ʔn]
ouro (m)	**guld** (i)	['gul]
prata (f)	**sølv** (i)	['søl]
níquel (m)	**nikkel** (i)	['nekəl]
cobre (m)	**kobber** (i)	['kɒwʔʌ]
zinco (m)	**zink** (i, f)	['seŋʔk]
manganês (m)	**mangan** (i)	[maŋ'gæʔn]
mercúrio (m)	**kviksølv** (i)	['kvik‚søl]
chumbo (m)	**bly** (i)	['blyʔ]
mineral (m)	**mineral** (i)	[minə'ʁɑʔl]
cristal (m)	**krystal** (i, f)	[kʁy'stalʔ]
mármore (m)	**marmor** (i)	['mɑʔmoɐ̯]
urânio (m)	**uran** (i, f)	[u'ʁɑʔn]

A Terra. Parte 2

206. Tempo

tempo (m)	vejr (i)	['vɛˀg̊]
previsão (f) do tempo	vejrudsigt (f)	['vɛg̊ˌuðsegt]
temperatura (f)	temperatur (f)	[tempʁa'tuɐ̯ˀ]
termómetro (m)	termometer (i)	[tæɐ̯mo'meˀtʌ]
barómetro (m)	barometer (i)	[bɑo'meˀtʌ]
húmido	fugtig	['fɔgti]
humidade (f)	fugtighed (f)	['fɔgtiˌheð]
calor (m)	hede (f)	['he:ðə]
cálido	hed	['heðˀ]
está muito calor	det er hedt	[de 'æg̊ 'heðˀ]
está calor	det er varmt	[de 'æg̊ 'vɑˀmt]
quente	varm	['vɑˀm]
está frio	det er koldt	[de 'æg̊ 'kʌlt]
frio	kold	['kʌlˀ]
sol (m)	sol (f)	['soˀl]
brilhar (vi)	at skinne	[ʌ 'skenə]
de sol, ensolarado	solrig	['soːlˌʁiˀ]
nascer (vi)	at stå op	[ʌ stɔˀ 'ʌp]
pôr-se (vr)	at gå ned	[ʌ gɔˀ 'neðˀ]
nuvem (f)	sky (f)	['skyˀ]
nublado	skyet	['sky:əð]
nuvem (f) preta	regnsky (f)	['ʁajnˌskyˀ]
escuro, cinzento	mørk	['mœg̊k]
chuva (f)	regn (f)	['ʁajˀn]
está a chover	det regner	[de 'ʁajnʌ]
chuvoso	regnvejrs-	['ʁajnˌvɛg̊s-]
chuviscar (vi)	at småregne	[ʌ 'smɒʁajnə]
chuva (f) torrencial	øsende regn (f)	['øːsənə ˌʁajˀn]
chuvada (f)	styrtregn (f)	['styg̊tˌʁajˀn]
forte (chuva)	kraftig, heftig	['kʁafti], ['hɛfti]
poça (f)	vandpyt (f)	['vanˌpyt]
molhar-se (vr)	at blive våd	[ʌ 'bliːə 'vɔˀð]
nevoeiro (m)	tåge (f)	['tɔːwə]
de nevoeiro	tåget	['tɔːwəð]
neve (f)	sne (f)	['sneˀ]
está a nevar	det sner	[de 'sneˀʌ]

207. Tempo extremo. Catástrofes naturais

trovoada (f)	tordenvejr (i)	['toɐdən̩vɛˀɡ]
relâmpago (m)	lyn (i)	['lyˀn]
relampejar (vi)	at glimte	[ʌ 'glemtə]
trovão (m)	torden (f)	['toɐdən]
trovejar (vi)	at tordne	[ʌ 'toɐdnə]
está a trovejar	det tordner	[de 'toɐdnʌ]
granizo (m)	hagl (i)	['hɑwˀl]
está a cair granizo	det hagler	[de 'hɑwlɐ]
inundar (vt)	at oversvømme	[ʌ 'ɒwʌˌsvɶmˀə]
inundação (f)	oversvømmelse (f)	['ɒwʌˌsvɶmˀəlsə]
terremoto (m)	jordskælv (i)	['joɐˌskɛlˀv]
abalo, tremor (m)	skælv (i)	['skɛlˀv]
epicentro (m)	epicenter (i)	[epi'sɛnˀtʌ]
erupção (f)	udbrud (i)	['uðˌbʁuð]
lava (f)	lava (f)	['læːva]
turbilhão (m)	skypumpe (f)	['skyˌpɔmpə]
tornado (m)	tornado (f)	[tɒ'næːdo]
tufão (m)	tyfon (f)	[ty'foˀn]
furacão (m)	orkan (f)	[ɒ'kæˀn]
tempestade (f)	storm (f)	['stɒˀm]
tsunami (m)	tsunami (f)	[tsu'nɑːmi]
ciclone (m)	cyklon (f)	[sy'kloˀn]
mau tempo (m)	uvejr (i)	['uˌvɛˀɡ]
incêndio (m)	brand (f)	['bʁanˀ]
catástrofe (f)	katastrofe (f)	[kata'stʁoːfə]
meteorito (m)	meteorit (f)	[meteo'ʁit]
avalanche (f)	lavine (f)	[la'viːnə]
deslizamento (m) de neve	sneskred (i)	['sneˌskʁɛð]
nevasca (f)	snefog (i)	['sneˌfɒwˀ]
tempestade (f) de neve	snestorm (f)	['sneˌstɒˀm]

208. Ruídos. Sons

silêncio (m)	stilhed (f)	['stelˌheðˀ]
som (m)	lyd (f)	['lyðˀ]
ruído, barulho (m)	støj (f)	['stʌjˀ]
fazer barulho	at støje	[ʌ 'stʌjə]
ruidoso, barulhento	støjende	['stʌjənə]
alto (adv)	højt	['hɒjˀt]
alto (adj)	høj	['hʌjˀ]
constante (ruído, etc.)	konstant	[kʌn'stanˀt]

grito (m)	skrig (i)	['skʁiˀ]
gritar (vi)	at råbe, at skrige	[ʌ 'ʁɔːbə], [ʌ 'skʁiːə]
sussurro (m)	hvisken (f)	['veskən]
sussurrar (vt)	at hviske	[ʌ 'veskə]

latido (m)	gøen (f)	['gøˀən]
latir (vi)	at gø	[ʌ 'gøˀ]

gemido (m)	støn (i)	['stœnˀ]
gemer (vi)	at stønne	[ʌ 'stœnə]
tosse (f)	hoste (f)	['hoːstə]
tossir (vi)	at hoste	[ʌ 'hoːstə]

assobio (m)	fløjt (i)	['flʌjˀt]
assobiar (vi)	at fløjte	[ʌ 'flʌjtə]
batida (f)	banker (f pl)	['baŋkʌ]
bater (vi)	at banke	[ʌ 'baŋkə]

estalar (vi)	at knage	[ʌ 'knæːjə]
estalido (m)	knagen (f)	['knæˀjən]

sirene (f)	sirene (f)	[si'ʁɛːnə]
apito (m)	fløjt (i)	['flʌjˀt]
apitar (vi)	at tude	[ʌ 'tuːðə]
buzina (f)	dyt (i)	['dyt]
buzinar (vi)	at dytte	[ʌ 'dytə]

209. Inverno

inverno (m)	vinter (f)	['venˀtʌ]
de inverno	vinter-	['ventʌ-]
no inverno	om vinteren	[ʌm 'venˀtʌən]

neve (f)	sne (f)	['sneˀ]
está a nevar	det sner	[de 'sneˀʌ]
queda (f) de neve	snefald (i)	['sneˌfalˀ]
amontoado (m) de neve	snedrive (f)	['sneˌdʁiːvə]

floco (m) de neve	snefnug (i)	['sneˌfnug]
bola (f) de neve	snebold (f)	['sneˌbʌlˀd]
boneco (m) de neve	snemand (f)	['sneˌmanˀ]
sincelo (m)	istap (f)	['istɑp]

dezembro (m)	december (f)	[de'sɛmˀbʌ]
janeiro (m)	januar (f)	['januˌɑˀ]
fevereiro (m)	februar (f)	['febʁuˌɑˀ]

gelo (m)	frost (f)	['fʁʌst]
gelado, glacial	frost-	['fʁʌst-]

abaixo de zero	under nul	['ɔnʌ 'nɔl]
geada (f)	let frost (f)	['lɛt 'fʁʌst]
geada (f) branca	rimfrost (f)	['ʁimˌfʁʌst]
frio (m)	kulde (f)	['kulə]

está frio	**det er koldt**	[de 'æɐ̯ 'kʌlt]
casaco (m) de peles	**pels** (f)**, pelskåbe** (f)	['pɛl'ns], ['pɛls͵kɔ:bə]
mitenes (f pl)	**vanter** (f pl)	['van'tʌ]

adoecer (vi)	**at blive syg**	[ʌ 'bli:ə sy']
constipação (f)	**forkølelse** (f)	[fʌ'kø'ləlsə]
constipar-se (vr)	**at blive forkølet**	[ʌ 'bli:ə fʌ'kø'ləð]

gelo (m)	**is** (f)	['i's]
gelo (m) na estrada	**isslag** (i)	['is͵slæ'j]
congelar-se (vr)	**at fryse til**	[ʌ 'frʏ:sə tel]
bloco (m) de gelo	**isflage** (f)	['is͵flæ:jə]

esqui (m)	**ski** (f pl)	['ski']
esquiador (m)	**skiløber** (f)	['ski͵lø:bʌ]
esquiar (vi)	**at stå på ski**	[ʌ stɔ' pɔ' 'ski']
patinar (vi)	**at stå på skøjter**	[ʌ stɔ' pɔ' 'skʌjtʌ]

Fauna

210. Mamíferos. Predadores

predador (m)	rovdyr (i)	['ʁɒwˌdyɐ̯ˀ]
tigre (m)	tiger (f)	['tiːʌ]
leão (m)	løve (f)	['løːvə]
lobo (m)	ulv (f)	['ulˀv]
raposa (f)	ræv (f)	['ʁɛˀw]
jaguar (m)	jaguar (f)	[jaguˈɑˀ]
leopardo (m)	leopard (f)	[leoˈpɑˀd]
chita (f)	gepard (f)	[geˈpɑˀd]
pantera (f)	panter (f)	['panˀtʌ]
puma (m)	puma (f)	['puːma]
leopardo-das-neves (m)	sneleopard (f)	['sne leoˈpɑˀd]
lince (m)	los (f)	['lʌs]
coiote (m)	coyote, prærieulv (f)	[koˈjoːtə], ['pʁɛɐ̯jəˌulˀv]
chacal (m)	sjakal (f)	[ɕaˈkæˀl]
hiena (f)	hyæne (f)	[hyˈɛːnə]

211. Animais selvagens

animal (m)	dyr (i)	['dyɐ̯ˀ]
besta (f)	bæst (i), udyr (i)	['bɛˀst], ['uˌdyɐ̯ˀ]
esquilo (m)	egern (i)	['eˀjʌn]
ouriço (m)	pindsvin (i)	['penˌsviˀn]
lebre (f)	hare (f)	['haːɑ]
coelho (m)	kanin (f)	[kaˈniˀn]
texugo (m)	grævling (f)	['gʁawleŋ]
guaxinim (m)	vaskebjørn (f)	['vaskəˌbjœɐ̯ˀn]
hamster (m)	hamster (f)	['hamˀstʌ]
marmota (f)	murmeldyr (i)	['muɐ̯ˀməlˌdyɐ̯ˀ]
toupeira (f)	muldvarp (f)	['mulˌvɑːp]
rato (m)	mus (f)	['muˀs]
ratazana (f)	rotte (f)	['ʁʌtə]
morcego (m)	flagermus (f)	['flɑwʌˌmuˀs]
arminho (m)	hermelin (f)	[hæɐ̯məˈliˀn]
zibelina (f)	zobel (f)	['soˀbəl]
marta (f)	mår (f)	['mɒˀ]
doninha (f)	brud (f)	['bʁuð]
vison (m)	mink (f)	['meŋˀk]

castor (m)	**bæver** (f)	['bɛˀvʌ]
lontra (f)	**odder** (f)	['ʌðˀʌ]

cavalo (m)	**hest** (f)	['hɛst]
alce (m)	**elg** (f)	['ɛlˀj]
veado (m)	**hjort** (f)	['jɒːt]
camelo (m)	**kamel** (f)	[ka'meˀl]

bisão (m)	**bison** (f)	['bisʌn]
auroque (m)	**urokse** (f)	['uɐ̯ˌʌksə]
búfalo (m)	**bøffel** (f)	['bøfəl]

zebra (f)	**zebra** (f)	['seːbʁɑ]
antílope (m)	**antilope** (f)	[anti'loːpə]
corça (f)	**rådyr** (i), **rå** (f)	['ʁʌˌdyɐ̯ˀ], ['ʁɔˀ]
gamo (m)	**dådyr** (i)	['dʌˌdyɐ̯ˀ]
camurça (f)	**gemse** (f)	['gɛmsə]
javali (m)	**vildsvin** (i)	['vilˌsviˀn]

baleia (f)	**hval** (f)	['væˀl]
foca (f)	**sæl** (f)	['sɛˀl]
morsa (f)	**hvalros** (f)	['valˌʁʌs]
urso-marinho (m)	**pelssæl** (f)	['pɛlsˌsɛˀl]
golfinho (m)	**delfin** (f)	[dɛl'fiˀn]

urso (m)	**bjørn** (f)	['bjœɐ̯ˀn]
urso (m) branco	**isbjørn** (f)	['isˌbjœɐ̯ˀn]
panda (m)	**panda** (f)	['panda]

macaco (em geral)	**abe** (f)	['æːbə]
chimpanzé (m)	**chimpanse** (f)	[ɕim'pansə]
orangotango (m)	**orangutang** (f)	[o'ʁɑnguˌtaŋˀ]
gorila (m)	**gorilla** (f)	[go'ʁila]
macaco (m)	**makak** (f)	[mæ'kɑk]
gibão (m)	**gibbon** (f)	['gibʌn]

elefante (m)	**elefant** (f)	[elə'fanˀt]
rinoceronte (m)	**næsehorn** (i)	['nɛːsəˌhoɐ̯ˀn]
girafa (f)	**giraf** (f)	[gi'ʁaf]
hipopótamo (m)	**flodhest** (f)	['floðˌhɛst]

canguru (m)	**kænguru** (f)	[kɛŋguːʁu]
coala (m)	**koala** (f)	[ko'æːla]

mangusto (m)	**mangust** (f)	[mɑŋ'gust]
chinchila (m)	**chinchilla** (f)	[tjen'tjila]
doninha-fedorenta (f)	**skunk** (f)	['skɔŋˀk]
porco-espinho (m)	**hulepindsvin** (i)	['huːlə 'penˌsviˀn]

212. Animais domésticos

gata (f)	**kat** (f)	['kat]
gato (m) macho	**hankat** (f)	['hanˌkat]
cão (m)	**hund** (f)	['hunˀ]

cavalo (m)	hest (f)	['hɛst]
garanhão (m)	hingst (f)	['heŋ'st]
égua (f)	hoppe (f)	['hʌpə]

vaca (f)	ko (f)	['ko']
touro (m)	tyr (f)	['tyɐ̯']
boi (m)	okse (f)	['ʌksə]

ovelha (f)	får (i)	['fɑ:]
carneiro (m)	vædder (f)	['vɛð'ʌ]
cabra (f)	ged (f)	['geð']
bode (m)	gedebuk (f)	['ge:ðə‚bɔk]

| burro (m) | æsel (i) | ['ɛ'səl] |
| mula (f) | muldyr (i) | ['mul‚dyɐ̯'] |

porco (m)	svin (i)	['svi'n]
leitão (m)	gris (f)	['gʁi's]
coelho (m)	kanin (f)	[ka'ni'n]

| galinha (f) | høne (f) | ['hœ:nə] |
| galo (m) | hane (f) | ['hæ:nə] |

pata (f)	and (f)	['an']
pato (macho)	andrik (f)	['an'dʁɛk]
ganso (m)	gås (f)	['gɔ's]

| peru (m) | kalkun hane (f) | [kal'ku'n 'hæ:nə] |
| perua (f) | kalkun (f) | [kal'ku'n] |

animais (m pl) domésticos	husdyr (i pl)	['hus‚dyɐ̯']
domesticado	tam	['tɑm']
domesticar (vt)	at tæmme	[ʌ 'tɛmə]
criar (vt)	at avle, at opdrætte	[ʌ 'ɑwlə], [ʌ 'ʌp‚dʁatə]

quinta (f)	farm (f)	['fɑ'm]
aves (f pl) domésticas	fjerkræ (i)	['fjeɐ̯‚kʁɛ']
gado (m)	kvæg (i)	['kvɛ'j]
rebanho (m), manada (f)	hjord (f)	['jɒ'd]

estábulo (m)	stald (f)	['stal']
pocilga (f)	svinesti (f)	['svinə‚sti']
estábulo (m)	kostald (f)	['ko‚stal']
coelheira (f)	kaninbur (i)	[ka'nin‚buɐ̯']
galinheiro (m)	hønsehus (i)	['hœnsə‚hu's]

213. Cães. Raças de cães

cão (m)	hund (f)	['hun']
cão pastor (m)	hyrdehund (f)	['hyɐ̯də‚hun']
pastor-alemão (m)	schæferhund (f)	['ɕɛ'fʌ‚hun']
caniche (m)	puddel (f)	['puð'əl]
teckel (m)	gravhund (f)	['gʁɑw‚hun']
buldogue (m)	buldog (f)	['bul‚dʌg]

boxer (m)	bokser (f)	['bʌksʌ]
mastim (m)	mastiff (f)	[mas'tif]
rottweiler (m)	rottweiler (f)	['ʁʌtˌvajlʌ]
dobermann (m)	dobermann (f)	['dʌbʌˌman]

basset (m)	basset (f)	['basɛt]
pastor inglês (m)	bobtail (f)	['bʌbtɛjl]
dálmata (m)	dalmatiner (f)	[dalma'ti’nʌ]
cocker spaniel (m)	cockerspaniel (f)	['kʌkʌˌspanjəl]

terra-nova (m)	newfoundlænder (f)	[nju'fawndˌlɛn’ʌ]
são-bernardo (m)	sanktbernhardshund (f)	[saŋt'bæg’nadsˌhun’]

husky (m)	husky (f)	['hʌski]
Chow-chow (m)	chowchow (f)	[tjɑw'tjɑw]
spitz alemão (m)	spidshund (f)	['spesˌhun’]
carlindogue (m)	moppe (f), mops (f)	['mʌpə], ['mʌps]

214. Sons produzidos pelos animais

latido (m)	gøen (f)	['gø’ən]
latir (vi)	at gø	[ʌ 'gø’]
miar (vi)	at mjave	[ʌ 'mjawə]
ronronar (vi)	at spinde	[ʌ 'spenə]

mugir (vaca)	at brøle	[ʌ 'bʁœ:lə]
bramir (touro)	at brøle	[ʌ 'bʁœ:lə]
rosnar (vi)	at knurre	[ʌ 'knoɐ̯ʌ]

uivo (m)	hyl (i)	['hy’l]
uivar (vi)	at hyle	[ʌ 'hy:lə]
ganir (vi)	at klynke	[ʌ 'kløŋkə]

balir (vi)	at bræge	[ʌ 'bʁɛ:jə]
grunhir (porco)	at grynte	[ʌ 'gʁœntə]
guinchar (vi)	at hvine	[ʌ 'vi:nə]

coaxar (sapo)	at kvække	[ʌ 'kvɛkə]
zumbir (inseto)	at surre, at summe	[ʌ 'suɐ̯ʌ], [ʌ 'somə]
estridular, ziziar (vi)	at synge	[ʌ 'søŋə]

215. Animais jovens

cria (f), filhote (m)	unge (f)	['ɔŋə]
gatinho (m)	kattekilling (f)	['kateˌkilen]
ratinho (m)	museunge (f)	['mu:sɛˌɔŋə]
cãozinho (m)	hvalp (f)	['val’p]

filhote (m) de lebre	hareunge (f)	['hɑ:aˌɔŋə]
coelhinho (m)	kaninunge (f)	[ka'ninˌɔŋə]
lobinho (m)	ulveunge (f)	['ulvəˌɔŋə]
raposinho (m)	ræveunge (f)	['ʁɛwəˌɔŋə]

ursinho (m)	bjørneunge (f)	['bjœɐ̯ˀnəˌɔŋə]
leãozinho (m)	løveunge (f)	['løwəˌɔŋə]
filhote (m) de tigre	tigerunge (f)	['tiːʌˌɔŋə]
filhote (m) de elefante	elefantunge (f)	[eləˈfantˌɔŋə]

leitão (m)	gris (f)	['gʁiˀs]
bezerro (m)	kalv (f)	['kalˀv]
cabrito (m)	gedekid (i)	['geːðəˌkið]
cordeiro (m)	lam (i)	['lamˀ]
cria (f) de veado	hjortekalv (f)	['jɔːtˌkalˀv]
cria (f) de camelo	kamelføl (i)	[ka'melˌføl]

filhote (m) de serpente	slangeunge (f)	['slaŋəˌɔŋə]
cria (f) de rã	frøunge (f)	['fʁœˌɔŋə]

cria (f) de ave	fugleunge (f)	['fuːləˌɔŋə]
pinto (m)	kylling (f)	['kyleŋ]
patinho (m)	ælling (f)	['ɛleŋ]

216. Pássaros

pássaro (m), ave (f)	fugl (f)	['fuˀl]
pombo (m)	due (f)	['duːə]
pardal (m)	spurv (f)	['spuɐ̯ˀw]
chapim-real (m)	musvit (f)	[mu'svit]
pega-rabuda (f)	skade (f)	['skæːðə]

corvo (m)	ravn (f)	['ʁawˀn]
gralha (f) cinzenta	krage (f)	['kʁɑːwə]
gralha-de-nuca-cinzenta (f)	kaie (f)	['kɑjə]
gralha-calva (f)	råge (f)	['ʁɔːwə]

pato (m)	and (f)	['anˀ]
ganso (m)	gås (f)	['gɔˀs]
faisão (m)	fasan (f)	[fa'sæˀn]

águia (f)	ørn (f)	['œɐ̯ˀn]
açor (m)	høg (f)	['høˀj]
falcão (m)	falk (f)	['falˀk]
abutre (m)	grib (f)	['gʁiːb]
condor (m)	kondor (f)	[kʌn'doˀɐ̯]

cisne (m)	svane (f)	['svæːnə]
grou (m)	trane (f)	['tʁɑːnə]
cegonha (f)	stork (f)	['stɔːk]

papagaio (m)	papegøje (f)	[papə'gʌjə]
beija-flor (m)	kolibri (f)	[koli'bʁiˀ]
pavão (m)	påfugl (f)	['pʌˌfuˀl]

avestruz (m)	struds (f)	['stʁus]
garça (f)	hejre (f)	['hɑjʁʌ]
flamingo (m)	flamingo (f)	[fla'meŋgo]
pelicano (m)	pelikan (f)	[peli'kæˀn]

rouxinol (m)	nattergal (f)	['natʌ,gæ²l]
andorinha (f)	svale (f)	['svæ:lə]

tordo-zornal (m)	drossel, sjagger (f)	['dʁʌsəl], ['ɕɑgʌ]
tordo-músico (m)	sangdrossel (f)	['saŋ,dʁʌsəl]
melro-preto (m)	solsort (f)	['so:l,soɐ̯t]

andorinhão (m)	mursejler (f)	['muɐ̯,sajlʌ]
cotovia (f)	lærke (f)	['læɐ̯kə]
codorna (f)	vagtel (f)	['vagtəl]

pica-pau (m)	spætte (f)	['spɛtə]
cuco (m)	gøg (f)	['gø²j]
coruja (f)	ugle (f)	['u:lə]
corujão, bufo (m)	hornugle (f)	['hoɐ̯n,u:lə]
tetraz-grande (m)	tjur (f)	['tjuɐ̯²]
tetraz-lira (m)	urfugl (f)	['uɐ̯,fu²l]
perdiz-cinzenta (f)	agerhøne (f)	['æ²jʌ,hœ:nə]

estorninho (m)	stær (f)	['stɛ²ɐ̯]
canário (m)	kanariefugl (f)	[ka'na²jə,fu²l]
galinha-do-mato (f)	hjerpe, jærpe (f)	['jæɐ̯pə]
tentilhão (m)	bogfinke (f)	['bɔw,feŋkə]
dom-fafe (m)	dompap (f)	['dɔm,pap]

gaivota (f)	måge (f)	['mɔ:wə]
albatroz (m)	albatros (f)	['alba,tʁʌs]
pinguim (m)	pingvin (f)	[peŋ'vi²n]

217. Pássaros. Canto e sons

cantar (vi)	at synge	[ʌ 'søŋə]
gritar (vi)	at skrige	[ʌ 'skʁi:ə]
cantar (o galo)	at gale	[ʌ 'gæ:lə]
cocorocó (m)	kykeliky	[kykli'ky:]

cacarejar (vi)	at kagle	[ʌ 'kawlə]
crocitar (vi)	at krage	[ʌ 'kʁa:wə]
grasnar (vi)	at rappe	[ʌ 'ʁapə]
piar (vi)	at pippe	[ʌ 'pipə]
chilrear, gorjear (vi)	at kvidre	[ʌ 'kviðʁʌ]

218. Peixes. Animais marinhos

brema (f)	brasen (f)	['bʁɑ²sən]
carpa (f)	karpe (f)	['ka:pə]
perca (f)	aborre (f)	['ɑ,bɒ:ɒ]
siluro (m)	malle (f)	['malə]
lúcio (m)	gedde (f)	['geðə]

salmão (m)	laks (f)	['laks]
esturjão (m)	stør (f)	['stø²ɐ̯]

arenque (m)	sild (f)	['sil']
salmão (m)	atlantisk laks (f)	[at'lan'tisk 'lɑks]
cavala, sarda (f)	makrel (f)	[mɑ'kʁal']
solha (f)	rødspætte (f)	['ʁœð‚spɛtə]

lúcio perca (m)	sandart (f)	['san‚ɑ't]
bacalhau (m)	torsk (f)	['tɒ:sk]
atum (m)	tunfisk (f)	['tu:n‚fesk]
truta (f)	ørred (f)	['œɐ̯ʌð]

enguia (f)	ål (f)	['ɔ'l]
raia elétrica (f)	elektrisk rokke (f)	[e'lɛktʁisk 'ʁʌkə]
moreia (f)	muræne (f)	[mu'ʁɛ:nə]
piranha (f)	piraya (f)	[pi'ʁɑja]

tubarão (m)	haj (f)	['hɑj']
golfinho (m)	delfin (f)	[dɛl'fi'n]
baleia (f)	hval (f)	['væ'l]

caranguejo (m)	krabbe (f)	['kʁabə]
medusa, alforreca (f)	gople, meduse (f)	['gʌplə], [me'du:sə]
polvo (m)	blæksprutte (f)	['blɛk‚spʁutə]

estrela-do-mar (f)	søstjerne (f)	['sø‚stjæɐ̯nə]
ouriço-do-mar (m)	søpindsvin (i)	['sø 'pen‚svi'n]
cavalo-marinho (m)	søhest (f)	['sø‚hɛst]

ostra (f)	østers (f)	['østʌs]
camarão (m)	reje (f)	['ʁajə]
lavagante (m)	hummer (f)	['hɔm'ʌ]
lagosta (f)	languster (f)	[lɑŋ'gustʌ]

219. Amfíbios. Répteis

serpente, cobra (f)	slange (f)	['slɑŋə]
venenoso	giftig	['gifti]

víbora (f)	hugorm (f)	['hɔg‚oɐ̯'m]
cobra-capelo, naja (f)	kobra (f)	['ko:bʁɑ]
pitão (m)	pyton (f)	['pytʌn]
jiboia (f)	boa (f)	['bo:a]

cobra-de-água (f)	snog (f)	['sno']
cascavel (f)	klapperslange (f)	['klɑpʌ‚slɑŋə]
anaconda (f)	anakonda (f)	[ana'kʌnda]

lagarto (m)	firben (i)	['fiɐ̯'be'n]
iguana (f)	leguan (f)	[legu'æ'n]
varano (m)	varan (f)	[vɑ'ʁɑ'n]
salamandra (f)	salamander (f)	[sala'man'dʌ]
camaleão (m)	kamæleon (f)	[kamələ'o'n]
escorpião (m)	skorpion (f)	[skɒpi'o'n]
tartaruga (f)	skildpadde (f)	['skel‚paðə]
rã (f)	frø (f)	['fʁœ']

| sapo (m) | tudse (f) | ['tusə] |
| crocodilo (m) | krokodille (f) | [kʁokə'dilə] |

220. Insetos

inseto (m)	insekt (i)	[en'sɛkt]
borboleta (f)	sommerfugl (f)	['sʌmʌˌfuˀl]
formiga (f)	myre (f)	['myːʌ]
mosca (f)	flue (f)	['fluːə]
mosquito (m)	stikmyg (f)	['stekˌmyg]
escaravelho (m)	bille (f)	['bilə]

vespa (f)	hveps (f)	['vɛps]
abelha (f)	bi (f)	['biˀ]
mamangava (f)	humlebi (f)	['homləˌbiˀ]
moscardo (m)	bremse (f)	['bʁamsə]

| aranha (f) | edderkop (f) | ['ɛðˀʌˌkʌp] |
| teia (f) de aranha | edderkoppespind (i) | ['ɛðˀʌkʌpəˌsbenˀ] |

libélula (f)	guldsmed (f)	['gulˌsmeð]
gafanhoto-do-campo (m)	græshoppe (f)	['gʁasˌhʌpə]
traça (f)	natsværmer (f)	['natˌsvæɡˀmʌ]

barata (f)	kakerlak (f)	[kakʌ'lak]
carraça (f)	flåt, mide (f)	['flɔˀt], ['miːðə]
pulga (f)	loppe (f)	['lʌpə]
borrachudo (m)	kvægmyg (f)	['kvɛjˌmyg]

gafanhoto (m)	vandregræshoppe (f)	['vandʁʌ 'gʁasˌhʌpə]
caracol (m)	snegl (f)	['snɑjˀl]
grilo (m)	fårekylling (f)	['fɒːɒˌkyleŋ]
pirilampo (m)	ildflue (f)	['ilfluːə]
joaninha (f)	mariehøne (f)	[mɑ'ʁiˀəˌhœːnə]
besouro (m)	oldenborre (f)	['ʌlənˌbɒːɒ]

sanguessuga (f)	igle (f)	['iːlə]
lagarta (f)	sommerfuglelarve (f)	['sʌmʌˌfuːlə 'laːvə]
minhoca (f)	regnorm (f)	['ʁajnˌoɡˀm]
larva (f)	larve (f)	['laːvə]

221. Animais. Partes do corpo

bico (m)	næb (i)	['nɛˀb]
asas (f pl)	vinger (f pl)	['veŋʌ]
pata (f)	fod (f)	['foˀð]
plumagem (f)	fjerdragt (f)	['fjeɡˌdʁagt]
pena, pluma (f)	fjer (f)	['fjeˀɡ]
crista (f)	fjertop (f), kam (f)	['fjeɡˌtʌp], [kɑmˀ]

| brânquias, guelras (f pl) | gæller (f pl) | ['gɛlʌ] |
| ovas (f pl) | rogn (f) | ['ʁɒwˀn] |

larva (f)	larve (f)	['lɑ:və]
barbatana (f)	finne (f)	['fenə]
escama (f)	skæl (i)	['skɛl']

canino (m)	hugtand (f)	['hɔg‚tan']
pata (f)	pote (f)	['po:tə]
focinho (m)	mule (f), snude (f)	['mu:lə], ['snu:ðə]
boca (f)	gab (i)	['gæ'b]
cauda (f), rabo (m)	hale (f)	['hæ:lə]
bigodes (m pl)	knurhår (i)	['knoɐ‚hɒ']

| casco (m) | klov (f), hov (f) | ['klɒw'], ['hɒw] |
| corno (m) | horn (i) | ['hoɐ'n] |

carapaça (f)	rygskjold (i)	['ʁœg‚skjʌl']
concha (f)	skal (f)	['skal']
casca (f) de ovo	æggeskal (f)	['ɛgə‚skal']

| pelo (m) | pelse (f) | ['pɛlsə] |
| pele (f), couro (m) | skind (i) | ['sken'] |

222. Ações dos animais

| voar (vi) | at flyve | [ʌ 'fly:və] |
| dar voltas | at kredse | [ʌ 'kʁɛ:sə] |

| voar (para longe) | at flyve bort | [ʌ 'fly:və bɒ:t] |
| bater as asas | at baske | [ʌ 'baskə] |

| bicar (vi) | at pikke | [ʌ 'pikə] |
| incubar (vt) | at ruge på æggene | [ʌ 'ʁu:ə pɔ 'ɛgənə] |

| sair do ovo | at klækkes | [ʌ 'klɛkəs] |
| fazer o ninho | at bygge rede | [ʌ 'bygə 'ʁɛ:ðə] |

rastejar (vi)	at krybe	[ʌ 'kʁy:bə]
picar (vt)	at stikke	[ʌ 'stekə]
morder (vt)	at bide	[ʌ 'bi:ðə]

cheirar (vt)	at snuse	[ʌ 'snu:sə]
latir (vi)	at gø	[ʌ 'gø']
silvar (vi)	at hvæse	[ʌ 'vɛ:sə]

| assustar (vt) | at skræmme | [ʌ 'skʁamə] |
| atacar (vt) | at overfalde | [ʌ 'ɒwʌ‚fal'ə] |

roer (vt)	at gnave	[ʌ 'gnæ:və]
arranhar (vt)	at kradse	[ʌ 'kʁasə]
esconder-se (vr)	at gemme sig	[ʌ 'gɛmə ‚saj]

brincar (vi)	at lege	[ʌ 'lajə]
caçar (vi)	at jage	[ʌ 'jæ:jə]
hibernar (vi)	at ligge i dvale	[ʌ 'legə i 'dvæ:lə]
extinguir-se (vr)	at uddø	[ʌ 'uð‚dø']

223. Animais. Habitats

| hábitat | habitat (i) | [habi'tæˀt] |
| migração (f) | migration (f) | [migʁa'ɕoˀn] |

montanha (f)	bjerg (i)	['bjæɐ̯ˀw]
recife (m)	rev (i)	['ʁɛw]
falésia (f)	klippe (f)	['klepə]

floresta (f)	skov (f)	['skɒwˀ]
selva (f)	jungle (f)	['djɔŋlə]
savana (f)	savanne (f)	[sa'vanə]
tundra (f)	tundra (f)	['tɔndʁa]

estepe (f)	steppe (f)	['stɛpə]
deserto (m)	ørken (f)	['œɐ̯kən]
oásis (m)	oase (f)	[o'æːsə]

mar (m)	hav (i)	['haw]
lago (m)	sø (f)	['søˀ]
oceano (m)	ocean (i)	[osə'æˀn]

pântano (m)	sump (f)	['sɔmˀp]
de água doce	ferskvands-	['fæɐ̯sk‿vans-]
lagoa (f)	dam (f)	['damˀ]
rio (m)	flod (f)	['floˀð]

toca (f) do urso	hule (f)	['huːlə]
ninho (m)	rede (f)	['ʁɛːðə]
buraco (m) de árvore	træhul (i)	['tʁɛˌhol]
toca (f)	hule (f)	['huːlə]
formigueiro (m)	myretue (f)	['myːʌˌtuːə]

224. Cuidados com os animais

| jardim (m) zoológico | zoologisk have (f) | [soo'loˀisk 'hæːvə] |
| reserva (f) natural | naturreservat (i) | [na'tuɐ̯ ʁɛsæɐ̯'væˀt] |

viveiro (m)	opdrætter (f)	['ʌpˌdʁatʌ]
jaula (f) de ar livre	voliere (f)	[vʌl'jɛːʌ]
jaula, gaiola (f)	bur (i)	['buɐ̯ˀ]
casinha (f) de cão	kennel (f)	['kɛnˀəl]

pombal (m)	dueslag (i)	['duəˌslæˀj]
aquário (m)	akvarium (i)	[a'kvaˀjɔm]
delfinário (m)	delfinarium (i)	[dɛlfi'naˀiɔm]

criar (vt)	at avle, at opdrætte	[ʌ 'awlə], [ʌ 'ʌpˌdʁatə]
ninhada (f)	kuld, afkom (i)	['kulˀ], ['awˌkʌmˀ]
domesticar (vt)	at tæmme	[ʌ 'tɛmə]
adestrar (vt)	at dressere	[ʌ dʁɛ'seˀʌ]
ração (f)	foder (i)	['foðˀʌ]
alimentar (vt)	at fodre	[ʌ 'foðʁʌ]

loja (f) de animais	dyrehandel (f)	['dyɐ̯ˌhanˀəl]
açaime (m)	mundkurv (f)	['mɔnˌkuɐ̯ˀw]
coleira (f)	halsbånd (i)	['halsˌbʌnˀ]
nome (m)	navn (i)	['nɑwˀn]
pedigree (m)	stamtavle (f)	['stɑmˌtɑwlə]

225. Animais. Diversos

alcateia (f)	flok (f)	['flʌk]
bando (pássaros)	flok (f)	['flʌk]
cardume (peixes)	stime (f)	['stiːmə]
manada (cavalos)	hjord (f)	['jɒˀd]
macho (m)	han (f)	['han]
fêmea (f)	hun (f)	['hun]
faminto	sulten	['sultən]
selvagem	vild	['vilˀ]
perigoso	farlig	['fɑːli]

226. Cavalos

cavalo (m)	hest (f)	['hɛst]
raça (f)	race (f)	['ʁɑːsə]
potro (m)	føl (i)	['føl]
égua (f)	hoppe (f)	['hʌpə]
mustangue (m)	mustang (f)	['mustɑŋ]
pónei (m)	pony (f)	['pʌni]
cavalo (m) de tiro	bryggerhest (f)	['bʁœɡʌˌhɛst]
crina (f)	man (f)	['mæˀn]
cauda (f)	hale (f)	['hæːlə]
casco (m)	hov (f)	['hɒw]
ferradura (f)	hestesko (f)	['hɛstəˌskoˀ]
ferrar (vt)	at sko	[ʌ 'skoˀ]
ferreiro (m)	smed (f)	['smeð]
sela (f)	sadel (f)	['saðəl]
estribo (m)	stigbøjle (f)	['stiˌbʌjlə]
brida (f)	hovedtøj (i), grime (f)	['hoːəðˌtʌj], ['ɡʁiːmə]
rédeas (f pl)	tømmer (f pl)	['tœmʌ]
chicote (m)	pisk (f)	['pisk]
cavaleiro (m)	rytter (f)	['ʁytʌ]
colocar sela	at sadle	[ʌ 'saðlə]
montar no cavalo	at stige til hest	[ʌ 'stiːə tel 'hɛst]
galope (m)	galop (f)	[ga'lʌp]
galopar (vi)	at galopere	[ʌ galo'peˀʌ]

trote (m)	trav (i)	['tʁɑw]
a trote	i trav	[i 'tʁɑw]
ir a trote	at trave	[ʌ 'tʁɑ:və]

| cavalo (m) de corrida | væddeløbshest (f) | ['vɛðəløˀbs‚hɛst] |
| corridas (f pl) | hestevæddeløb (i) | ['hɛstə'vɛðə‚løˀb] |

estábulo (m)	stald (f)	['stalˀ]
alimentar (vt)	at fodre	[ʌ 'foðʁʌ]
feno (m)	hø (i)	['høˀ]
dar água	at vande	[ʌ 'vanə]
limpar (vt)	at børste	[ʌ 'bœɐ̯stə]

carroça (f)	hestevogn (f)	['hɛstə‚vɒwˀn]
pastar (vi)	at græsse	[ʌ 'gʁasə]
relinchar (vi)	at vrinske	[ʌ 'vʁɛnskə]
dar um coice	at sparke	[ʌ 'spɑ:kə]

Flora

227. Árvores

árvore (f)	træ (i)	['tʁɛ²]
decídua	løv-	['løw-]
conífera	nåle-	['nɔlə-]
perene	stedsegrønt, eviggrønt	['stɛðsəˌgʁœn²t], ['eːviˌgʁœn²t]

macieira (f)	æbletræ (i)	['ɛ²bləˌtʁɛ²]
pereira (f)	pæretræ (i)	['pɛʌˌtʁɛ²]
cerejeira (f)	moreltræ (i)	[mo'ʁalˌtʁɛ²]
ginjeira (f)	kirsebærtræ (i)	['kiɡsəbæɡˌtʁɛ²]
ameixeira (f)	blommetræ (i)	['blʌməˌtʁɛ²]

bétula (f)	birk (f)	['biɡk]
carvalho (m)	eg (f)	['e²j]
tília (f)	lind (f)	['len²]
choupo-tremedor (m)	asp (f)	['asp]
bordo (m)	løn (f), ahorn (f)	['lœn²], ['aˌhoɡ²n]
espruce-europeu (m)	gran (f)	['gʁan]
pinheiro (m)	fyr (f)	['fyɡ²]
alerce, lariço (m)	lærk (f)	['læɡk]
abeto (m)	ædelgran (f)	['ɛ²ðəlˌgʁan]
cedro (m)	ceder (f)	['seːðʌ]

choupo, álamo (m)	poppel (f)	['pʌpəl]
tramazeira (f)	røn (f)	['ʁœn²]
salgueiro (m)	pil (f)	['pi²l]
amieiro (m)	el (f)	['ɛl]
faia (f)	bøg (f)	['bø²j]
ulmeiro (m)	elm (f)	['ɛl²m]
freixo (m)	ask (f)	['ask]
castanheiro (m)	kastanie (i)	[ka'stanjə]

magnólia (f)	magnolie (f)	[mɑw'no²ljə]
palmeira (f)	palme (f)	['palmə]
cipreste (m)	cypres (f)	[sy'pʁas]

mangue (m)	mangrove (f)	[maŋ'gʁoːvə]
embondeiro, baobá (m)	baobabtræ (i)	[bao'babˌtʁɛ²]
eucalipto (m)	eukalyptus (f)	[œwka'lyptus]
sequoia (f)	sequoia (f), rødtræ (i)	[sek'wojə], ['ʁœðˌtʁɛ²]

228. Arbustos

arbusto (m)	busk (f)	['busk]
arbusto (m), moita (f)	buskads (i)	[bu'skæ²s]

videira (f)	**vinranke** (f)	['vi:nˌʁaŋkə]
vinhedo (m)	**vingård** (f)	['vi:nˌgɒˀ]

framboeseira (f)	**hindbærbusk** (f)	['henbæɡ̊ˌbusk]
groselheira-preta (f)	**solbærbusk** (f)	['so:lbæɡ̊ˌbusk]
groselheira-vermelha (f)	**ribsbusk** (f)	['ʁɛbsˌbusk]
groselheira (f) espinhosa	**stikkelsbær** (i)	['stekəlsˌbæɡ̊]

acácia (f)	**akacie** (f)	[a'kæˀɕə]
bérberis (f)	**berberis** (f)	['bæɡ̊ˀbʌʁis]
jasmim (m)	**jasmin** (f)	[ɕas'miˀn]

junípero (m)	**ene** (f)	['e:nə]
roseira (f)	**rosenbusk** (f)	['ʁo:sənˌbusk]
roseira (f) brava	**Hunde-Rose** (f)	['hunə-'ʁo:sə]

229. Cogumelos

cogumelo (m)	**svamp** (f)	['svamˀp]
cogumelo (m) comestível	**spiselig svamp** (f)	['spi:səli 'svamˀp]
cogumelo (m) venenoso	**giftig svamp** (f)	['gifti svamˀp]
chapéu (m)	**hat** (f)	['hat]
pé, caule (m)	**stok** (f)	['stʌk]

boleto (m)	**karljohan-rørhat** (f)	[ˌkɑ:ljo'han 'ʁœˀɡ̊hat]
boleto (m) alaranjado	**skælstokket rørhat** (f)	['skɛlˌstʌkəð 'ʁœˀɡ̊hat]
míscaro (m) das bétulas	**galde rørhat** (f)	['galə ˌʁœˀɡ̊hat]
cantarela (f)	**kantarel** (f)	[kanta'ʁalˀ]
rússula (f)	**skørhat** (f)	['skøɡ̊ˌhat]

morchella (f)	**morkel** (f)	['mɒ:kəl]
agário-das-moscas (m)	**fluesvamp** (f)	['flu:əˌsvamˀp]
cicuta (f) verde	**grøn fluesvamp** (f)	['gʁœn 'flu:əˌsvamˀp]

230. Frutos. Bagas

fruta (f)	**frugt** (f)	['fʁɔgt]
frutas (f pl)	**frugter** (f pl)	['fʁɔgtʌ]
maçã (f)	**æble** (i)	['ɛˀblə]
pera (f)	**pære** (f)	['pɛˀʌ]
ameixa (f)	**blomme** (f)	['blʌmə]

morango (m)	**jordbær** (i)	['joɡ̊ˌbæɡ̊]
ginja (f)	**kirsebær** (i)	['kiɡ̊səˌbæɡ̊]
cereja (f)	**morel** (f)	[mo'ʁalˀ]
uva (f)	**drue** (f)	['dʁu:ə]

framboesa (f)	**hindbær** (i)	['henˌbæɡ̊]
groselha (f) preta	**solbær** (i)	['so:lˌbæɡ̊]
groselha (f) vermelha	**ribs** (i, f)	['ʁɛbs]
groselha (f) espinhosa	**stikkelsbær** (i)	['stekəlsˌbæɡ̊]
oxicoco (m)	**tranebær** (i)	['tʁɑ:nəˌbæɡ̊]

laranja (f)	appelsin (f)	[ɑpəl'siˀn]
tangerina (f)	mandarin (f)	[mandɑ'ʁiˀn]
ananás (m)	ananas (f)	['ananas]
banana (f)	banan (f)	[ba'næˀn]
tâmara (f)	daddel (f)	['daðˀəl]

limão (m)	citron (f)	[si'tʁoˀn]
damasco (m)	abrikos (f)	[abʁi'koˀs]
pêssego (m)	fersken (f)	['fæɐ̯skən]
kiwi (m)	kiwi (f)	['kiːvi]
toranja (f)	grapefrugt (f)	['gʁɛjp̩ˌfʁɔgt]

baga (f)	bær (i)	['bæɐ̯]
bagas (f pl)	bær (i pl)	['bæɐ̯]
arando (m) vermelho	tyttebær (i)	['tytəˌbæɐ̯]
morango-silvestre (m)	skovjordbær (i)	['skɒw 'joɐ̯ˌbæɐ̯]
mirtilo (m)	blåbær (i)	['blɔˀˌbæɐ̯]

231. Flores. Plantas

flor (f)	blomst (f)	['blʌmˀst]
ramo (m) de flores	buket (f)	[bu'kɛt]

rosa (f)	rose (f)	['ʁoːsə]
tulipa (f)	tulipan (f)	[tuli'pæˀn]
cravo (m)	nellike (f)	['nelˀekə]
gladíolo (m)	gladiolus (f)	[gladi'oːlus]

centáurea (f)	kornblomst (f)	['koɐ̯nˌblʌmˀst]
campânula (f)	blåklokke (f)	['blʌˌklʌkə]
dente-de-leão (m)	mælkebøtte, løvetand (f)	['mɛlkəˌbøtə], ['løːvəˌtanˀ]
camomila (f)	kamille (f)	[ka'milə]

aloé (m)	aloe (f)	['æˀloˌeˀ]
cato (m)	kaktus (f)	['kaktus]
fícus (m)	ficus, stuebirk (f)	['fikus], ['stuːəˌbiɐ̯k]

lírio (m)	lilje (f)	['liljə]
gerânio (m)	geranie (f)	[ge'ʁaˀnjə]
jacinto (m)	hyacint (f)	[hya'senˀt]

mimosa (f)	mimose (f)	[mi'moːsə]
narciso (m)	narcis (f)	[nɑ'siːs]
capuchinha (f)	blomsterkarse (f)	['blʌmˀstʌˌkaːsə]

orquídea (f)	orkide, orkidé (f)	[ɒki'deˀ]
peónia (f)	pæon (f)	[pɛ'oˀn]
violeta (f)	viol (f)	[vi'oˀl]

amor-perfeito (m)	stedmoderblomst (f)	['stɛmoɐ̯ ˌblʌmˀst]
não-me-esqueças (m)	forglemmigej (f)	[fʌ'glɛmˀmaˌajˀ]
margarida (f)	tusindfryd (f)	['tusənˌfʁyðˀ]
papoula (f)	valmue (f)	['valˌmuːə]
cânhamo (m)	hamp (f)	['hamˀp]

hortelã (f)	mynte (f)	['møntə]
lírio-do-vale (m)	liljekonval (f)	['liljə kɔn'val']
campânula-branca (f)	vintergæk (f)	['ventʌˌgɛk]

urtiga (f)	nælde (f)	['nɛlə]
azeda (f)	syre (f)	['sy:ʌ]
nenúfar (m)	åkande, nøkkerose (f)	['ɔˀkanə], ['nøkəˌʁo:sə]
feto (m), samambaia (f)	bregne (f)	['bʁajnə]
líquen (m)	lav (f)	['lɑw]

estufa (f)	drivhus (i)	['dʁiwˌhuˀs]
relvado (m)	græsplæne (f)	['gʁasˌplɛ:nə]
canteiro (m) de flores	blomsterbed (i)	['blʌmˀstʌˌbəð]

planta (f)	plante (f)	['plantə]
erva (f)	græs (i)	['gʁas]
folha (f) de erva	græsstrå (i)	['gʁasˌstʁɔˀ]

folha (f)	blad (i)	['blað]
pétala (f)	kronblad (i)	['krɔnˌblað]
talo (m)	stilk (f)	['stelˀk]
tubérculo (m)	rodknold (f)	['ʁoðˌknʌlˀ]

broto, rebento (m)	spire (f)	['spi:ʌ]
espinho (m)	torn (f)	['toɡ'n]

florescer (vi)	at blomstre	[ʌ 'blʌmstʁʌ]
murchar (vi)	at visne	[ʌ 'vesnə]
cheiro (m)	lugt (f)	['lɔgt]
cortar (flores)	at skære af	[ʌ 'skɛ:ʌ 'æˀ]
colher (uma flor)	at plukke	[ʌ 'plɔkə]

232. Cereais, grãos

grão (m)	korn (i)	['koɡˀn]
cereais (plantas)	kornsorter (f pl)	['koɡnˌsɒ:tʌ]
espiga (f)	aks (i)	['aks]

trigo (m)	hvede (f)	['ve:ðə]
centeio (m)	rug (f)	['ʁuˀ]
aveia (f)	havre (f)	['hɑwʁʌ]

milho-miúdo (m)	hirse (f)	['hiɡsə]
cevada (f)	byg (f)	['byg]

milho (m)	majs (f)	['mɑjˀs]
arroz (m)	ris (f)	['ʁiˀs]
trigo-sarraceno (m)	boghvede (f)	['bɔwˌve:ðə]

ervilha (f)	ært (f)	['æɡˀt]
feijão (m)	bønne (f)	['bœnə]
soja (f)	soja (f)	['sʌja]
lentilha (f)	linse (f)	['lensə]
fava (f)	bønner (f pl)	['bœnʌ]

233. Vegetais. Verduras

legumes (m pl)	grøntsager (pl)	['gʁɶntˌsæˀjʌ]
verduras (f pl)	grønt (i)	['gʁɶnˀt]
tomate (m)	tomat (f)	[to'mæˀt]
pepino (m)	agurk (f)	[a'guʁk]
cenoura (f)	gulerod (f)	['guləˌʁoˀð]
batata (f)	kartoffel (f)	[kɑ'tʌfəl]
cebola (f)	løg (i)	['lʌjˀ]
alho (m)	hvidløg (i)	['við.lʌjˀ]
couve (f)	kål (f)	['kɔˀl]
couve-flor (f)	blomkål (f)	['blʌmˌkɔˀl]
couve-de-bruxelas (f)	rosenkål (f)	['ʁoːsənˌkɔˀl]
brócolos (m pl)	broccoli (f)	['bʁʌkoli]
beterraba (f)	rødbede (f)	[ʁœð'beːðə]
beringela (f)	aubergine (f)	[obæɐ̯'ɕiːn]
curgete (f)	squash, zucchini (f)	['sgwʌɕ], [su'kiːni]
abóbora (f)	græskar (i)	['gʁaskɑ]
nabo (m)	majroe (f)	['mɑjˌʁoːə]
salsa (f)	persille (f)	[pæɐ̯'selə]
funcho, endro (m)	dild (f)	['dilˀ]
alface (f)	salat (f)	[sa'læˀt]
aipo (m)	selleri (f)	['selʌˌʁiˀ]
espargo (m)	asparges (f)	[a'spɑˀs]
espinafre (m)	spinat (f)	[spi'næˀt]
ervilha (f)	ærter (f pl)	['æɐ̯ˀtʌ]
fava (f)	bønner (f pl)	['bœnʌ]
milho (m)	majs (f)	['mɑjˀs]
feijão (m)	bønne (f)	['bœnə]
pimentão (m)	peber (i, f)	['pewʌ]
rabanete (m)	radiser (f pl)	[ʁa'disə]
alcachofra (f)	artiskok (f)	[ˌɑːti'skʌk]

GEOGRAFIA REGIONAL

Países. Nacionalidades

234. Europa Ocidental

Europa (f)	Europa	[œw'ʁo:pa]
União (f) Europeia	Den Europæiske Union	[dən œwʁo'pɛʼiskə uni'oʼn]
europeu (m)	europæer (f)	[œwʁo'pɛʼʌ]
europeu	europæisk	[œwʁo'pɛʼisk]
Áustria (f)	Østrig	['østʁi]
austríaco (m)	østriger (f)	['ø‚stʁiʼʌ]
austríaca (f)	østriger (f)	['ø‚stʁiʼʌ]
austríaco	østrigsk	['østʁisk]
Grã-Bretanha (f)	Storbritannien	['stoʁ bʁi‚taniən]
Inglaterra (f)	England	['ɛŋʼlan]
inglês (m)	brite (f)	['bʁitə]
inglesa (f)	brite (f)	['bʁitə]
inglês	engelsk, britisk	['ɛŋʼəlsk], ['bʁitisk]
Bélgica (f)	Belgien	['bɛlʼgjən]
belga (m)	belgier (f)	['bɛlʼgjʌ]
belga (f)	belgier (f)	['bɛlʼgjʌ]
belga	belgisk	['bɛlʼgisk]
Alemanha (f)	Tyskland	['tysklanʼ]
alemão (m)	tysker (f)	['tyskʌ]
alemã (f)	tysker (f)	['tyskʌ]
alemão	tysk	['tysk]
Países (m pl) Baixos	Nederlandene	['ne:ðʌ‚lɛnnə]
Holanda (f)	Holland	['hʌlanʼ]
holandês (m)	hollænder (f)	['hʌ‚lɛnʼʌ]
holandesa (f)	hollænder (f)	['hʌ‚lɛnʼʌ]
holandês	hollandsk	['hʌ‚lanʼsk]
Grécia (f)	Grækenland	['gʁɛ:kənlanʼ]
grego (m)	græker (f)	['gʁɛʼkʌ]
grega (f)	græker (f)	['gʁɛʼkʌ]
grego	græsk	['gʁask]
Dinamarca (f)	Danmark	['dænmɑk]
dinamarquês (m)	dansker (f)	['danskʌ]
dinamarquesa (f)	dansker (f)	['danskʌ]
dinamarquês	dansk	['danʼsk]
Irlanda (f)	Irland	['iɐlanʼ]
irlandês (m)	irlænder (f), irer (f)	['iɐ‚lɛnʼʌ], ['iʼʌ]

irlandesa (f)	irlænder (f), irer (f)	['iɐ̯ˌlɛn'ʌ], ['i'ʌ]
irlandês	irsk	['iɐ̯'sk]
Islândia (f)	Island	['islan']
islandês (m)	islænder (f)	['isˌlɛn'ʌ]
islandesa (f)	islænder (f)	['isˌlɛn'ʌ]
islandês	islandsk	['isˌlan'sk]
Espanha (f)	Spanien	['spæ'njən]
espanhol (m)	spanier (f)	['spæ'njʌ]
espanhola (f)	spanier (f)	['spæ'njʌ]
espanhol	spansk	['span'sk]
Itália (f)	Italien	[i'tæljən]
italiano (m)	italiener (f)	[itæl'jɛ'nʌ]
italiana (f)	italiener (f)	[itæl'jɛ'nʌ]
italiano	italiensk	[ital'jɛ'nsk]
Chipre (m)	Cypern	['kypɒn]
cipriota (m)	cypriot (f)	[kypʁi'o't]
cipriota (f)	cypriot (f)	[kypʁi'o't]
cipriota	cypriotisk	[kypʁi'o'tisk]
Malta (f)	Malta	['malta]
maltês (m)	malteser (f)	[mal'te'sʌ]
maltesa (f)	malteser (f)	[mal'te'sʌ]
maltês	maltesisk	[mal'te'sisk]
Noruega (f)	Norge	['nɒ:w]
norueguês (m)	nordmand (f)	['noɐ̯man']
norueguesa (f)	nordmand (f)	['noɐ̯man']
norueguês	norsk	['nɒ:sk]
Portugal (m)	Portugal	['pɒ:tugəl]
português (m)	portugiser (f)	[pɒtu'gi'sʌ]
portuguesa (f)	portugiser (f)	[pɒtu'gi'sʌ]
português	portugisisk	[pɒtu'gi'sisk]
Finlândia (f)	Finland	['fenlan]
finlandês (m)	finne (f)	['fenə]
finlandesa (f)	finne (f)	['fenə]
finlandês	finsk	['fen'sk]
França (f)	Frankrig	['fʁɑŋkʁi]
francês (m)	franskmand (f)	['fʁanskˌman']
francesa (f)	franskmand (f)	['fʁanskˌman']
francês	fransk	['fʁan'sk]
Suécia (f)	Sverige	['svɛʁi']
sueco (m)	svensker (f)	['svɛnskʌ]
sueca (f)	svensker (f)	['svɛnskʌ]
sueco	svensk	['svɛn'sk]
Suíça (f)	Schweiz	['svɑjts]
suíço (m)	schweizer (f)	['svɑj'tsʌ]
suíça (f)	schweizer (f)	['svɑj'tsʌ]

suíço	schweizisk	['svɑjˀtsisk]
Escócia (f)	Skotland	['skɒtlanˀ]
escocês (m)	skotte (f)	['skʌtə]
escocesa (f)	skotte (f)	['skʌtə]
escocês	skotsk	['skʌtsk]

Vaticano (m)	Vatikanstaten	['vateˌkæːn 'stæˀtən]
Liechtenstein (m)	Liechtenstein	['liːktənʃtɑjn]
Luxemburgo (m)	Luxembourg	['lygsəmˌbɒː]
Mónaco (m)	Monaco	[mo'nɑko]

235. Europa Central e de Leste

Albânia (f)	Albanien	[al'bæˀnjən]
albanês (m)	albaner (f)	[al'bæˀnʌ]
albanesa (f)	albaner (f)	[al'bæˀnʌ]
albanês	albansk	[al'bæˀnsk]

Bulgária (f)	Bulgarien	[bul'gɑːiən]
búlgaro (m)	bulgarer (f)	[bul'gɑˀɑ]
búlgara (f)	bulgarer (f)	[bul'gɑˀɑ]
búlgaro	bulgarsk	[bul'gɑˀsk]

Hungria (f)	Ungarn	['ɔŋgɑˀn]
húngaro (m)	ungarer (f)	['ɔŋˌgɑˀɑ]
húngara (f)	ungarer (f)	['ɔŋˌgɑˀɑ]
húngaro	ungarsk	['ɔŋˌgɑˀsk]

Letónia (f)	Letland	['lɛtlanˀ]
letão (m)	lette (f)	['lɛtə]
letã (f)	lette (f)	['lɛtə]
letão	lettisk	['lɛtisk]

Lituânia (f)	Litauen	['liˌtawˀən]
lituano (m)	litauer (f)	['liˌtawˀʌ]
lituana (f)	litauer (f)	['liˌtawˀʌ]
lituano	litauisk	['liˌtawˀisk]

Polónia (f)	Polen	['poːlæn]
polaco (m)	polak (f)	[po'lak]
polaca (f)	polak (f)	[po'lak]
polaco	polsk	['poˀlsk]

Roménia (f)	Rumænien	[ʁu'mɛˀnjən]
romeno (m)	rumæner (f)	[ʁu'mɛˀnʌ]
romena (f)	rumæner (f)	[ʁu'mɛˀnʌ]
romeno	rumænsk	[ʁu'mɛˀnsk]

Sérvia (f)	Serbien	['sæɡˀbiən]
sérvio (m)	serber (f)	['sæɡˀbʌ]
sérvia (f)	serber (f)	['sæɡˀbʌ]
sérvio	serbisk	['sæɡˀbisk]
Eslováquia (f)	Slovakiet	[slova'kiːəð]
eslovaco (m)	slovak (f)	[slo'vak]

| eslovaca (f) | slovak (f) | [slo'vɑk] |
| eslovaco | slovakisk | [slo'vɑkisk] |

Croácia (f)	Kroatien	[kʁo'æˀtiən]
croata (m)	kroat (f)	[kʁo'æˀt]
croata (f)	kroat (f)	[kʁo'æˀt]
croata	kroatisk	[kʁo'æˀtisk]

República (f) Checa	Tjekkiet	['tjɛˌkiəð]
checo (m)	tjekke (f)	['tjɛkə]
checa (f)	tjekke (f)	['tjɛkə]
checo	tjekkisk	['tjɛkisk]

Estónia (f)	Estland	['ɛstlan]
estónio (m)	ester (f)	['ɛstʌ]
estónia (f)	ester (f)	['ɛstʌ]
estónio	estisk	['ɛstisk]

Bósnia e Herzegovina (f)	Bosnien-Herzegovina	['bosniən hæɐ̯səgo'vi:na]
Macedónia (f)	Makedonien	[mɑkə'do:njən]
Eslovénia (f)	Slovenien	[slo've:njən]
Montenegro (m)	Montenegro	['mɒntəˌnɛgʁə]

236. Países da ex-URSS

Azerbaijão (m)	Aserbajdsjan	[asæɐ̯bɑj'djæˀn]
azeri (m)	aserbajdsjaner (f)	[asæɐ̯bɑj'djæˀnʌ]
azeri (f)	aserbajdsjaner (f)	[asæɐ̯bɑj'djæˀnʌ]
azeri, azerbaijano	aserbajdsjansk	[asæɐ̯bɑj'djæˀnsk]

Arménia (f)	Armenien	[ɑ'meˀnjən]
arménio (m)	armenier (f)	[ɑ'meˀnjʌ]
arménia (f)	armenier (f)	[ɑ'meˀnjʌ]
arménio	armensk	[ɑ'meˀnsk]

Bielorrússia (f)	Hviderusland	['vi:ðəˌʁuslanˀ]
bielorrusso (m)	hviderusser (f)	['vi:ðəˌʁusʌ]
bielorrussa (f)	hviderusser (f)	['vi:ðəˌʁusʌ]
bielorrusso	hviderussisk	['vi:ðəˌʁusisk]

Geórgia (f)	Georgien	[ge'ɒˀgjən]
georgiano (m)	georgier (f)	[ge'ɒˀgjʌ]
georgiana (f)	georgier (f)	[ge'ɒˀgjʌ]
georgiano	georgisk	[ge'ɒˀgisk]

Cazaquistão (m)	Kasakhstan	[ka'sɑkˌstan]
cazaque (m)	kasakher (f)	[ka'sɑkʌ]
cazaque (f)	kasakher (f)	[ka'sɑkʌ]
cazaque	kasakhisk	[ka'sɑkisk]

Quirguistão (m)	Kirgisistan	[kiɐ̯'gisiˌstan]
quirguiz (m)	kirgiser (f)	[kiɐ̯'giˀsʌ]
quirguiz (f)	kirgiser (f)	[kiɐ̯'giˀsʌ]
quirguiz	kirgisisk	[kiɐ̯'giˀsisk]

Moldávia (f)	Moldova	[mʌl'doˀva]
moldavo (m)	moldover (f)	[mʌl'doˀvʌ]
moldava (f)	moldover (f)	[mʌl'doˀvʌ]
moldavo	moldovisk	[mʌl'doˀvisk]

Rússia (f)	Rusland	['ʁuslanˀ]
russo (m)	russer (f)	['ʁusʌ]
russa (f)	russer (f)	['ʁusʌ]
russo	russisk	['ʁusisk]

Tajiquistão (m)	Tadsjikistan	[ta'dɕikiˌstan]
tajique (m)	tadsjiker (f)	[ta'dɕikʌ]
tajique (f)	tadsjiker (f)	[ta'dɕikʌ]
tajique	tadsjikisk	[ta'dɕikisk]

Turquemenistão (m)	Turkmenistan	[tuɐ̯k'meˀniˌstan]
turcomeno (m)	turkmener (f)	[tuɐ̯k'meˀnʌ]
turcomena (f)	turkmener (f)	[tuɐ̯k'meˀnʌ]
turcomeno	turkmensk	[tuɐ̯k'meˀnsk]

Uzbequistão (f)	Usbekistan	[us'bekiˌstan]
uzbeque (m)	usbeker (f)	[us'beˀkʌ]
uzbeque (f)	usbeker (f)	[us'beˀkʌ]
uzbeque	usbekisk	[us'beˀkisk]

Ucrânia (f)	Ukraine	[ukʁɑ'iˀnə]
ucraniano (m)	ukrainer (f)	[ukʁɑ'iˀnʌ]
ucraniana (f)	ukrainer (f)	[ukʁɑ'iˀnʌ]
ucraniano	ukrainsk	[ukʁɑ'iˀnsk]

237. Asia

| Ásia (f) | Asien | ['æˀɕən] |
| asiático | asiatisk | [asi'æˀtisk] |

Vietname (m)	Vietnam	['vjɛtnɑm]
vietnamita (m)	vietnameser (f)	[vjɛtna'meˀsʌ]
vietnamita (f)	vietnameser (f)	[vjɛtna'meˀsʌ]
vietnamita	vietnamesisk	[vjɛtna'meˀsisk]

Índia (f)	Indien	['endjən]
indiano (m)	inder (f)	['enˀdʌ]
indiana (f)	inder (f)	['enˀdʌ]
indiano	indisk	['enˀdisk]

Israel (m)	Israel	[isʁɑ:əl]
israelita (m)	israeler (f)	[isʁɑ'eˀlʌ]
israelita (f)	israeler (f)	[isʁɑ'eˀlʌ]
israelita	israelsk	[isʁɑ'eˀlsk]

judeu (m)	jøde (f)	['jø:ðə]
judia (f)	jødinde (f)	[jø:'ðenə]
judeu	jødisk	['jø:ðisk]
China (f)	Kina	['ki:na]

chinês (m)	kineser (f)	[ki'ne'sʌ]
chinesa (f)	kineser (f)	[ki'ne'sʌ]
chinês	kinesisk	[ki'ne'sisk]
coreano (m)	koreaner (f)	[koɡe'æ'nʌ]
coreana (f)	koreaner (f)	[koɡe'æ'nʌ]
coreano	koreansk	[koɡe'æ'nsk]
Líbano (m)	Libanon	['li:banɒn]
libanês (m)	libaneser (f)	[liba'ne'sʌ]
libanesa (f)	libaneser (f)	[liba'ne'sʌ]
libanês	libanesisk	[liba'ne'sisk]
Mongólia (f)	Mongoliet	[mʌŋgo'lieð]
mongol (m)	mongol (f)	[mʌŋ'go'l]
mongol (f)	mongol (f)	[mʌŋ'go'l]
mongol	mongolsk	[mʌŋ'go'lsk]
Malásia (f)	Malaysia	[ma'lɑjɕiʌ]
malaio (m)	malaj (f)	[ma'lɑj']
malaia (f)	malaj (f)	[ma'lɑj']
malaio	malajisk	[ma'lɑj'isk]
Paquistão (m)	Pakistan	['pɑki‚stan]
paquistanês (m)	pakistaner (f)	[pɑki'stæ'nʌ]
paquistanesa (f)	pakistaner (f)	[pɑki'stæ'nʌ]
paquistanês	pakistansk	[pɑki'stæ'nsk]
Arábia (f) Saudita	Saudi-Arabien	['sawdi ɑ'ʁɑ:bjən]
árabe (m)	araber (f)	[ɑ'ʁɑ'bʌ]
árabe (f)	araber (f)	[ɑ'ʁɑ'bʌ]
árabe	arabisk	[ɑ'ʁɑ'bisk]
Tailândia (f)	Thailand	['tɑjlɛn']
tailandês (m)	thailænder (f)	['tɑj‚lɛn'ʌ]
tailandesa (f)	thailænder (f)	['tɑj‚lɛn'ʌ]
tailandês	thailandsk	['tɑj‚lan'sk]
Taiwan (m)	Taiwan	['tɑj‚væ'n]
taiwanês (m)	taiwaner (f)	[tɑj'væ'nʌ]
taiwanesa (f)	taiwaner (f)	[tɑj'væ'nʌ]
taiwanês	taiwansk	[tɑj'væ'nsk]
Turquia (f)	Tyrkiet	[tyɡki:əð]
turco (m)	tyrker (f)	['tyɡkʌ]
turca (f)	tyrker (f)	['tyɡkʌ]
turco	tyrkisk	['tyɡkisk]
Japão (m)	Japan	['ja:pæn]
japonês (m)	japaner (f)	[ja'pæ'nʌ]
japonesa (f)	japaner (f)	[ja'pæ'nʌ]
japonês	japansk	[ja'pæ'nsk]
Afeganistão (m)	Afghanistan	[ɑw'gæ'ni‚stan]
Bangladesh (m)	Bangladesh	[bɑngla'dɛɕ]
Indonésia (f)	Indonesien	[endo'ne:ɕən]

Jordânia (f)	Jordan	['joɐdan]
Iraque (m)	Irak	['iʁɑk]
Irão (m)	Iran	['iʁɑn]
Camboja (f)	Cambodja	[kæːm'boða]
Kuwait (m)	Kuwait	[ku'vɑjt]

Laos (m)	Laos	['læːɒs]
Myanmar (m), Birmânia (f)	Myanmar	[mjanmɐ]
Nepal (m)	Nepal	['nepalˀ]
Emirados Árabes Unidos	Forenede Arabiske Emirater	[fʌ'enəðə ɑ'ʁɑˀbiskə emi'ʁɑˀtʌ]

Síria (f)	Syrien	['syʁiən]
Palestina (f)	Palæstina	[palə'stinɛnə]
Coreia do Sul (f)	Sydkorea	['syð ko'ʁɛːa]
Coreia do Norte (f)	Nordkorea	['noɐ ko'ʁɛːa]

238. América do Norte

Estados Unidos da América	De Forenede Stater	[di fʌ'enəðə 'stæˀtʌ]
americano (m)	amerikaner (f)	[amʁi'kæˀnʌ]
americana (f)	amerikaner (f)	[amʁi'kæˀnʌ]
americano	amerikansk	[amʁi'kaˀnsk]

Canadá (m)	Canada	['kanæˀda]
canadiano (m)	canadier (f)	[ka'næˀdjʌ]
canadiana (f)	canadier (f)	[ka'næˀdjʌ]
canadiano	canadisk	[ka'næˀdisk]

México (m)	Mexiko	['mɛksiko]
mexicano (m)	mexikaner (f)	[mɛksi'kæˀnʌ]
mexicana (f)	mexikaner (f)	[mɛksi'kæˀnʌ]
mexicano	mexikansk	[mɛksi'kæˀnsk]

239. América Central do Sul

Argentina (f)	Argentina	[agɛn'tiˀna]
argentino (m)	argentiner (f)	[agɛn'tiˀnʌ]
argentina (f)	argentiner (f)	[agɛn'tiˀnʌ]
argentino	argentinsk	[agɛn'tiˀnsk]

Brasil (m)	Brasilien	[bʁɑ'siljən]
brasileiro (m)	brasilianer (f)	[bʁɑsil'jæˀnʌ]
brasileira (f)	brasilianer (f)	[bʁɑsil'jæˀnʌ]
brasileiro	brasiliansk	[bʁɑsil'jæˀnsk]

Colômbia (f)	Colombia	[ko'lɔmbja]
colombiano (m)	colombianer (f)	[kolɔm'bjæˀnʌ]
colombiana (f)	colombianer (f)	[kolɔm'bjæˀnʌ]
colombiano	colombiansk	[kolɔm'bjæˀnsk]
Cuba (f)	Cuba	['kuːba]
cubano (m)	cubaner (f)	[ku'bæˀnʌ]

cubana (f)	cubaner (f)	[ku'bæ'nʌ]
cubano	cubansk	[ku'bæ'nsk]

Chile (m)	Chile (i)	['tji:lə]
chileno (m)	chilener (f)	[tji'le'nʌ]
chilena (f)	chilener (f)	[tji'le'nʌ]
chileno	chilensk	[tji'le'nsk]

Bolívia (f)	Bolivia	[bo'livia]
Venezuela (f)	Venezuela	[venəsu'e:la]
Paraguai (m)	Paraguay	[pɑ:ɑg'wʌj]
Peru (m)	Peru	[pe'ʁu:]

Suriname (m)	Surinam	['suʁi,nɑm]
Uruguai (m)	Uruguay	[uʁug'wɑj]
Equador (m)	Ecuador	[ekwa'do'ɐ̯]

Bahamas (f pl)	Bahamas	[ba'ha'mas]
Haiti (m)	Haiti	[hɑiti:]
República (f) Dominicana	Dominikanske Republik	[domini'kæ:nskə ʁɛpu'blik]
Panamá (m)	Panama	['panamə]
Jamaica (f)	Jamaica	[ɕa'mɑjka]

240. Africa

Egito (m)	Egypten	[ɛ'gyptən]
egípcio (m)	egypter (f)	[ɛ'gyptʌ]
egípcia (f)	egypter (f)	[ɛ'gyptʌ]
egípcio	egyptisk	[ɛ'gyptisk]

Marrocos	Marokko	[mɑ'roko]
marroquino (m)	marokkaner (f)	[mɑro'kæ'nʌ]
marroquina (f)	marokkaner (f)	[mɑro'kæ'nʌ]
marroquino	marokkansk	[mɑro'kæ'nsk]

Tunísia (f)	Tunis	['tu:nis]
tunisino (m)	tuneser (f)	[tu'ne'sʌ]
tunisina (f)	tuneser (f)	[tu'ne'sʌ]
tunisino	tunesisk	[tu'ne'sisk]

Gana (f)	Ghana	['ganə]
Zanzibar (m)	Zanzibar	['sa:nsibɑ:]
Quénia (f)	Kenya	['kɛnja]
Líbia (f)	Libyen	['li:bjən]
Madagáscar (m)	Madagaskar	[mada'gæskɑ]

Namíbia (f)	Namibia	[na'mibia]
Senegal (m)	Senegal	[se:nəgæ:l]
Tanzânia (f)	Tanzania	['tansa,niæ]
África do Sul (f)	Sydafrika	['syð ,afʁika]

africano (m)	afrikaner (f)	[afʁi'kæ'nʌ]
africana (f)	afrikaner (f)	[afʁi'kæ'nʌ]
africano	afrikansk	[afʁi'kæ'nsk]

241. Austrália. Oceania

Austrália (f)	**Australien**	[aw'stʁɑ'ljən]
australiano (m)	**australier** (f)	[aw'stʁɑ'ljʌ]
australiana (f)	**australier** (f)	[aw'stʁɑ'ljʌ]
australiano	**australsk**	[aw'stʁɑ'lsk]

Nova Zelândia (f)	**New Zealand**	[nju:'si:lan']
neozelandês (m)	**newzealænder** (f)	[nju'se:ˌlɛn'ʌ]
neozelandesa (f)	**newzealænder** (f)	[nju'se:ˌlɛn'ʌ]
neozelandês	**newzealandsk**	[nju'se:ˌlan'sk]

Tasmânia (f)	**Tasmanien**	[tas'mani:ən]
Polinésia Francesa (f)	**Fransk Polynesien**	['fʁan'sk poly'ne'çən]

242. Cidades

Amesterdão	**Amsterdam**	['amstɒˌdam]
Ancara	**Ankara**	['ankɑ'ʁa]
Atenas	**Athen**	[a'ti:n]

Bagdade	**Bagdad**	['bawdað]
Banguecoque	**Bangkok**	['baŋkɒk]
Barcelona	**Barcelona**	[basə'lo:næ]
Beirute	**Beirut**	['bæi'ˌʁut]
Berlim	**Berlin**	[bæg̊'li'n]

Bombaim	**Bombay**	['bɔmbəj]
Bona	**Bonn**	['bɔn]
Bordéus	**Bordeaux**	['bo'do']
Bratislava	**Bratislava**	[bʁati'slæ:və]
Bruxelas	**Bruxelles**	['bʁysɛl]
Bucareste	**Bukarest**	['bokɑ:ast]
Budapeste	**Budapest**	['budapɛst]

Cairo	**Cairo**	['kajʁo]
Calcutá	**Calcutta**	[kæl'kʌta]
Chicago	**Chicago**	[çi'ka:go]
Cidade do México	**Mexico City**	['mɛgsiko 'siti]
Copenhaga	**København**	['købənˌhaw'n]

Dar es Salaam	**Dar es-Salaam**	['dɑ:ɛs saˌlɑ'm]
Deli	**Delhi**	[dɛ'li]
Dubai	**Dubai**	['dubaj]
Dublin, Dublim	**Dublin**	['dɒblin]
Düsseldorf	**Düsseldorf**	['dɯsəlˌdɒ:f]
Estocolmo	**Stockholm**	['stɒkhɒlm]

Florença	**Firenze**	[fi'ʁansə]
Frankfurt	**Frankfurt**	['fʁaŋkfuɒt]
Genebra	**Geneve**	[çe'nɛ:və]
Haia	**Haag**	['hæ'j]
Hamburgo	**Hamburg**	['hæ:mbɶ:g]

| Hanói | Hanoi | ['hanɒj] |
| Havana | Havanna | [hæ'vana] |

Helsínquia	Helsingfors	['hɛlseŋˌfɒːs]
Hiroshima	Hiroshima	[hiʁo'ɕiːma]
Hong Kong	Hongkong	['hʌŋˌkɒŋ]
Istambul	Istanbul	['istanbul]
Jerusalém	Jerusalem	[je'ʁusalɛm]
Kiev	Kijev	['kijəw]
Kuala Lumpur	Kuala Lumpur	[ku'ala lɔm'puɒ]
Lisboa	Lissabon	['lisabɒn]
Londres	London	['lɒnˌdɒn]
Los Angeles	Los Angeles	[ˌlɒs'æŋʒələs]
Lion	Lyon	[liˀɔŋ]

Madrid	Madrid	[ma'dʁið]
Marselha	Marseille	[mɑːˈsɛj]
Miami	Miami	[mʌˈɛmi]
Montreal	Montreal	[mɒŋtʁeel]
Moscovo	Moskva	[mo'skvɛ]
Munique	München	['munɕən]

Nairóbi	Nairobi	[nɑj'ʁoːbi]
Nápoles	Neapel	[nə'apəl]
Nice	Nice	['niːs]
Nova York	New York	[nju:'jɒːk]

Oslo	Oslo	['oslu]
Ottawa	Ottawa	['ɔːtəwə]
Paris	Paris	[pɑ'ʁiːs]
Pequim	Beijing	['bɛjdʒiŋ]
Praga	Prag	['pʁɑːw]

Rio de Janeiro	Rio de Janeiro	['ʁiːo de ʒa'ne:jʁo]
Roma	Rom	['ʁoˀm]
São Petersburgo	Sankt Petersborg	[ˌsɑŋt 'peˀtʌsbɐ̯]
Seul	Seoul	[sœ'uːl]
Singapura	Singapore	['seŋgapɒ:]
Sydney	Sydney	['sidni]

Taipé	Taipei	['tajpæj]
Tóquio	Tokyo	['tokjo]
Toronto	Toronto	[toˀɐ̯nto]
Varsóvia	Warszawa	[wɑ'ɕæːva]
Veneza	Venedig	[ve'ne:diˀ]
Viena	Wien	['viˀn]

| Washington | Washington | ['wɒɕeŋtɒn] |
| Xangai | Shanghai | ['ɕɑŋhɑj] |

243. Política. Governo. Parte 1

| política (f) | politik (f) | [poli'tik] |
| político | politisk | [po'litisk] |

político (m)	politiker (f)	[po'litikʌ]
estado (m)	stat (f)	['stæˀt]
cidadão (m)	statsborger (f)	['stæˀts‚bɒ:wʌ]
cidadania (f)	statsborgerskab (i)	['stæˀts‚bɒ:wʌ‚skæˀb]

| brasão (m) de armas | rigsvåben (i) | ['ʁis‚vɔˀbən] |
| hino (m) nacional | nationalsang (f) | [naɕo'næl‚saŋˀ] |

governo (m)	regering (f)	[ʁɛ'geˀɡɛn]
Chefe (m) de Estado	statschef (f)	['stæts‚ɕɛˀf]
parlamento (m)	parlament (i)	[pala'mɛnˀt]
partido (m)	parti (i)	[pɑ'tiˀ]

| capitalismo (m) | kapitalisme (f) | [kapita'lismə] |
| capitalista | kapitalistisk | [kapita'listisk] |

| socialismo (m) | socialisme (f) | [soɕa'lismə] |
| socialista | socialistisk | [soɕa'listisk] |

comunismo (m)	kommunisme (f)	[komu'nismə]
comunista	kommunistisk	[komu'nistisk]
comunista (m)	kommunist (f)	[komu'nist]

democracia (f)	demokrati (i)	[demokʁɑ'tiˀ]
democrata (m)	demokrat (f)	[demo'kʁɑˀt]
democrático	demokratisk	[demo'kʁɑˀtisk]
Partido (m) Democrático	demokratisk parti (i)	[demo'kʁɑˀtisk pɑ'tiˀ]

| liberal (m) | liberalist (f) | [libəʁɑ'list] |
| liberal | liberal | [libə'ʁɑˀl] |

| conservador (m) | konservator (f) | [kʌnsæɡ'væ:tʌ] |
| conservador | konservativ | [kɔn'sæɡva‚tiwˀ] |

república (f)	republik (f)	[ʁɛpu'blik]
republicano (m)	republikaner (f)	[ʁɛpubli'kæˀnʌ]
Partido (m) Republicano	republikansk parti (i)	[ʁɛpubli'kæˀnsk pɑ'tiˀ]

eleições (f pl)	valg (i)	['valˀj]
eleger (vt)	at vælge	[ʌ 'vɛljə]
eleitor (m)	vælger (f)	['vɛljʌ]
campanha (f) eleitoral	valgkampagne (f)	['valj kɑm'panjə]

votação (f)	afstemning (f)	['aw‚stɛmˀnen]
votar (vi)	at stemme	[ʌ 'stɛmə]
direito (m) de voto	stemmeret (f)	['stɛmə‚ʁat]

candidato (m)	kandidat (f)	[kandi'dæˀt]
candidatar-se (vi)	at kandidere	[ʌ kandi'de'ʌ]
campanha (f)	kampagne (f)	[kɑm'panjə]

| da oposição | oppositions- | [oposi'ɕons-] |
| oposição (f) | opposition (f) | [oposi'ɕoˀn] |

| visita (f) | besøg (i) | [be'søˀj] |
| visita (f) oficial | officielt besøg (i) | [ʌfi'ɕɛlˀ be'søˀj] |

internacional	international	['entʌnaɕo,næ'l]
negociações (f pl)	forhandlinger (f pl)	[fʌ'han'leŋʌ]
negociar (vi)	at forhandle	[ʌ fʌ'han'lə]

244. Política. Governo. Parte 2

sociedade (f)	samfund (i)	['sɑm,fɔn']
constituição (f)	konstitution (f)	[kʌnstitu'ɕo'n]
poder (ir para o ~)	magt (f)	['mɑgt]
corrupção (f)	korruption (f)	[kɒɒp'ɕo'n]

| lei (f) | lov (f) | ['lɒw] |
| legal | lovlig | ['lɒwli'] |

| justiça (f) | retfærdighed (f) | [ʁat'fæɡ'di,heð'] |
| justo | retfærdig | [ʁat'fæɡ'di] |

comité (m)	komite, komité (f)	[komi'te']
projeto-lei (m)	lovforslag (i)	['lɒw 'fɔ:,slæ'j]
orçamento (m)	budget (i)	[by'ɕɛt]
política (f)	politik (f)	[poli'tik]
reforma (f)	reform (f)	[ʁɛ'fɔ'm]
radical	radikal	[ʁadi'kæ'l]

força (f)	kraft (f)	['kʁɑft]
poderoso	mægtig, magtfuld	['mɛgti], ['mɑgt,ful']
partidário (m)	tilhænger (f)	['tel,hɛŋ'ʌ]
influência (f)	indflydelse (f)	['en,flyð'əlsə]

regime (m)	regime (i)	[ʁɛ'ɕi:mə]
conflito (m)	konflikt (f)	[kʌn'flikt]
conspiração (f)	sammensværgelse (f)	['samen,svæɡ'welsə]
provocação (f)	provokation (f)	[pʁovoka'ɕo'n]

derrubar (vt)	at styrte	[ʌ 'styɡtə]
derrube (m), queda (f)	omstyrtelse (f)	['ɑw,sɛtəlsə]
revolução (f)	revolution (f)	[ʁɛvolu'ɕo'n]

| golpe (m) de Estado | statskup (i) | ['stæ'ts,kup] |
| golpe (m) militar | militærkup (i) | [mili'tɛɡ,kup] |

crise (f)	krise (f)	['kʁi'sə]
recessão (f) económica	økonomisk nedgang (f)	[øko'no'misk 'neð,gaŋ']
manifestante (m)	demonstrant (f)	[demɔn'stʁan't]
manifestação (f)	demonstration (f)	[demɔnstʁɑ'ɕo'n]
lei (f) marcial	krigstilstand (f)	['kʁis 'tel,stan']
base (f) militar	militærbase (f)	[mili'tɛɡ,bæ:sə]

| estabilidade (f) | stabilitet (f) | [stabili'te't] |
| estável | stabil | [sta'bi'l] |

exploração (f)	udbytning (f)	['uð,bytneŋ]
explorar (vt)	at udbytte	[ʌ 'uð,bytə]
racismo (m)	racisme (f)	[ʁɑ'sismə]

racista (m)	**racist** (f)	[ʁɑ'sist]
fascismo (m)	**fascisme** (f)	[fa'sismə]
fascista (m)	**fascist** (f)	[fa'sist]

245. Países. Diversos

estrangeiro (m)	**udlænding** (f)	['uð̩lɛn'eŋ]
estrangeiro	**udenlandsk**	['uðən̩lan'sk]
no estrangeiro	**i udlandet**	[i 'uð̩lan'əð]
emigrante (m)	**emigrant** (f)	[emi'gʁɑn't]
emigração (f)	**emigration** (f)	[emigʁɑ'ɕo'n]
emigrar (vi)	**at emigrere**	[ʌ emi'gʁɛ'ʌ]
Ocidente (m)	**Vesten**	['vɛstən]
Oriente (m)	**Østen**	['østən]
Extremo Oriente (m)	**Fjernøsten**	['fjæŋn̩ˌøstən]
civilização (f)	**civilisation** (f)	[sivilisa'ɕo'n]
humanidade (f)	**menneskehed** (f)	['mɛnəskəˌheð']
mundo (m)	**verden** (f)	['væg̩dən]
paz (f)	**fred** (f)	['fʁɛð]
mundial	**verdens-**	['væg̩dəns-]
pátria (f)	**fædreland** (i)	['fɛðʁʌˌlan']
povo (m)	**folk** (i)	['fʌl'k]
população (f)	**befolkning** (f)	[be'fʌl'kneŋ]
gente (f)	**folk** (i)	['fʌl'k]
nação (f)	**nation** (f)	[na'ɕo'n]
geração (f)	**generation** (f)	[genəʁɑ'ɕo'n]
território (m)	**territorium** (i)	[tæʁi'tog̩'jɔm]
região (f)	**region** (f)	[ʁɛgi'o'n]
estado (m)	**delstat** (f)	['delˌstæ't]
tradição (f)	**tradition** (f)	[tʁadi'ɕo'n]
costume (m)	**skik, sædvane** (f)	['skik], ['sɛðˌvæ:nə]
ecologia (f)	**økologi** (f)	[økolo'gi']
índio (m)	**indianer** (f)	[endi'æ'nʌ]
cigano (m)	**sigøjner** (f)	[si'gʌj'nʌ]
cigana (f)	**sigøjner** (f)	[si'gʌj'nʌ]
cigano	**sigøjner-**	[si'gʌjnʌ-]
império (m)	**imperium, rige** (i)	[em'pe'g̩iɔm], ['ʁi:ə]
colónia (f)	**koloni** (i)	[kolo'ni']
escravidão (f)	**slaveri** (i)	[slæwʌ'ʁi']
invasão (f)	**invasion** (f)	[enva'ɕo'n]
fome (f)	**hungersnød** (f)	['hɔŋʌsˌnø'ð]

246. Grupos religiosos mais importantes. Confissões

religião (f)	**religion** (f)	[ʁɛli'gjo'n]
religioso	**religiøs**	[ʁɛli'gjø's]

crença (f)	tro (f)	['tʁoˀ]
crer (vt)	at tro	[ʌ 'tʁoˀ]
crente (m)	troende (f)	['tʁoːənə]
ateísmo (m)	ateisme (f)	[ate'ismə]
ateu (m)	ateist (f)	[ate'ist]
cristianismo (m)	kristendom (f)	['kʁɛstənˌdʌmˀ]
cristão (m)	kristen (f)	['kʁɛstən]
cristão	kristen	['kʁɛstən]
catolicismo (m)	katolicisme (f)	[katoli'sismə]
católico (m)	katolik (f)	[kato'lik]
católico	katolsk	[ka'toˀlsk]
protestantismo (m)	protestantisme (f)	[pʁotəstan'tismə]
Igreja (f) Protestante	den protestantiske kirke (f)	[dən pʁotə'stanˀtiskə 'kiɐ̯kə]
protestante (m)	protestant (f)	[pʁotə'stanˀt]
ortodoxia (f)	ortodoksi (f)	[ɒtodʌk'siˀ]
Igreja (f) Ortodoxa	den ortodokse kirke (f)	[dən ɒto'dʌksə 'kiɐ̯kə]
ortodoxo (m)	ortodoks (f)	[ɒto'dʌks]
presbiterianismo (m)	presbyterianisme (f)	[pʁɛsbytæɐ̯iæ'nismə]
Igreja (f) Presbiteriana	den presbyterianske kirke	[dən pʁɛsbytæɐ̯i'æˀnskə 'kiɐ̯kə]
presbiteriano (m)	presbyterianer (f)	[pʁɛsbytæɐ̯i'æˀnʌ]
Igreja (f) Luterana	lutheranisme (f)	[luteʁɑ'nismə]
luterano (m)	lutheraner (f)	[lute'ʁɑˀnʌ]
Igreja (f) Batista	baptisme (f)	[bɑp'tismə]
batista (m)	baptist (f)	[bɑp'tist]
Igreja (f) Anglicana	den anglikanske kirke	[dən aŋle'kæːnskə 'kiɐ̯kə]
anglicano (m)	anglikaner (f)	[aŋgli'kæˀnʌ]
mormonismo (m)	mormonisme (f)	[mɒmo'nismə]
mórmon (m)	mormon (f)	[mɒ'moˀn]
Judaísmo (m)	jødedom (f)	['jøːðəˌdʌmˀ]
judeu (m)	jøde (f)	['jøːðə]
budismo (m)	buddhisme (f)	[bu'dismə]
budista (m)	buddhist (f)	[bu'dist]
hinduísmo (m)	hinduisme (f)	[hendu'ismə]
hindu (m)	hindu (f)	['hendu]
Islão (m)	islam (f)	[is'lɑːm], ['islɑm]
muçulmano (m)	muslim (f)	[mu'sliˀm]
muçulmano	muslimsk	[mu'sliˀmsk]
Xiismo (m)	shiisme (f)	[ɕi'ismə]
xiita (m)	shiit (f)	[ɕi'it]
sunismo (m)	sunnisme (f)	[su'nismə]
sunita (m)	sunnit (f)	[su'nit]

247. Religiões. Padres

padre (m)	**præst** (f)	['pʁast]
Papa (m)	**Paven**	['pæːvən]
monge (m)	**munk** (f)	['mɔŋˀk]
freira (f)	**nonne** (f)	['nʌnə]
pastor (m)	**pastor** (f)	['pastʌ]
abade (m)	**abbed** (f)	['ɑbeð]
vigário (m)	**sognepræst** (f)	['sɒwnə͵pʁast]
bispo (m)	**biskop** (f)	['biskʌp]
cardeal (m)	**kardinal** (f)	[kɑdi'næˀl]
pregador (m)	**prædikant** (f)	[pʁɛdi'kanˀt]
sermão (m)	**prædiken** (f)	['pʁɛðəkən]
paroquianos (pl)	**sognebørn** (pl)	['sɒwnə͵bœɐ̯ˀn]
crente (m)	**troende** (f)	['tʁoːənə]
ateu (m)	**ateist** (f)	[ate'ist]

248. Fé. Cristianismo. Islão

Adão	**Adam**	['æˀdɑm]
Eva	**Eva**	['eːva]
Deus (m)	**Gud**	['guð]
Senhor (m)	**Herren**	['hæː̞ˀn]
Todo Poderoso (m)	**Den Almægtige**	[dən al'mɛgtiə]
pecado (m)	**synd** (f)	['sønˀ]
pecar (vi)	**at synde**	[ʌ 'sønə]
pecador (m)	**synder** (f)	['sønʌ]
pecadora (f)	**synder** (f)	['sønʌ]
inferno (m)	**helvede** (i)	['hɛlvəðə]
paraíso (m)	**paradis** (i)	['paːɑ͵diˀs]
Jesus	**Jesus**	['jeːsus]
Jesus Cristo	**Jesus Kristus**	['jeːsus 'kʁɛstus]
Espírito (m) Santo	**Den Hellige Ånd**	[dən 'hɛ͵liˀə ͵ʌnˀ]
Salvador (m)	**Frelseren**	['fʁalsʌˀn]
Virgem Maria (f)	**Jomfru Maria**	['jʌmfʁu mɑ͵ʁiːa]
Diabo (m)	**Djævelen**	['djɛːvelən]
diabólico	**djævelsk**	['djɛːvəl-]
Satanás (m)	**Satan**	['sæːtan]
satânico	**satanisk**	[sa'tæˀnisk]
anjo (m)	**engel** (f)	['ɛŋəl]
anjo (m) da guarda	**skytsengel** (f)	['skøts͵ɛŋəl]
angélico	**engle-**	['ɛŋlə-]

apóstolo (m)	apostel (f)	[aˈpʌstəl]
arcanjo (m)	ærkeengel (f)	[ˈæɐ̯kəˀŋəl]
anticristo (m)	Antikrist	[ˈantiˌkʁɛst]
Igreja (f)	kirke (f)	[ˈkiɐ̯kə]
Bíblia (f)	Bibelen, bibel (f)	[ˈbiːbəln], [ˈbiːbəl]
bíblico	bibelsk	[ˈbiˀbəlsk]
Velho Testamento (m)	Det Gamle Testamente	[de ˈgamlə tɛstaˈmɛntə]
Novo Testamento (m)	Det Nye Testamente	[de ˈnyːə tɛstaˈmɛntə]
Evangelho (m)	evangelium (i)	[evaŋˈgeˀljɔm]
Sagradas Escrituras (f pl)	Den Hellige Skrift	[dən ˈhɛˌliˀə ˈskʁɛft]
Céu (m)	Himlen, Himmerige	[ˈhemlən], [ˈhemʌˌʁiːə]
mandamento (m)	bud (i)	[ˈbuð]
profeta (m)	profet (f)	[pʁoˈfeˀt]
profecia (f)	profeti (f)	[pʁofəˈtiˀ]
Alá	Allah	[ˈala]
Maomé	Muhamed	[ˈmuhaˌmɛð]
Corão, Alcorão (m)	Koranen	[koˈʁanən]
mesquita (f)	moske (f)	[moˈskeˀ]
mulá (m)	mullah (f)	[ˈmula]
oração (f)	bøn (f)	[ˈbœnˀ]
rezar, orar (vi)	at bede	[ʌ ˈbeˀðə]
peregrinação (f)	pilgrimsrejse (f)	[ˈpilˌgʁɛmsˌʁajsə]
peregrino (m)	pilgrim (f)	[ˈpilˌgʁɛmˀ]
Meca (f)	Mekka	[ˈmɛka]
igreja (f)	kirke (f)	[ˈkiɐ̯kə]
templo (m)	tempel (i)	[ˈtɛmˀpəl]
catedral (f)	katedral (f)	[katəˈdʁaˀl]
gótico	gotisk	[ˈgoˀtisk]
sinagoga (f)	synagoge (f)	[synaˈgoːə]
mesquita (f)	moske (f)	[moˈskeˀ]
capela (f)	kapel (i)	[kaˈpɛlˀ]
abadia (f)	abbedi (i)	[abəˈdiˀ]
convento (m)	kloster (i)	[ˈklʌstʌ]
mosteiro (m)	kloster (i)	[ˈklʌstʌ]
sino (m)	klokke (f)	[ˈklʌkə]
campanário (m)	klokketårn (i)	[ˈklʌkəˌtʌˀn]
repicar (vi)	at ringe	[ʌ ˈʁɛŋə]
cruz (f)	kors (i)	[ˈkɒːs]
cúpula (f)	kuppel (f)	[ˈkupəl]
ícone (m)	ikon (i, f)	[iˈkoˀn]
alma (f)	sjæl (f)	[ˈɕɛˀl]
destino (m)	skæbne (f)	[ˈskɛːbnə]
mal (m)	ondskab (f)	[ˈʌnˌskæˀb]
bem (m)	godhed (f)	[ˈgoðˌheð]
vampiro (m)	vampyr (f)	[vamˈpyɐ̯ˀ]

bruxa (f)	**heks** (f)	['hɛks]
demónio (m)	**dæmon** (f)	[dɛ'moˀn]
espírito (m)	**ånd** (f)	['ʌnˀ]

redenção (f)	**forløsning** (f)	[fʌ'løˀsnen]
redimir (vt)	**at sone**	[ʌ 'soːnə]

missa (f)	**gudstjeneste** (f)	['guðsˌtjɛːnəstə]
celebrar a missa	**at holde gudstjeneste**	[ʌ 'hʌlə 'guðsˌtjɛːnəstə]
confissão (f)	**skrifte** (i)	['skʁɛftə]
confessar-se (vr)	**at skrifte**	[ʌ 'skʁɛftə]

santo (m)	**helgen** (f)	['hɛljən]
sagrado	**hellig**	['hɛli]
água (f) benta	**vievand** (i)	['viːəˌvanˀ]

ritual (m)	**ritual** (i)	[ʁitu'æˀl]
ritual	**rituel**	[ʁitu'ɛlˀ]
sacrifício (m)	**ofring** (f)	['ʌfʁʌɛn]

superstição (f)	**overtro** (f)	['ɒwʌˌtʁoˀ]
supersticioso	**overtroisk**	['ɒwʌˌtʁoˀisk]
vida (f) depois da morte	**efterliv** (i)	['ɛftʌˌliwˀ]
vida (f) eterna	**det evige liv**	[de 'eːviə liwˀ]

TEMAS DIVERSOS

249. Várias palavras úteis

ajuda (f)	hjælp (f)	['jɛlˀp]
barreira (f)	forhindring (f)	[fʌ'hen'dʁɛn]
base (f)	basis (f)	['bæːsis]
categoria (f)	kategori (f)	[katəgo'ʁiˀ]
causa (f)	årsag (f)	['ɒːˌsæˀj]
coincidência (f)	sammenfald (i)	['samənˌfalˀ]
coisa (f)	ting (f)	['tenˀ]
começo (m)	begyndelse (f)	[be'gønˀəlsə]
cómodo (ex. poltrona ~a)	bekvem	[be'kvɛmˀ]
comparação (f)	sammenligning (f)	['samənˌliːnen]
compensação (f)	kompensation (f)	[kʌmpɛnsa'ɕoˀn]
crescimento (m)	vækst (f)	['vɛkst]
desenvolvimento (m)	udvikling (f)	['uðˌveklen]
diferença (f)	forskel (f)	['fɒːskɛl]
efeito (m)	effekt (f)	[e'fɛkt]
elemento (m)	element (i)	[elə'mɛnˀt]
equilíbrio (m)	balance (f)	[ba'laŋsə]
erro (m)	fejl (f)	['fajˀl]
esforço (m)	anstrengelse (f)	['anˌstʁaŋˀəlsə]
estilo (m)	stil (f)	['stiˀl]
exemplo (m)	eksempel (i)	[ɛk'sɛmˀpəl]
facto (m)	faktum (i)	['faktɔm]
fim (m)	slut (f)	['slut]
forma (f)	form (f)	['fɒˀm]
frequente	hyppig	['hypi]
fundo (ex. ~ verde)	baggrund (f)	['bawˌgʁɔnˀ]
género (tipo)	slags (i, f)	['slags]
grau (m)	grad (f)	['gʁɑˀð]
ideal (m)	ideal (i)	[ide'æˀl]
labirinto (m)	labyrint (f)	[laby'ʁɛnˀt]
modo (m)	måde (f)	['mɔːðə]
momento (m)	øjeblik (i)	['ʌjəˌblek]
objeto (m)	objekt (i)	['ʌbjɛkt]
obstáculo (m)	hindring (f)	['hendʁɛn]
original (m)	original (f)	[ɒigi'næˀl]
padrão	standard-	['stanˌdɑd-]
padrão (m)	standard (f)	['stanˌdɑˀd]
paragem (pausa)	ophold (i)	['ʌpˌhʌlˀ]
parte (f)	del (f)	['deˀl]

partícula (f)	**partikel** (f)	[pɑ'tikəl]
pausa (f)	**pause** (f)	['pɑwsə]
posição (f)	**position** (f)	[posi'ɕoˀn]
princípio (m)	**princip** (i)	[pʁin'sip]
problema (m)	**problem** (i)	[pʁo'bleˀm]
processo (m)	**proces** (f)	[pʁo'sɛs]
progresso (m)	**fremskridt** (i)	['fʁam‚skʁit]
propriedade (f)	**egenskab** (f)	['ejən‚skæˀb]
reação (f)	**reaktion** (f)	[ʁɛak'ɕoˀn]
risco (m)	**risiko** (f)	['ʁisiko]
ritmo (m)	**tempo** (i)	['tɛmpo]
segredo (m)	**hemmelighed** (f)	['hɛməli‚heðˀ]
série (f)	**serie** (f)	['seʁˀjə]
sistema (m)	**system** (i)	[sy'steˀm]
situação (f)	**situation** (f)	[sitwa'ɕoˀn]
solução (f)	**løsning** (f)	['lø:snen]
tabela (f)	**tabel** (f)	[ta'bɛlˀ]
termo (ex. ~ técnico)	**term** (f)	['tæʁˀm]
tipo (m)	**type** (f)	['ty:pə]
urgente	**haster**	['hastə]
urgentemente	**omgående**	['ʌm‚gɔˀənə]
utilidade (f)	**nytte** (f)	['nøtə]
variante (f)	**variant** (f)	[vɑi'anˀt]
variedade (f)	**valg** (i)	['valˀj]
verdade (f)	**sandhed** (f)	['san‚heðˀ]
vez (f)	**tur** (f)	['tuʁˀ]
zona (f)	**zone** (f)	['so:nə]

250. Modificadores. Adjetivos. Parte 1

aberto	**åben**	['ɔ:bən]
afiado	**skarp**	['skɑ:p]
agradável	**rar, behagelig**	['ʁɑˀ], [be'hæˀjəli]
agradecido	**taknemmelig**	[tak'nɛmˀəli]
alegre	**munter**	['mɔnˀtʌ]
alto (ex. voz ~a)	**høj**	['hʌjˀ]
amargo	**bitter**	['betʌ]
amplo	**rummelig**	['ʁɔməli]
antigo	**oldtids-**	['ʌl‚tiðs-]
apertado (sapatos ~s)	**stram**	['stʁamˀ]
apropriado	**brugbar**	['bʁuː‚bɑˀ]
arriscado	**risikabel**	[ʁisi'kæˀbəl]
artificial	**kunstig**	['kɔnsti]
azedo	**sur**	['suʁˀ]
baixo (voz ~a)	**lav**	['læˀv]
barato	**billig**	['bili]

belo	skøn	['skœnˀ]
bom	god	['goðˀ]

bondoso	god	['goðˀ]
bonito	smuk	['smɔk]
bronzeado	solbrændt	['soːlˌbʁanˀt]
burro, estúpido	dum	['dɔmˀ]
calmo	rolig	['ʁoːli]

cansado	træt	['tʁat]
cansativo	trættende	['tʁadənə]
carinhoso	omsorgsfuld	['ʌmˌsɒwsfulˀ]
caro	dyr, kostbar	['dyɐ̯ˀ], ['kʌstˌbɑˀ]
cego	blind	['blenˀ]

central	central	[sɛn'tʁɑˀl]
cerrado (ex. nevoeiro ~)	tyk	['tyk]
cheio (ex. copo ~)	fuld	['fulˀ]
civil	borgerlig	['bɒːwʌli]

clandestino	hemmelig	['hɛməli]
claro	lys	['lyˀs]
claro (explicação ~a)	klar	['klɑˀ]
compatível	forenelig	[fʌ'eˀnəli]

comum, normal	almindelig	[al'menˀli]
congelado	frossen	['fʁɔsən]
conjunto	fælles	['fɛlˀəs]
considerável	betydelig	[be'tyˀðəli]
contente	tilfreds	[te'fʁɛs]

contínuo	langvarig	['laŋˌvɑˀi]
contrário (ex. o efeito ~)	modsat	['moðˌsat]
correto (resposta ~a)	rigtig	['ʁɛgti]
cru (não cozinhado)	rå	['ʁɔˀ]
curto	kort	['kɒːt]

de curta duração	kortvarig	['kɒːtˌvɑˀi]
de sol, ensolarado	solrig	['soːlˌʁiˀ]
de trás	bag-	['bæː-]
denso (fumo, etc.)	tæt	['tɛt]
desanuviado	skyfri	['skyˌfʁiˀ]

descuidado	skødesløs	['skøːðəsˌløˀs]
diferente	forskellig	[fʌ'skɛlˀi]
difícil	svær	['svɛˀɐ̯]
difícil, complexo	kompliceret	[kʌmpli'seˀʌð]
direito	højre	['hʌjʁʌ]

distante	fjern	['fjæɐ̯ˀn]
diverso	forskellig	[fʌ'skɛlˀi]
doce (açucarado)	sød	['søðˀ]
doce (água)	ferske	['fæɐ̯skə]
doente	syg	['syˀ]
duro (material ~)	hård	['hɔˀ]
educado	høflig	['høfli]

---

encantador	kær	['kɛˀɐ̯]
enigmático	mystisk	['mystisk]

enorme	enorm	[e'nɒˀm]
escuro (quarto ~)	mørk	['mœɐ̯k]
especial	speciel	[spe'ɕɛlˀ]
esquerdo	venstre	['vɛnstʁʌ]
estrangeiro	udenlandsk	['uðənˌlanˀsk]

estreito	smal	['smalˀ]
exato	eksakt, præcis	[ɛk'sakt], [pʁɛ'siˀs]
excelente	udmærket	['uðˌmæɐ̯kəð]
excessivo	overdreven	['ɒwʌˌdʁɛˀvən]
externo	ydre	['yðʁʌ]

fácil	let	['lɛt]
faminto	sulten	['sultən]
fechado	lukket	['lɔkəð]
feliz	lykkelig	['løkəli]
fértil (terreno ~)	frugtbar	['fʁɔgtˌbaˀ]

forte (pessoa ~)	stærk	['stæɐ̯k]
fraco (luz ~a)	svag	['svæˀj]
frágil	skør	['skø'ɐ̯]
fresco	kølig	['kø:li]
fresco (pão ~)	frisk	['fʁɛsk]

frio	kold	['kʌlˀ]
gordo	fed	['feð]
gostoso	lækker	['lɛkʌ]
grande	stor	['sto'ɐ̯]

gratuito, grátis	gratis	['gʁɑ:tis]
grosso (camada ~a)	tyk	['tyk]
hostil	fjendtlig	['fjɛntli]
húmido	fugtig	['fɔgti]

251. Modificadores. Adjetivos. Parte 2

igual	lige, ens	['li:ə], ['e'ns]
imóvel	ubevægelig	[ube'vɛˀjəli]
importante	vigtig	['vegti]
impossível	umulig	[u'muˀli]
incompreensível	uforståelig	[ufʌ'stɔˀəli]

indigente	ludfattig	['luð'fati]
indispensável	nødvendig	[nøð'vɛnˀdi]
inexperiente	uerfaren	[uæɐ̯'faˀan]
infantil	børne-	['bœɐ̯nə-]

ininterrupto	uafbrudt	[u:'awˌbʁut]
insignificante	ubetydelig	[ube'tyˀðəli]
inteiro (completo)	hel	['he'l]
inteligente	klog	['klɔ'w]

interno	indre	['endʁʌ]
jovem	ung	['ɔŋˀ]
largo (caminho ~)	bred	['bʁɛðˀ]
legal	lovlig	['lɒwli]
leve	let	['lɛt]

limitado	begrænset	[be'gʁanˀsəð]
limpo	ren	['ʁɛˀn]
líquido	flydende	['fly:ðənə]
liso	glat	['glat]
liso (superfície ~a)	jævn	['jɛwˀn]

livre	fri	['fʁiˀ]
longo (ex. cabelos ~s)	lang	['lɑŋˀ]
maduro (ex. fruto ~)	moden	['mo'ðən]
magro	tynd, mager	['tønˀ], ['mæˀjʌ]
magro (pessoa)	mager, tynd	['mæˀjʌ], ['tønˀ]

mais próximo	nærmest	['næ̞məst]
mais recente	forrige	['fɒ:iə]
mate, baço	mat	['mat]
mau	dårlig	['dɒ:li]
meticuloso	nøjagtig	[nʌj'ɑgti]

míope	nærsynet	['næ̞ˌsyˀnəð]
mole	blød	['bløˀð]
molhado	våd	['vɔˀð]
moreno	mørkhudet	['mœ̞kˌhuˀðət]
morto	død	['døðˀ]

não difícil	let	['lɛt]
não é clara	uklar	['uˌklɑˀ]
não muito grande	lille	['lilə]
natal (país ~)	hjem-	['jɛmˀ-]
necessário	nødvendig	[nøð'vɛnˀdi]

negativo	negativ	['negaˌtiwˀ]
nervoso	nervøs	[næ̞'vøˀs]
normal	normal	[nɒ'mæˀl]
novo	ny	['nyˀ]
o mais importante	vigtigst	['vegtist]

obrigatório	obligatorisk	[obliga'toˀ̞isk]
original	original	[ɒigi'næˀl]
passado	forrige	['fɒ:iə]
pequeno	lille	['lilə]
perigoso	farlig	['fɑ:li]

permanente	fast	['fast]
perto	nær	['nɛˀ̞]
pesado	tung	['tɔŋˀ]
pessoal	personlig	[pæ̞'soˀnli]
plano (ex. ecrã ~ a)	flad	['flæˀð]

| pobre | fattig | ['fati] |
| pontual | punktlig | ['pɔŋkli] |

229

possível	mulig	['mu:li]
pouco fundo	grund	['gʁɔnʔ]
presente (ex. momento ~)	nuværende	['nuˌvɛʔʌnə]

prévio	tidligere, forrige	['tiðˌliʔʌʌ], ['fɒ:iə]
primeiro (principal)	hoved-	['ho:əð-]
principal	hoved-	['ho:əð-]
privado	privat	[pʁi'væʔt]

provável	sandsynlig	[san'syʔnli]
próximo	nær	['nɛʔg̊]
público	offentlig	['ʌfəntli]
quente (cálido)	varm	['vaʔm]

quente (morno)	varm	['vaʔm]
rápido	hurtig	['hog̊ti]
raro	sjælden	['ɕɛlən]
remoto, longínquo	fjern	['fjæg̊'n]
reto	lige	['li:ə]

salgado	saltet	['saltəð]
satisfeito	tilfreds	[te'fʁɛs]
seco	tør	['tœʔg̊]
seguinte	næste	['nɛstə]
seguro	sikker	['sekʌ]

similar	lignende	['li:nənə]
simples	enkel	['ɛŋʔkəl]
soberbo	udmærket	['uðˌmæg̊kəð]
sólido	solid, holdbar	[so'liðʔ], ['hʌlˌbɑʔ]
sombrio	mørk	['mœg̊k]

sujo	snavset	['snɑwsəð]
superior	højest	['hʌjʔɛst]
suplementar	yderligere	['yðʌˌliʔʌʌ]
terno, afetuoso	øm	['œmʔ]

tranquilo	rolig	['ʁo:li]
transparente	gennemsigtig	['gɛnəmˌsegti]
triste (pessoa)	sørgmodig	[sœg̊w'moʔði]
triste (um ar ~)	trist	['tʁist]
último	sidste	['sistə]

único	unik	[u'nik]
usado	brugt	['bʁɔgt]
vazio (meio ~)	tom	['tʌmʔ]
velho	gammel	['gɑməl]
vizinho	nabo-	['næ:bo-]

500 VERBOS PRINCIPAIS

252. Verbos A-B

aborrecer-se (vr)	at kede sig	[ʌ 'ke:ðə sɑj]
abraçar (vt)	at omfavne	[ʌ 'ʌmˌfɑw'nə]
abrir (~ a janela)	at åbne	[ʌ 'ɔ:bnə]
acalmar (vt)	at berolige	[ʌ be'ʁo'ˌli'ə]
acariciar (vt)	at stryge	[ʌ 'stʁy:ə]
acenar (vt)	at vinke	[ʌ 'veŋkə]
acender (~ uma fogueira)	at tænde	[ʌ 'tɛnə]
achar (vt)	at tro	[ʌ 'tʁo']
acompanhar (vt)	at følge	[ʌ 'føljə]
aconselhar (vt)	at råde	[ʌ 'ʁɔ:ðə]
acordar (despertar)	at vække	[ʌ 'vɛkə]
acrescentar (vt)	at tilføje	[ʌ 'telˌfʌj'ə]
acusar (vt)	at anklage	[ʌ 'anˌklæ'jə]
adestrar (vt)	at dressere	[ʌ dʁɛ'se'ʌ]
adivinhar (vt)	at gætte	[ʌ 'gɛtə]
admirar (vt)	at beundre	[ʌ be'ɔn'dʁʌ]
advertir (vt)	at advare	[ʌ 'aðˌvɑ'ɑ]
afirmar (vt)	at påstå	[ʌ 'pʌˌstɔ']
afogar-se (pessoa)	at drukne	[ʌ 'dʁɔknə]
afugentar (vt)	at jage bort	[ʌ 'jæ:jə bɔ:t]
agir (vi)	at handle	[ʌ 'hanlə]
agitar, sacudir (objeto)	at ryste	[ʌ 'ʁœstə]
agradecer (vt)	at takke	[ʌ 'takə]
ajudar (vt)	at hjælpe	[ʌ 'jɛlpə]
alcançar (objetivos)	at opnå	[ʌ 'ʌpˌnɔ']
alimentar (dar comida)	at made	[ʌ 'mæ:ðə]
almoçar (vi)	at spise frokost	[ʌ 'spi:sə 'fʁɔkʌst]
alugar (~ o barco, etc.)	at leje	[ʌ 'lɑjə]
alugar (~ um apartamento)	at leje	[ʌ 'lɑjə]
amar (pessoa)	at elske	[ʌ 'ɛlskə]
amarrar (vt)	at binde	[ʌ 'benə]
ameaçar (vt)	at true	[ʌ 'tʁu:ə]
amputar (vt)	at amputere	[ʌ ɑmpu'te'ʌ]
anotar (escrever)	at notere	[ʌ no'te'ʌ]
anular, cancelar (vt)	at aflyse	[ʌ 'awˌly'sə]
apagar (com apagador, etc.)	at viske ud	[ʌ 'veskə uð']
apagar (um incêndio)	at slukke	[ʌ 'slɔkə]
apaixonar-se de ...	at forelske sig i ...	[ʌ fɔ:'ɛlskə sɑj i ...]

aparecer (vi)	at dukke op	[ʌ 'dɔkə ʌp]
aplaudir (vi)	at applaudere	[ʌ aplɑw'deˀʌ]
apoiar (vt)	at støtte	[ʌ 'støtə]
apontar para ...	at sigte på ...	[ʌ 'segtə pɔˀ ...]

apresentar (alguém a alguém)	at præsentere	[ʌ pʁɛsən'teˀʌ]
apresentar (Gostaria de ~)	at præsentere	[ʌ pʁɛsən'teˀʌ]
apressar (vt)	at skynde	[ʌ 'skønə]
apressar-se (vr)	at skynde sig	[ʌ 'skønə saj]

aproximar-se (vr)	at nærme sig	[ʌ 'næɡˀmə saj]
aquecer (vt)	at opvarme	[ʌ 'ʌp̩vɑːmə]
arrancar (vt)	at rive af	[ʌ 'ʁiːvə 'æˀ]
arranhar (gato, etc.)	at skramme	[ʌ 'skʁamə]

arrepender-se (vr)	at beklage	[ʌ be'klæˀjə]
arriscar (vt)	at risikere	[ʌ ʁisi'keˀʌ]
arrumar, limpar (vt)	at rydde op	[ʌ 'ʁyðə ʌp]
aspirar a ...	at stræbe	[ʌ 'stʁɛːbə]
assinar (vt)	at underskrive	[ʌ 'ɔnʌ̩skʁiˀvə]

assistir (vt)	at assistere	[ʌ asi'steˀʌ]
atacar (vt)	at angribe	[ʌ 'an̩ɡʁiˀbə]
atar (vt)	at binde fast	[ʌ 'benə 'fast]
atirar (vi)	at skyde	[ʌ 'skyːðə]

atracar (vi)	at fortøje	[ʌ fʌ'tʌjˀə]
aumentar (vi)	at øge	[ʌ 'øːjə]
aumentar (vt)	at øge	[ʌ 'øːjə]
avançar (sb. trabalhos, etc.)	at fremme	[ʌ 'fʁamə]

avistar (vt)	at bemærke	[ʌ be'mæɡkə]
baixar (guindaste)	at sænke	[ʌ 'sɛŋkə]
barbear-se (vr)	at barbere sig	[ʌ ba'beˀʌ saj]
basear-se em ...	at være basere på ...	[ʌ 'vɛːʌ ba'seˀʌ pɔ ...]

bastar (vi)	at være nok	[ʌ 'vɛːʌ nʌk]
bater (espancar)	at slå	[ʌ 'slɔˀ]
bater (vi)	at banke	[ʌ 'baŋkə]
bater-se (vr)	at slås	[ʌ 'slʌs]

beber, tomar (vt)	at drikke	[ʌ 'dʁɛkə]
brilhar (vi)	at skinne	[ʌ 'skenə]
brincar, jogar (crianças)	at lege	[ʌ 'lɑjə]
buscar (vt)	at søge efter ...	[ʌ 'søːə 'ɛftʌ ...]

253. Verbos C-D

caçar (vi)	at jage	[ʌ 'jæːjə]
calar-se (parar de falar)	at tie stille	[ʌ 'tiːə 'stelə]
calcular (vt)	at tælle	[ʌ 'tɛlə]
carregar (o caminhão)	at laste	[ʌ 'lastə]
carregar (uma arma)	at oplade	[ʌ 'ʌp̩læˀðə]

casar-se (vr)	at gifte sig	[ʌ 'giftə sɑj]
causar (vt)	at forårsage	[ʌ fɒɒ'sæˀjə]
cavar (vt)	at grave	[ʌ 'gʁɑːvə]

ceder (não resistir)	at give efter	[ʌ 'giˀ 'ɛftʌ]
cegar, ofuscar (vt)	at blænde	[ʌ 'blɛnə]
censurar (vt)	at bebrejde	[ʌ be'bʁɑjˀdə]
cessar (vt)	at ophøre	[ʌ 'ʌpˌhøˀʌ]

chamar (~ por socorro)	at tilkalde	[ʌ 'telˌkalˀə]
chamar (dizer em voz alta o nome)	at kalde	[ʌ 'kalə]
chegar (a algum lugar)	at nå	[ʌ 'nɔˀ]
chegar (sb. comboio, etc.)	at ankomme	[ʌ 'anˌkʌmˀə]

cheirar (tem o cheiro)	at lugte	[ʌ 'lɔgtə]
cheirar (uma flor)	at lugte	[ʌ 'lɔgtə]
chorar (vi)	at græde	[ʌ 'gʁɑːðə]
citar (vt)	at citere	[ʌ si'teˀʌ]

colher (flores)	at plukke	[ʌ 'plɔkə]
colocar (vt)	at lægge	[ʌ 'lɛgə]
combater (vi, vt)	at kæmpe	[ʌ 'kɛmpə]
começar (vt)	at begynde	[ʌ be'gønˀə]

comer (vt)	at spise	[ʌ 'spiːsə]
comparar (vt)	at sammenligne	[ʌ 'samənˌliˀnə]
compensar (vt)	at kompensere	[ʌ kʌmpən'seˀʌ]
competir (vi)	at konkurrere	[ʌ kʌŋko'ʁɛˀʌ]

complicar (vt)	at komplicere	[ʌ kʌmpli'seˀʌ]
compor (vt)	at komponere	[ʌ kɔmpo'neˀʌ]
comportar-se (vr)	at opføre sig	[ʌ 'ʌpˌføˀʌ sɑj]
comprar (vt)	at købe	[ʌ 'køːbə]

compreender (vt)	at forstå	[ʌ fʌ'stɔˀ]
comprometer (vt)	at kompromittere	[ʌ kʌmpʁomi'teˀʌ]
concentrar-se (vr)	at koncentrere sig	[ʌ kʌnsən'tʁɛˀʌ sɑj]
concordar (dizer "sim")	at samtykke	[ʌ 'samˌtykə]

condecorar (dar medalha)	at belønne	[ʌ be'lœnˀə]
conduzir (~ o carro)	at køre bil	[ʌ 'køːʌ ˌbiˀl]
confessar-se (criminoso)	at tilstå	[ʌ 'telˌstɔˀ]
confiar (vt)	at stole på	[ʌ 'stoːlə pɔˀ]

confundir (equivocar-se)	at forveksle	[ʌ fʌ'vɛkslə]
conhecer (vt)	at kende	[ʌ 'kɛnə]
conhecer-se (vr)	at stifte bekendtskab	[ʌ 'steftə be'kɛnˀtˌskæˀb]
consertar (vt)	at ordne	[ʌ 'ɒːdnə]

consultar ...	at konsultere	[ʌ kʌnsul'teˀʌ]
contagiar-se com ...	at blive smittet	[ʌ 'bliːə 'smetəð]
contar (vt)	at fortælle	[ʌ fʌ'tɛlˀə]
contar com ...	at regne med ...	[ʌ 'ʁɑjnə mɛ ...]
continuar (vt)	at fortsætte	[ʌ 'fɔːtˌsɛtə]
contratar (vt)	at ansætte	[ʌ 'anˌsɛtə]

controlar (vt)	at kontrollere	[ʌ kʌntʁoˈleˀʌ]
convencer (vt)	at overbevise	[ʌ ˈɒwʌbeˌviˀsə]
convidar (vt)	at indbyde	[ʌ ˈenˌbyˀðə]
cooperar (vi)	at samarbejde	[ʌ ˈsɑmɑˌbɑjˀdə]
coordenar (vt)	at koordinere	[ʌ kɒɒdiˈneˀʌ]
corar (vi)	at rødme	[ʌ ˈʁœðmə]
correr (vi)	at løbe	[ʌ ˈløːbə]
corrigir (vt)	at rette	[ʌ ˈʁatə]
cortar (com um machado)	at hugge af	[ʌ ˈhɔɡə ˈæˀ]
cortar (vt)	at skære af	[ʌ ˈskɛːʌ ˈæˀ]
cozinhar (vt)	at lave	[ʌ ˈlæːvə]
crer (pensar)	at tro	[ʌ ˈtʁoˀ]
criar (vt)	at skabe	[ʌ ˈskæːbə]
cultivar (vt)	at dyrke	[ʌ ˈdyɐ̯kə]
cuspir (vi)	at spytte	[ʌ ˈspøtə]
custar (vt)	at koste	[ʌ ˈkʌstə]
dar (vt)	at give	[ʌ ˈgiˀ]
dar banho, lavar (vt)	at bade	[ʌ ˈbæˀðə]
datar (vi)	at datere	[ʌ daˈteˀʌ]
decidir (vt)	at beslutte	[ʌ beˈslutə]
decorar (enfeitar)	at dekorere	[ʌ dekoˈʁɛˀʌ]
dedicar (vt)	at tilegne	[ʌ ˈtelˌɑjˀnə]
defender (vt)	at forsvare	[ʌ fʌˈsvɑˀɑ]
defender-se (vr)	at forsvare sig	[ʌ fʌˈsvɑˀɑ sɑj]
deixar (~ a mulher)	at forlade	[ʌ fʌˈlæˀðə]
deixar (esquecer)	at glemme	[ʌ ˈɡlɛmə]
deixar (permitir)	at tillade	[ʌ ˈteˌlæˀðə]
deixar cair (vt)	at tabe	[ʌ ˈtæːbə]
denominar (vt)	at kalde	[ʌ ˈkalə]
denunciar (vt)	at angive	[ʌ ˈanˌgiˀ]
depender de … (vi)	at afhænge af …	[ʌ ˈɑwˌhɛŋˀə a …]
derramar (vt)	at spilde	[ʌ ˈspilə]
derramar-se (vr)	at spildes ud	[ʌ ˈspiləs uðˀ]
desaparecer (vi)	at forsvinde	[ʌ fʌˈsvenˀə]
desatar (vt)	at løsne	[ʌ ˈløsnə]
desatracar (vi)	at kaste los	[ʌ ˈkastə ˈlʌs]
descansar (um pouco)	at hvile	[ʌ ˈviːlə]
descer (para baixo)	at gå ned	[ʌ ɡɔˀ ˈneðˀ]
descobrir (novas terras)	at opdage	[ʌ ˈʌpˌdæˀjə]
descolar (avião)	at lette	[ʌ ˈlɛtə]
desculpar (vt)	at undskylde	[ʌ ˈɔnˌskylˀə]
desculpar-se (vr)	at undskylde sig	[ʌ ˈɔnˌskylˀə sɑj]
desejar (vt)	at ønske	[ʌ ˈønskə]
desempenhar (vt)	at spille	[ʌ ˈspelə]
desligar (vt)	at slukke	[ʌ ˈslɔkə]
desprezar (vt)	at foragte	[ʌ fʌˈagtə]

destruir (documentos, etc.)	at tilintetgøre	[ʌ te'entəðˌgœˀʌ]
dever (vi)	at måtte	[ʌ 'mʌtə]
devolver (vt)	at tilbagesende	[ʌ te'bæːjəˌsənˀə]

direcionar (vt)	at vise vej	[ʌ 'viːsə 'vɑjˀ]
dirigir (~ uma empresa)	at lede	[ʌ 'leːðə]
dirigir-se	at tiltale	[ʌ 'telˌtæˀlə]
(a um auditório, etc.)		
discutir (notícias, etc.)	at diskutere	[ʌ disku'teˀʌ]

distribuir (folhetos, etc.)	at uddele	[ʌ 'uðˌdeˀlə]
distribuir (vt)	at uddele	[ʌ 'uðˌdeˀlə]
divertir (vt)	at more	[ʌ 'moːʌ]
divertir-se (vr)	at more sig	[ʌ 'mɑːʌ sɑj]

dividir (mat.)	at dividere	[ʌ divi'deˀʌ]
dizer (vt)	at sige	[ʌ 'siː]
dobrar (vt)	at fordoble	[ʌ fʌ'dʌblə]
duvidar (vt)	at tvivle	[ʌ 'tviwlə]

254. Verbos E-J

elaborar (uma lista)	at sammenstille	[ʌ 'samənˌstelˀə]
elevar-se acima de ...	at rage op	[ʌ 'ʁɑːwə 'ʌp]
eliminar (um obstáculo)	at fjerne	[ʌ 'fjæɐ̯nə]
embrulhar (com papel)	at pakke ind	[ʌ 'pɑkə 'enˀ]

emergir (submarino)	at dykke ud	[ʌ 'døkə uðˀ]
emitir (vt)	at sprede	[ʌ 'spʁɛːðə]
empreender (vt)	at foretage	[ʌ 'foːɒˌtæˀ]
empurrar (vt)	at skubbe	[ʌ 'skɔbə]

encabeçar (vt)	at lede	[ʌ 'leːðə]
encher (~ a garrafa, etc.)	at fylde	[ʌ 'fylə]
encontrar (achar)	at finde	[ʌ 'fenə]
enganar (vt)	at bedrage	[ʌ be'dʁɑˀwe]

ensinar (vt)	at undervise	[ʌ 'ɔnʌˌviˀsə]
entrar (na sala, etc.)	at komme ind	[ʌ 'kʌmə ˌenˀ]
enviar (uma carta)	at sende, at afsende	[ʌ 'sɛnə], [ʌ 'awˌsɛnə]
equipar (vt)	at udstyre	[ʌ 'uðˌstyˀʌ]

errar (vi)	at tage fejl	[ʌ 'tæˀ fɑjˀl]
escolher (vt)	at vælge	[ʌ 'vɛljə]
esconder (vt)	at gemme	[ʌ 'gɛmə]
escrever (vt)	at skrive	[ʌ 'skʁiːvə]

escutar (vt)	at lytte	[ʌ 'lytə]
escutar atrás da porta	at smuglytte	[ʌ 'smuːˌlytə]
esmagar (um inseto, etc.)	at knuse	[ʌ 'knuːsə]
esperar (contar com)	at forvente	[ʌ fʌ'vɛnˀtə]

esperar (o autocarro, etc.)	at vente	[ʌ 'vɛntə]
esperar (ter esperança)	at håbe	[ʌ 'hɔːbə]

espreitar (vi)	at lure	[ʌ 'luːʌ]
esquecer (vt)	at glemme	[ʌ 'glɛmə]
estar	at ligge	[ʌ 'legə]

estar convencido	at være overbevist	[ʌ 'vɛːʌ 'ɒwʌbe̞ˌviˀst]
estar deitado	at ligge	[ʌ 'legə]
estar perplexo	at være forvirret	[ʌ 'vɛːʌ fʌ'vie̞ˀʌð]

estar sentado	at sidde	[ʌ 'seðə]
estremecer (vi)	at gyse	[ʌ 'gyːsə]
estudar (vt)	at studere	[ʌ stu'deˀʌ]
evitar (vt)	at undgå	[ʌ 'ɔnˌgɔˀ]

examinar (vt)	at undersøge	[ʌ 'ɔnʌˌsøːjə]
exigir (vt)	at kræve	[ʌ 'kʁɛːvə]
existir (vi)	at eksistere	[ʌ ɛksi'stəˀʌ]
explicar (vt)	at forklare	[ʌ fʌ'klɑˀɑ]

expressar (vt)	at udtrykke	[ʌ 'uðˌtʁɶkə]
expulsar (vt)	at bortvise	[ʌ 'bo̞ɡtˌviˀsə]
facilitar (vt)	at lette	[ʌ 'lɛtə]
falar com ...	at tale med ...	[ʌ 'tæːlə mɛ ...]

faltar a ...	at skulke	[ʌ 'skulkə]
fascinar (vt)	at charmere	[ʌ ɕɑ'meˀʌ]
fatigar (vt)	at trætte	[ʌ 'tʁatə]
fazer (vt)	at gøre	[ʌ 'gɶːʌ]

fazer lembrar	at påminde	[ʌ 'pʌˌmenˀə]
fazer piadas	at spøge	[ʌ 'spøːjə]
fazer uma tentativa	at forsøge	[ʌ fʌ'søˀjə]
fechar (vt)	at lukke	[ʌ 'lɔkə]
felicitar (dar os parabéns)	at gratulere	[ʌ gʁatu'leˀʌ]

ficar cansado	at blive træt	[ʌ 'bliːə 'tʁat]
ficar em silêncio	at tie	[ʌ 'tiːə]
ficar pensativo	at gruble	[ʌ 'gʁublə]
forçar (vt)	at tvinge	[ʌ 'tveŋə]
formar (vt)	at danne	[ʌ 'danə]

fotografar (vt)	at fotografere	[ʌ fotogʁa'feˀʌ]
gabar-se (vr)	at prale	[ʌ 'pʁaːlə]
garantir (vt)	at garantere	[ʌ gaan'teˀʌ]
gostar (apreciar)	at holde af ...	[ʌ 'hʌlə 'æˀ ...]

gostar (vt)	at holde af ...	[ʌ 'hʌlə 'æˀ ...]
gritar (vi)	at råbe, at skrige	[ʌ 'ʁɔːbə], [ʌ 'skʁiːə]
guardar (cartas, etc.)	at beholde	[ʌ be'hʌlˀə]
guardar (no armário, etc.)	at lægge væk	[ʌ 'lɛgə 'vɛk]
guerrear (vt)	at være i krig	[ʌ 'vɛːʌ i kʁiˀ]

herdar (vt)	at arve	[ʌ 'ɑːvə]
iluminar (vt)	at belyse	[ʌ be'lyˀsə]
imaginar (vt)	at forestille sig	[ʌ 'fɔːɒˌstelˀə saj]
imitar (vt)	at imitere	[ʌ imi'teˀʌ]
implorar (vt)	at bønfalde	[ʌ 'bœnˌfalˀə]

importar (vt)	at importere	[ʌ empɒ'te²ʌ]
indicar (orientar)	at vise	[ʌ 'vi:sə]
indignar-se (vr)	at blive indigneret	[ʌ 'bli:ə endi'ne²ʌð]

infetar, contagiar (vt)	at smitte	[ʌ 'smetə]
influenciar (vt)	at påvirke	[ʌ 'pʌˌviɐ̯kə]
informar (fazer saber)	at meddele	[ʌ 'mɛðˌde²lə]
informar (vt)	at informere	[ʌ enfɒ'me²ʌ]

informar-se (~ sobre)	at få at vide	[ʌ 'fɔ² a 'vi:ðə]
inscrever (na lista)	at indskrive	[ʌ 'enˌskʁi²və]
inserir (vt)	at indsætte	[ʌ 'enˌsɛtə]
insinuar (vt)	at insinuere	[ʌ ensinu'e²ʌ]

insistir (vi)	at insistere	[ʌ ensi'ste²ʌ]
inspirar (vt)	at inspirere	[ʌ enspi'ʁɛ²ʌ]
instruir (vt)	at instruere	[ʌ enstʁu'e²ʌ]
insultar (vt)	at fornærme	[ʌ fʌ'næɐ̯²mə]

interessar (vt)	at interessere	[ʌ entʁə'se²ʌ]
interessar-se (vr)	at interessere sig	[ʌ entʁə'se²ʌ sɑj]
intervir (vi)	at intervenere	[ʌ entʌvə'ne²ʌ]
invejar (vt)	at misunde	[ʌ 'misˌɔn²ə]

inventar (vt)	at opfinde	[ʌ 'ʌpˌfen²ə]
ir (a pé)	at gå	[ʌ 'gɔ²]
ir (de carro, etc.)	at køre	[ʌ 'kø:ʌ]
ir nadar	at bade	[ʌ 'bæ²ðə]

ir para a cama	at gå i seng	[ʌ 'gɔ² i 'sɛŋ²]
irritar (vt)	at irritere	[ʌ iʁi'te²ʌ]
irritar-se (vr)	at blive irriteret	[ʌ 'bli:ə iʁi'te²ʌð]
isolar (vt)	at isolere	[ʌ iso'le²ʌ]

jantar (vi)	at spise aftensmad	[ʌ 'spi:sə 'ɑftənsˌmað]
jogar, atirar (vt)	at kaste	[ʌ 'kastə]
juntar, unir (vt)	at forene	[ʌ fʌ'enə]
juntar-se a ...	at tilslutte sig	[ʌ 'telˌslutə sɑj]

255. Verbos L-P

lançar (novo projeto)	at starte	[ʌ 'stɑ:tə]
lavar (vt)	at vaske	[ʌ 'vaskə]
lavar a roupa	at vaske	[ʌ 'vaskə]
lavar-se (vr)	at vaske sig	[ʌ 'vaskə sɑj]

lembrar (vt)	at huske	[ʌ 'huskə]
ler (vt)	at læse	[ʌ 'lɛ:sə]
levantar-se (vr)	at stå op	[ʌ stɔ² 'ʌp]
levar (ex. leva isso daqui)	at tage væk	[ʌ 'tæ² 'vɛk]

libertar (cidade, etc.)	at befri	[ʌ be'fʁi²]
ligar (o radio, etc.)	at tænde	[ʌ 'tɛnə]
limitar (vt)	at begrænse	[ʌ be'gʁan²sə]

limpar (eliminar sujeira)	at rense	[ʌ 'ʁansə]
limpar (vt)	at rengøre	[ʌ 'ʁɛːnˌgœ'ʌ]
lisonjear (vt)	at smigre	[ʌ 'smiːʌ]
livrar-se de ...	at blive fri for ...	[ʌ 'bliːə fʁi: fʌ ...]
lutar (combater)	at kæmpe	[ʌ 'kɛmpə]
lutar (desp.)	at bryde	[ʌ 'bʁyːðə]
marcar (com lápis, etc.)	at afmærke	[ʌ 'awˌmæɐ̯kə]
matar (vt)	at dræbe	[ʌ 'dʁɛːbə]
memorizar (vt)	at memorere	[ʌ memo'ʁɛ'ʌ]
mencionar (vt)	at omtale, nævne	[ʌ 'ʌmˌtæːlə], [ʌ 'nɛwnə]
mentir (vi)	at lyve	[ʌ 'lyːvə]
merecer (vt)	at fortjene	[ʌ fʌ'tjɛ'nə]
mergulhar (vi)	at dykke	[ʌ 'døkə]
misturar (combinar)	at blande	[ʌ 'blanə]
morar (vt)	at bo	[ʌ 'bo']
mostrar (vt)	at vise	[ʌ 'viːsə]
mover (arredar)	at flytte	[ʌ 'fløtə]
mudar (modificar)	at ændre	[ʌ 'ɛndʁʌ]
multiplicar (vt)	at multiplicere	[ʌ multipli'se'ʌ]
nadar (vi)	at svømme	[ʌ 'svœmə]
negar (vt)	at fornægte	[ʌ fʌ'nɛgtə]
negociar (vi)	at forhandle	[ʌ fʌ'han'lə]
nomear (função)	at udnævne	[ʌ 'uðˌnɛw'nə]
obedecer (vt)	at underordne sig	[ʌ 'ɔnʌˌɒ'dnə saj]
objetar (vt)	at indvende	[ʌ 'en'ˌvɛn'ə]
observar (vt)	at observere	[ʌ ʌbsæɡ've'ʌ]
ofender (vt)	at fornærme	[ʌ fʌ'næɡ'mə]
olhar (vt)	at se	[ʌ 'se']
omitir (vt)	at udelade	[ʌ 'uðˌlæ'ðə]
ordenar (mil.)	at beordre	[ʌ be'ɒ'dʁʌ]
organizar (evento, etc.)	at arrangere	[ʌ aaŋ'ɕe'ʌ]
ousar (vt)	at vove	[ʌ 'vɔːvə]
ouvir (vt)	at høre	[ʌ 'høːʌ]
pagar (vt)	at betale	[ʌ be'tæ'lə]
parar (para descansar)	at standse	[ʌ 'stansə]
parecer-se (vr)	at ligne	[ʌ 'liːnə]
participar (vi)	at deltage	[ʌ 'delˌtæ']
partir (~ para o estrangeiro)	at rejse bort	[ʌ 'ʁajsə bɒːt]
passar (vt)	at passere	[ʌ pa'se'ʌ]
passar a ferro	at stryge	[ʌ 'stʁyːə]
pecar (vi)	at synde	[ʌ 'sønə]
pedir (comida)	at bestille	[ʌ be'stel'ə]
pedir (um favor, etc.)	at bede	[ʌ 'be'ðə]
pegar (tomar com a mão)	at fange	[ʌ 'faŋə]
pegar (tomar)	at tage	[ʌ 'tæ']
pendurar (cortinas, etc.)	at hænge	[ʌ 'hɛŋə]

penetrar (vt)	at trænge ind	[ʌ 'tʁaŋə 'en']
pensar (vt)	at tænke	[ʌ 'tɛŋkə]
pentear-se (vr)	at rede	[ʌ 'ʁɛːðə]

perceber (ver)	at bemærke	[ʌ be'mæɐ̯kə]
perder (o guarda-chuva, etc.)	at tabe, at miste	[ʌ 'tæːbə], [ʌ 'mestə]
perdoar (vt)	at tilgive	[ʌ 'tel,gi']
permitir (vt)	at tillade	[ʌ 'te,læ'ðə]

pertencer a ...	at tilhøre	[ʌ 'tel,hø'ʌ]
perturbar (vt)	at forstyrre	[ʌ fʌ'styɐ̯'ʌ]
pesar (ter o peso)	at veje	[ʌ 'vɑjə]
pescar (vt)	at fiske	[ʌ 'feskə]

planear (vt)	at planlægge	[ʌ 'plæːn,lɛgə]
poder (vi)	at kunne	[ʌ 'kunə]
pôr (posicionar)	at placere	[ʌ pla'se'ʌ]
possuir (vt)	at besidde, at eje	[ʌ be'sið'ə], [ʌ 'ɑjə]

predominar (vi, vt)	at dominere	[ʌ domi'ne'ʌ]
preferir (vt)	at foretrække	[ʌ fɔːɒ'tʁakə]
preocupar (vt)	at bekymre	[ʌ be'køm'ʁʌ]
preocupar-se (vr)	at bekymre sig	[ʌ be'køm'ʁʌ sɑj]
preocupar-se (vr)	at være urolig	[ʌ 'vɛːʌ u'ʁo'li]

preparar (vt)	at forberede	[ʌ 'fɔːbe,ʁɛð'ə]
preservar (ex. ~ a paz)	at bevare	[ʌ be'vɑ'ɑ]
prever (vt)	at forudse	[ʌ 'fouð,se']
privar (vt)	at berøve, at fratage	[ʌ be'ʁœ'və], [ʌ 'fʁɑ,tæ']

proibir (vt)	at forbyde	[ʌ fʌ'by'ðə]
projetar, criar (vt)	at projektere	[ʌ pʁoɕək'te'ʌ]
prometer (vt)	at love	[ʌ 'lɔːvə]
pronunciar (vt)	at udtale	[ʌ 'uð,tæːlə]

propor (vt)	at foreslå	[ʌ 'fɔːɒ,slɔ']
proteger (a natureza)	at beskytte	[ʌ be'skøtə]
protestar (vi)	at protestere	[ʌ pʁotə'ste'ʌ]
provar (~ a teoria, etc.)	at bevise	[ʌ be'vi'sə]

provocar (vt)	at provokere	[ʌ pʁovo'ke'ʌ]
publicitar (vt)	at reklamere	[ʌ ʁɛkla'me'ʌ]
punir, castigar (vt)	at straffe	[ʌ 'stʁɑfə]
puxar (vt)	at trække	[ʌ 'tʁakə]

256. Verbos Q-Z

quebrar (vt)	at bryde	[ʌ 'bʁy:ðə]
queimar (vt)	at brænde	[ʌ 'bʁanə]
queixar-se (vr)	at klage	[ʌ 'klæːjə]
querer (desejar)	at ville	[ʌ 'vilə]

| rachar-se (vr) | at sprække | [ʌ 'spʁakə] |
| realizar (vt) | at realisere | [ʌ ʁɛali'se'ʌ] |

recomendar (vt)	at anbefale	[ʌ 'anbeˌfæˀlə]
reconhecer (identificar)	at genkende	[ʌ 'gɛnˌkɛnˀə]
reconhecer (o erro)	at erkende	[ʌ æɐ̯'kɛnˀə]
recordar, lembrar (vt)	at huske	[ʌ 'huskə]
recuperar-se (vr)	at blive rask	[ʌ 'bliːə 'ʁask]
recusar (vt)	at afslå	[ʌ 'awˌslɔˀ]
reduzir (vt)	at mindske	[ʌ 'menskə]
refazer (vt)	at lave om	[ʌ 'læːvə ʌmˀ]
reforçar (vt)	at styrke	[ʌ 'styɐ̯kə]
refrear (vt)	at afholde	[ʌ 'awˌhʌlˀə]
regar (plantas)	at vande	[ʌ 'vanə]
remover (~ uma mancha)	at fjerne	[ʌ 'fjæɐ̯nə]
reparar (vt)	at reparere	[ʌ ʁɛpə'ʁɛˀʌ]
repetir (dizer outra vez)	at repetere	[ʌ ʁɛpə'teˀʌ]
reportar (vt)	at rapportere	[ʌ ʁapɒ'teˀʌ]
repreender (vt)	at skænde	[ʌ 'skɛnə]
reservar (~ um quarto)	at reservere	[ʌ ʁɛsæɐ̯'veˀʌ]
resolver (o conflito)	at bilægge	[ʌ 'biˌlɛgə]
resolver (um problema)	at løse	[ʌ 'løːsə]
respirar (vi)	at ånde	[ʌ 'ʌnə]
responder (vt)	at svare	[ʌ 'svaːɑ]
rezar, orar (vi)	at bede	[ʌ 'beˀðə]
rir (vi)	at grine	[ʌ 'gʁiːnə]
romper-se (corda, etc.)	at briste	[ʌ 'bʁɛstə]
roubar (vt)	at stjæle	[ʌ 'stjɛːlə]
saber (vt)	at vide	[ʌ 'viːðə]
sair (~ de casa)	at gå ud	[ʌ 'gɔˀ uðˀ]
sair (livro)	at udkomme	[ʌ 'uðˌkʌmə]
salvar (vt)	at redde	[ʌ 'ʁɛðə]
satisfazer (vt)	at tilfredsstille	[ʌ 'tefʁɛðsˌsteˀlə]
saudar (vt)	at hilse	[ʌ 'hilsə]
secar (vt)	at tørre	[ʌ 'tœɐ̯ʌ]
seguir ...	at følge efter ...	[ʌ 'føljə 'ɛftʌ ...]
selecionar (vt)	at udvælge	[ʌ 'uðˌvɛlˀjə]
semear (vt)	at så	[ʌ 'sɔˀ]
sentar-se (vr)	at sætte sig	[ʌ 'sɛtə saj]
sentenciar (vt)	at idømme	[ʌ 'iˌdœmˀə]
sentir (~ perigo)	at føle	[ʌ 'føːlə]
ser diferente	at adskille sig fra ...	[ʌ 'aðˌskelˀə saj 'fʁaˀ ...]
ser indispensável	at være nødvendig	[ʌ 'vɛːʌ nøðˀvɛnˀdi]
ser necessário	at være behøvet	[ʌ 'vɛːʌ be'høˀvəð]
ser preservado	at være bevaret	[ʌ 'vɛːʌ be'vaˀʌð]
ser, estar	at være	[ʌ 'vɛːʌ]
servir (restaurant, etc.)	at betjene	[ʌ be'tjɛˀnə]
servir (roupa)	at passe	[ʌ 'pasə]

significar (palavra, etc.)	at betyde	[ʌ be'ty'ðə]
significar (vt)	at betyde	[ʌ be'ty'ðə]
simplificar (vt)	at forenkle	[ʌ fʌ'ɛŋ'klə]

sobrestimar (vt)	at overvurdere	[ʌ 'ɒwʌvuɐ̯'de'ʌ]
sofrer (vt)	at lide	[ʌ 'li:ðə]
sonhar (vi)	at drømme	[ʌ 'dʁœmə]
sonhar (vt)	at drømme	[ʌ 'dʁœmə]
soprar (vi)	at blæse	[ʌ 'blɛ:sə]

sorrir (vi)	at smile	[ʌ 'smi:lə]
subestimar (vt)	at undervurdere	[ʌ 'ɔnʌvuɐ̯'de'ʌ]
sublinhar (vt)	at understrege	[ʌ 'ɔnʌˌsdʁɑjə]
sujar-se (vr)	at blive snavset	[ʌ 'bli:ə 'snɑwsəð]

supor (vt)	at antage	[ʌ 'anˌtæ']
suportar (as dores)	at tåle	[ʌ 'tɔ:lə]
surpreender (vt)	at forundre	[ʌ fʌ'ɔn'dʁʌ]
surpreender-se (vr)	at være overrasket	[ʌ 'vɛ:ʌ 'ɒwʌˌʁɑskəð]
suspeitar (vt)	at mistænke	[ʌ 'misˌtɛŋ'kə]

suspirar (vi)	at sukke	[ʌ 'sɔkə]
tentar (vt)	at forsøge	[ʌ fʌ'sø'jə]
ter (vt)	at have	[ʌ 'hæ:və]
ter medo	at frygte for ...	[ʌ 'fʁœgtə fʌ ...]

terminar (vt)	at afslutte	[ʌ 'ɑwˌslutə]
tirar (vt)	at tage ned	[ʌ 'tæ' 'neð']
tirar cópias	at kopiere	[ʌ ko'pje'ʌ]
tirar uma conclusão	at konkludere	[ʌ kʌŋklu'de'ʌ]

tocar (com as mãos)	at røre	[ʌ 'ʁœ:ʌ]
tomar emprestado	at låne	[ʌ 'lɔ:nə]
tomar nota	at skrive ned	[ʌ 'skʁi:və 'neð']
tomar o pequeno-almoço	at spise morgenmad	[ʌ 'spi:sə 'mɒ:ɒnˌmɑð]

tornar-se (ex. ~ conhecido)	at blive	[ʌ 'bli:ə]
trabalhar (vi)	at arbejde	[ʌ 'ɑ:ˌbɑj'də]
traduzir (vt)	at oversætte	[ʌ 'ɒwʌˌsɛtə]
transformar (vt)	at transformere	[ʌ tʁɑnsfɒ'me'ʌ]

tratar (a doença)	at behandle	[ʌ be'han'lə]
trazer (vt)	at bringe	[ʌ 'bʁɛŋə]
treinar (pessoa)	at træne	[ʌ 'tʁɛ:nə]
treinar-se (vr)	at trænes	[ʌ 'tʁɛ:nəs]
tremer (de frio)	at ryste	[ʌ 'ʁœstə]

trocar (vt)	at udveksle	[ʌ 'uðˌvɛkslə]
trocar, mudar (vt)	at veksle	[ʌ 'vɛkslə]
usar (uma palavra, etc.)	at anvende	[ʌ 'anˌvɛn'ə]
utilizar (vt)	at anvende	[ʌ 'anˌvɛn'ə]
vacinar (vt)	at vaccinere	[ʌ vɑksi'ne'ʌ]

vender (vt)	at sælge	[ʌ 'sɛljə]
verter (encher)	at hælde op	[ʌ 'hɛlə ʌp]
vingar (vt)	at hævne	[ʌ 'hɛwnə]

| virar (ex. ~ à direita) | at svinge | [ʌ 'sveŋə] |
| virar (pedra, etc.) | at vende | [ʌ 'vɛnə] |

virar as costas	at vende sig bort	[ʌ 'vɛnə sɑj bɒːt]
viver (vi)	at leve	[ʌ 'leːvə]
voar (vi)	at flyve	[ʌ 'flyːvə]
voltar (vi)	at komme tilbage	[ʌ 'kʌmə te'bæːjə]

votar (vi)	at stemme	[ʌ 'stɛmə]
zangar (vt)	at gøre vred	[ʌ 'gœːʌ 'vʁɛðˀ]
zangar-se com ...	at være vred på ...	[ʌ 'vɛːʌ 'vʁɛð pɔˀ ...]
zombar (vt)	at håne	[ʌ 'hɔːnə]

www.ingramcontent.com/pod-product-compliance
Lightning Source LLC
Chambersburg PA
CBHW071327090426
42738CB00012B/2817